徳田和幸・町村泰貴 編

注釈フランス民事訴訟法典
特別訴訟・仲裁編

〔修正・さしかえ分〕

第4節 相続権主張者不存在の相続財産および相続人不存在の相続財産（203ページ以下）

田村真弓

（本書203ページ以下の内容は本冊子の通り修正し、さしかえる。

信山社編集部）

信山社

第4節　相続権主張者不存在の相続財産および相続人不存在の相続財産[14]

【前注】

　2006年6月23日法律728号により，相続と無償贈与の制度が改正されたことに伴い，本法典も2006年12月23日デクレ1805号2条により，それらに関するいくつかの規定が改正された。相続法には，誰が被相続人の残した財産を受け取り，また被相続人に属する権利の権利主となるのかという「帰属の問題」，相続人がどのようにして財産を取得し権利を行使するのかという「移転の問題」，被相続人の負債の弁済義務につき，誰がどの限度まで負うのかという「消極財産の決済の問題」，相続人が複数いる場合の配分方法に関する「積極財産の数額確定の問題」があり，「帰属の問題」については，2001年12月3日法律1135号で根本的な改正がなされ，2006年の法律はこの改革を続行し，「相続財産の帰属，消極財産の決済，積極財産の数額確定の制度を刷新」していることから，2006年における相続法の改正は，2001年の法律による改正の延長線上に位置するものであるとされる[15]。

　本法典第3巻第3編第2章第4節を構成する第1342条から第1354条までの各規定は，2006年12月23日デクレ1805号2条により創設されたものである。ただし，第1348条は，2012年5月30日デクレ783号2条により改正されている。本節は，その第1小節に相続権主張者不存在の相続財産に関する規定を置き，第2小節に相続人不存在の相続財産に関する規定を置いている。

　第1小節における相続権主張者不存在の相続財産については，民法典[16]に実質的な内容に関する規定が置かれており，本法典には，相続権主張者不存在の相続財産に関する手続きについての規定が置かれている。第1小節は3

14　民法典は2006年6月23日法律728号により，必要とされていない相続財産と相続権主張者不存在の相続財産のカテゴリーを合併させ，それ以後は相続権主張者不存在の相続財産と相続人不存在の相続財産のように分類し，両者を区別している（Christian Jubault, Droit Civile, Les successions Les libéralités, Montchrestien, 2ᵉ édition, n° 432)。

15　ミシェル・グリマルディ・北村一郎（訳）「フランスにおける相続法改革（2006年6月23日の法律）」ジュリスト1358号（2008年）69頁。2006年6月23日法律728号については，Michel Grimaldi, Présentation de la loi du 23 juin 2006 portant réforme des successions et des libéralités, Recueil Dalloz, 2006, p.2551も参照。

つの款に分けられており，第1款は財産管理の開始（第1342条），第2款は財産管理人の職務（第1343条から第1349条），第3款は収支計算報告提出および財産管理の終了（第1350条から第1353条）と題が付されている。

第2小節における相続人不存在の相続財産については，民法典[17]に実質的な内容に関する規定が置かれており，本法典では，相続人不存在の相続財産を国家に帰属させるために採られる形式的手続きについて，第1354条に規定を置いている[18]。

第1小節　相続権主張者不存在の相続財産[19]

第1款　財産管理の開始[20]

第1342条

民法典第809-1条[21]，第809-2条[22]，第810-5条[23]および第810-7条[24]に定める公示は，管轄裁判所の区域内で配布される法定公告誌への告知の公告

16　民法典第3巻第1編第5章第1節には，「相続権主張者不存在の相続財産」と題が付され，第809条から第810-12条までの規定が置かれている。

17　民法典第3巻第1編第5章第2節には，「相続人不存在の相続財産」と題が付され，第811条から第811-3条までの規定が置かれている。

18　本法典には，相続人不存在の相続財産に関する規定として，第1354条の一箇条のみが置かれているが，これは，民法典第811条に対応している。

19　いかなるものを相続権主張者不存在の相続財産というかについては，民法典第809条に詳述されている。これによると，「相続財産を請求するための者が現れないときおよび知られた相続人がいないとき」，「知られたすべての相続人らが相続［財産］を放棄しているとき」，「相続開始から6か月の期間満了後，知られた相続人が黙示または明示の方法で選ばれなかったとき」には，当該財産は相続権主張者不存在の相続財産であるとされる（Jubault, *op. cit.*, n°434）。

20　民法典第809条に示された相続権主張者不存在の相続財産の3つの分類には，相続人が存在しているか否かによる違いが見られる。いずれにせよ，死者により残された財産を管理する者（相続人）がいないので，その管理を行うことが必要となるのである（Jubault, *op. cit.*, n°434）。

21　民法典第809-1条には，すべての債権者・死者の収支計算報告・その財産の全部または一部の管理を保証するすべての者・その他の利害関係人または検察官の申立てに基づき事件を受理した裁判官は，本節にその制度が定められているところの相続権主張者不存在の相続財産の管理を公有地の管理責任を負う機関に委託する旨，財産管理の命令は公示される旨が規定されている。

で行う。

第2款　財産管理人の職務

第1343条

　財産管理人の職務は，財産管理の命令[25]により定められる。

　2　財産管理人は，民法典第810-1条[26]に記載された期間後で，いかなる異議もない場合に限り，死者により表明された特定遺贈または包括名義遺贈を履行することができる。

第1344条

　財産目録には以下の事項を含む。

　1号　財産管理当局に，相続権主張者不存在の相続財産の財産管理を委ねる命令の記載

　2号　財産目録が作成された場所の表示

22　民法典第809-2条には，その選任から，財産管理人は，裁判所の競売吏，執行吏，公証人または公有地の管理責任を負う機関に属する宣誓した官吏により，相続財産の積極財産および消極財産の見積もりの目録を項目ごとに作成させられる旨，財産管理人による裁判所に対する目録作成の報告は，財産管理の裁判と同様に公示される旨，債権者および金銭の受遺者はその資格の正当性に基づき，目録を参照し，その写しを獲得することができ，これらの者はすべての新たな公示を通知されるよう求めることができる旨が規定されている。

23　民法典第810-5条には，財産管理人は債務の弁済案（負債の支払案）を作成する旨，その弁済案は同法典第796条に定められた順位での弁済を予定している旨，その弁済案は公示され，関係のある債権者はその公示から1か月以内に弁済案に対する異議申立てをするために裁判官に事件係属させることができる旨が規定されている。

24　民法典第810-7条には，財産管理人は自身が行った作業を裁判官に報告し，収支計算報告は公示される旨，財産管理人は，その申立てを行ったすべての債権者または相続人に対して収支計算報告を提出する旨が規定されている。

25　相続権主張者不存在の相続財産の財産管理命令は公示される（Jubault, *op. cit.*, n° 435）。

26　民法典第810-1条には，相続の開始後6か月の間，財産管理人は単純な保存行為または監督，仮の管理行為，滅失しやすい財産の売却を行うことしかできない旨が規定されている。この期間経過後には，財産管理人はすべての保存を目的とする行為および管理行為を行い，消極財産（負債）の消滅まで，財産の売却を命じられる（Jubault, *op. cit.*, n° 436）。

3号　財産の明細および評価［額］ならびに現金の表示
4号　あらゆる書類，証書および文書から判明する相続財産の積極財産および消極財産（負債）の内容
2　財産目録には，作成者が日付を付し署名する。

第1345条[27]

民法典第809-2条第3項によって作成された財産目録の写しの交付に関する費用は，その請求をした債権者または受遺者が負担する。

第1346条

新たな公示の存在について，債権者または受遺者にされる通知は，通常郵便で行う。

第1347条

債権の届出は，配達証明付書留郵便または受領証との引き換えにより行う。

第1348条

相続財産に属する財産の売却が，国家に帰属する不動産または動産の有償の譲渡に関して公法人財産一般法典に定める方式で行われない場合，その売却は，不動産については第1271条から第1281条に定める規定[28]に従い，動産については民事執行手続法典第R.221-33条から第R.221-38条および第R.221-39条に定める方式[29]で行う。

27　この目録は，相続権主張者不存在の相続財産の論理的かつ経済的な主要な書面である。公示の対象とされ，民法典第809-2条第3項に定められているように，債権者たちはこの目録を参照しその複製の交付を求める権利を有している（Jubault, *op. cit.*, n° 436）。

28　これらの条文は，本法典第3巻第2編第4章に置かれ，「未成年者被後見人または成年被後見人に属する不動産および営業財産の売却」と題が付されている。

29　これらの条文は，民事執行手続法典第2巻第2編第1章第3節第2小節に置かれ，「強制売却」と題が付されている。

第2章　相続および無償譲与（第1345条—第1351条）

第1349条

任意売却を行うことが予定されているとき，財産管理人は，配達証明付書留郵便で，届出をしている債権者にその旨を通知する。

2　民法典第810-3条第3項[30]の適用により行われる債権者の申立ては，通知の受領から1か月の期間内に，財産管理人に執行士送達される。

第3款　収支計算報告提出および財産管理の終了[31]

第1350条[32]

債権者または相続人により行われた収支計算報告提出の申立［書］は，配達証明付書留郵便で財産管理人に送付する。

第1351条

残存する積極財産の換価案[33]は，配達証明付書留郵便で知れている相続人に送達する。

2　相続人による異議[34]は，同様の方法で財産管理人に送達する[35]。

30　民法典第810-3条第3項には，任意売却（le vente amiable）が検討される場合，すべての債権者はその売却が競売により行われるよう強く求めることができる旨，競売による売却が，任意売却案において取り決めた価格よりも低い価格で行われる場合，競売を申し立てた債権者は，他の債権者たちが被った損失を負担させられる旨が規定されている。

31　財産管理は，「債務の弁済と遺贈に対する積極財産の完全な充当」，「積極財産全部の換価と純益の供託」，「権限が認められている相続人に対する相続財産の原状回復」，「国の占有付与」の4つの場合に終了となる（Jubault, *op. cit.*, n° 437 et 438）。

32　本条は，民法典第810-7条第2項を受けて定められたものである。

33　民法典第810-8条第1項は，収支計算報告の受領後に，裁判官は残存している積極財産の換価をすることを財産管理人に許可すると規定している。

34　この異議は，民法典第810-8条第2項で，相続人が相続を主張して申し立てる異議を指すものと思われる。民法典第810-10条は，換価された後の収益について供託をし，期間内に相続を主張して異議を申し立てた相続人はこの供託された収益に権利行使することができると規定されている。

35　本項の原文では est faite dans les mêmes formes auprès du curateur とあり，送達の方法を定めたものか異議の方法を定めたものかはっきりしないが，異議自体は裁判所に対してするものと解すると，財産管理人に対してするのは送達と解される。

第1352条
　知れている相続人がいない場合，換価は，財産目録の作成から2年の期間満了後，許可なく着手することができる。

第1353条
　管理，運営および売却の費用[36]について国庫のために行われる控除の割合および額は，国有財産法典第L.77条に定める条件のもとで，経済・財政・産業大臣のアレテにより定める。

　　第2小節　相続人不存在の相続財産[37]

第1354条
　財産管理当局は，民法典第811条[38]に定める占有付与[39]を申し立てる[40]ため

36　これらの費用は裁判上の費用という名目で，民法典第810-11条，同法典第2331条，同法典第2375条により，特別な扱いを受けることとされているようである（Jubault, op. cit., n° 437 et 438）。

37　民法典の中には，相続人不存在の相続財産の定義を定める規定は置かれていない（Jubault, op. cit., n° 439）が，例えば，非常に珍しいことではあるが，配偶者も包括受遺者もおらず，相続資格のある親などもいない死者の相続財産，また相続人は存在しているかもしれないが，その相続人たちが権利を有する相続の開始を知らされなかった場合における死者の相続財産がこれに該当するとされている（Jubault, op. cit., n° 445）。

38　民法典第811条は，相続人がいない死者の相続財産または放棄された相続財産を国が要求するとき，裁判所にその占有の付与を申し立てなければならない旨が規定されている。この規定は，民法典第539条の延長線上にあるとされている。公法人財産一般法典第L.1122条によると，国家は，特別法による相続財産の別の規定がない限り，民法典第539条および同法典第811条の規定の適用により，相続人がいない死者の相続財産または放棄された相続財産を請求することができ，この場合，国家は，同法典第724条に従い，同法典第770条1項に定める方法で占有付与を申し立てなければならないとされている。また，民法典第811条は，いわば，相続人不存在の相続財産についての国家の最終的なものとしての資格を明示しており，民法典が使用する相続人不存在という用語は，国家の資格の特殊性を認めるものであり，相続人の資格ではないとされている（Jubault, op. cit., n° 445）。

39　本条における占有の付与（envoi en possession）は，現実の引渡しを意味するのか，占有管理の権利を付与することなのか，はっきりしない。いずれにしても，民法典第811-2条で，相続人が現れた時にこの相続人不存在の場合の処理が終了するとされており，暫定的な措置というニュアンスがあるものと思われる。

に，弁護士の関与を求めることを免除される。

2　財産管理当局は，管轄裁判所の区域内で配布される法定公告誌に告知の公告を行わせる。

3　裁判所は，前項に定める公示の実施から4か月後に，検察官の意見を聴いた後，その申立てについて裁判する。

第5節　裁判所が選任する相続財産の受託者[41]

【前注】

　2006年6月23日法律728号により，相続と無償贈与の制度が改正されたことに伴い，本法典も2006年12月23日デクレ1805号2条により，それらに関するいくつかの規定が改正されたことは，前述のとおりである[42]。

　本法典第3巻第3編第2章第5節を構成する第1355条から第1357条までの各規定は，2006年12月23日デクレ1805号2条により創設されたものである。ただし，第1355条は，2009年11月9日デクレ1366号2条により改正されている。本節は，裁判所[43]が選任する相続財産の受託者に関する規定を置いてい

40　相続人不存在の相続財産の制度は，相続権主張者不存在の相続財産の制度に倣い，相続人による相続権の行使の見通しをそのまま残しており，放棄された世襲財産体の事務管理を認めるものであるところから，実際的であると評価されているが，相続財産の相続人不存在の状態にあって，目下調査することが適当であると評価される状況になった場合に，国家が自らに占有付与するという結果が生じるとされている（Jubault, *op. cit.*, n° 437 et 438）。なお，相続人不存在の相続財産の占有付与を受けるために踏まなければならない手続きに関しては，Jubault, *op. cit.*, n° 446以下を参照。

41　受託者の選任を申し立てることができる者は，民法典第813-1条に列挙されており，それによると，相続人・債権者・死者の代わりにその者の存命中に，その財産の全部または一部の管理を保証するすべての者・その他すべての利害関係人または検察官である。そして，裁判上の受託者の選任の申立てを認めるために，裁判官は，相続財産の管理において，一人または数人の相続人の不活動・怠慢・過失あるいはまたこれらの者たちの意見の相違・利害関係人の異議・相続の状況の複雑さについて確認しなければならないとされている（Jubault, *op. cit.*, n° 143.7）。

42　2006年6月23日法律728号による改正の概要については，グリマルディ・北村（訳）前掲「フランスにおける相続法改革（2006年6月23日の法律）」68頁下，M. Grimaldi, *op. cit.*, p.2551などを参照。

43　これにつき管轄権を有する裁判官は，本法典第45条の適用により合理的に決められる（Jubault, *op. cit.*, n° 143.7）。

る。裁判所が選任する相続財産の受託者については，民法典[44]に実質的な内容に関する規定が置かれており，本法典では第1355条から第1357条において，相続財産の受託者や相続人の手続上の権利および義務，大審裁判所所長またはその代行者の権限などが定められている。

第1355条

　民法典第813-3条[45]に定める〔選任の裁判の〕登録は，選任後1か月以内に，大審裁判所の書記課において第1334条[46]に定める登録簿に行う。選任の裁判は，受託者の申請により，〔または〕国璽尚書・司法大臣のアレテにより定められた方法に従い電磁的方法で[47]，民商事公告公報に公示する。

　2　必要な場合，大審裁判所所長またはその代行者は，不服を申し立てることができない命令により，その公示を裁判所の〔管轄〕区域内で配布される法定公告誌への公告により行うよう命じることができる。

　3　公示の費用は，相続財産の負担とする。

第1356条[48]

　相続人は，相続財産の受託者に対し，その任務の遂行に有用なすべての文書を伝達しなければならない。

　2　相続財産の受託者は，通知および聴取をするために，相続人を呼び出すことができる。

44　民法典第3巻第1編第6章には，「受託者による相続財産の管理」と題が付されている。そして，その第3節には，「裁判所が選任する相続財産の受託者」という題が付され，第813-1条から第814-1条までの規定が置かれている。ここでは，受託者の選任・選任された受託者の実質的な権限・任務・受託者選任の裁判などについて定められている。

45　民法典第813-1条は，裁判所は相続人の財産管理が失当である場合に，相続財産受託者を選任することができると定める。これを受けて，民法典第813-3条が，選任の裁判は登録され公示される旨を規定している。

46　本法典第1334条は限定承認の申述およびそれを登録する登録簿に関する規定である。

47　電磁的方法による公示の方法が国璽尚書・司法大臣のアレテで定められている旨は，本法典第1335条に規定されている。

第2章　相続および無償譲与（第1355条—第6節前注）　　211

第1357条

　大審裁判所所長またはその代行者は，職権で，または相続人の申立てに基づき，受託者を呼び出し，その任務の進展に関するすべての情報を求め，受託者に命令[49]を発することができる。

第6節　分　割

【前注】

　2006年6月23日法律728号により，相続と無償贈与の制度が改正されたことに伴い，本法典も2006年12月23日デクレ1805号2条により，それらに関するいくつかの規定が改正されたことは，前述のとおりである[50]。

　21世紀初頭にフランスの立法者が追及した目標として「新たな家族像の考慮」「相続決済の迅速化」，「相続決済の安全確保」，「個人意思の権限の増大」の4つがある[51]が，本法典本節には，特に「相続決済の迅速化」の目標とその検討の結果が反映されていると思われる。相続決済の遅れはフランスでも批判されており，既述の2006年の法律は，「相続人の態度決定のための期間の短縮」という「第1の系列の措置」[52]，「妨害対策」という「第2の系列の措置」[53]および「裁判上の分割の簡素化」という「第3の系列の措置」[54]

48　民法典第813-5条によると，裁判所により選任された受託者は，民事生活上の行為および裁判上の行為のために相続人全員を代理することができ，この資格に基づいて，この者が行った弁済は有効とされる。また，死後委任の制度に倣い，いかなる相続人も相続を承認しない限り，裁判所により選任された受託者は，民法典第784条第2項に定める行為を除き，同法典第784条に言及された行為しか遂行できないとされている。そして，相続の利益が必要とするすべてのその他の行為など民法典第784条第2項に定められた行為については，裁判所の許可を得なければならないとされている。さらに，裁判所により選任された受託者は，民法典第789条に定められた形式で，財産目録を作成することを裁判所により許可されることができ，またその作成を職権で求められることもあるとされている。これらを含む，裁判所により選任された受託者の実質的な権限についての詳細は，Jubault, *op. cit.*, n° 143.7 suiv. を参照。

49　原語は injonction だが，どのような命令かはっきりしない。

50　2006年6月23日法律728号による改正の概要については，グリマルディ・北村（訳）前掲「フランスにおける相続法改革（2006年6月23日の法律）」68頁以下，M. Grimaldi, *op. cit.*, p.2551などを参照。

51　グリマルディ・北村（訳）前掲「フランスにおける相続法改革（2006年6月23日の法律）」70頁。

の3つを内容とする「3つの系列の措置」により手当てを試みているとされている[55]。

　本法典第3巻第3編第2章第6節を構成する第1358条から第1378条までの各規定は，2006年12月23日デクレ1805号2条により創設されたものである。ただし，第1377条は，2012年5月30日デクレ783号2条により改正されている。本節は，その第1小節に協議上の分割に関する規定を置き，第2小節に裁判上の分割に関する規定を置いている。

　第1小節における協議上の分割については，民法典[56]にその実質的な内容に関する規定が置かれており，本法典では，第1358条において，欠席した相続人を代理するために選任された有資格者により行われる手続きについての規定を置いている[57]。

---

[52] 第1の系列の措置としては，例えば，単純承認か限定承認か放棄かという相続に関する選択権の行使期間に関するもので，改正前は相続人の選択は30年間可能であったが，改正後は，選択権の時効が10年となり（民法典第780条），死亡の4か月後には，あらゆる利害関係人が，相続人に対して選択の催告を行うことができるようになり，相続人が2か月以内に選択しない場合には承認したものとみなされることとなったということが挙げられる（グリマルディ・北村（訳）前掲「フランスにおける相続法改革（2006年6月23日の法律）」72頁）。

[53] 第2の系列の措置は，欠席や沈黙により，数額確定や分割の作業の進行を止めてしまうような相続人の不作為の克服を狙うものだとされている（グリマルディ・北村（訳）前掲「フランスにおける相続法改革（2006年6月23日の法律）」72頁）。

[54] 第3の系列の措置である裁判上の分割の簡素化は，従来，分割には裁判所の関与を必要とし，分割請求により，裁判所が公証人を任命し，その作業の監督をする裁判官1名が関与していたのであるが，改正により，裁判所がときには自分自身で公証人の関与なしに分割を行うことができるとされたところにあらわれているようである（グリマルディ・北村（訳）前掲「フランスにおける相続法改革（2006年6月23日の法律）」73頁）。

[55] 相続決済の遅れは，表面上は財産的なものでありながら，その実質は人間的，個人的，愛憎がらみである紛争とその根深さに基づくものであることから，この分野における法律の力を過大評価することはできない旨も指摘されている（グリマルディ・北村（訳）前掲「フランスにおける相続法改革（2006年6月23日の法律）」73頁）。

[56] 民法典第3巻第1編第8章第1節第2小節には「協議上の分割」と題が付されており，第835条から第839条までの規定が置かれている。なお，民法典第3巻第1編第8章第1節第1小節には「共通規定」と題が付され，第816条から第834条までの規定が置かれている。

[57] 本法典には，協議上の分割に関する規定として，第1358条の一箇条のみがおかれているが，これは，民法典第837条に対応している。

第2小節における裁判上の分割については，民法典[58]にその実質的な内容に関する規定が置かれており，本法典では，第2小節をさらに3つの款に分け，第1款を一般規定（第1359条から第1363条），第2款を特別規定（第1364条から第1376条），第3款を換価処分[59]（第1377条から第1378条）と題し，その形式的な手続きについての規定を置いている。

第1小節　協議上の分割[60]

第1358条[61]

　欠席した相続人を代理するために民法典第837条[62]の適用により選任された有資格者は，その選任をした裁判官に，他の共同分割人が承認した分割案

58　民法典第3巻第1編第8章第1節第3小節には，「裁判上の分割」と題が付されており，第840条から第842条までの規定が置かれている。なお，民法典第3巻第1編第8章第1節第1小節には「共通規定」と題が付され，第816条から第834条までの規定が置かれている。

59　民法典では，換価処分の規定は，「換価処分」と題が付された同法典第3巻第6編第7章第1686条から第1688条までに置かれている。換価処分は，状況がこの解決を求めているとき，分割の任務遂行を容易にするための合目的性を有しているため，競売による売却によることとされている。民法典第1686条はこれらの状況を非常によく述べているようである（Jubault, op. cit., n°1287, note (88)）。

60　協議上の分割は，自由な意思に従い，共同分割人間で行われる。協議上の分割は，それを実施することができるのであれば，裁判上の分割よりもずっと好ましいものだとされる。それは，協議上の分割は裁判上の分割よりも費用がより低廉であり，また，裁判上の分割のように鑑定人による具体的相続分の提案や具体的相続分の抽選などによる偶然に委ねられることがないので，各共同分割人の望みの観点から，より満足な結果となるという理由によっている（Jubault, op. cit., n°1320）。また，民法典第835条が定めるように，すべての共同不分割権利者が出席しその全員が法的能力者であれば，分割は当事者により選ばれた方式に従い形式を踏まえて行うことができるので，この場合には協議上の分割を選択することができるが，（親権を解かれたものを除く）未成年者または後見に付された成年者が含まれている場合，共同分割人の一人が欠席であると推定される場合には，裁判上の分割が命じられるとされている。ただし，親族会の許可がなされており，公証人により作成された分割清算書が大審裁判所により認可されているという条件のもとで，協議上の分割も可能であるとされている（Jubault, op. cit., n°1321）。なお，共同不分割権利者の原語はindivisaireであり，この訳は山口・辞典に従ったものである。

61　本条に引用されている民法典第837条および同第841-1条により，裁判上の委任または代理強制の事例がまた1つ増えたことになると評されている（グリマルディ・北村（訳）前掲「フランスにおける相続法改革（2006年6月23日の法律）」72-73頁）。

を伝えて，協議上の分割に同意することの許可を求める。
2 分割に同意することの許可は，終審としてされる。

第2小節 裁判上の分割[63]

第1款 一般規定

第1359条

〔裁判上の分割に関する〕呼出し[64]が複数ある場合[65]，分割の申立人は，その呼出しを最初に大審裁判所書記課[66]に〔事件簿〕登録した者とする。

第1360条

分割に関する呼出しは，分割すべき財産の簡易目録を含み，財産の配分に関する申立人の意思および協議上の分割に至るために執られた措置[67]を明ら

---

62 民法典第837条には，共同不分割権利者が欠席している場合，民法典第836条に定められた場合の1つにあたる場合を除き，その者は共同分割人の請求により，協議上の分割に代理されるよう，裁判外行為〔文書〕により催促される旨，この共同不分割権利者のために催促から3か月以内に受託者を任命しなければ，共同分割人は，裁判官に対し，完全な分割の実現まで，欠席者を代理する資格を有するすべての者を選任するよう申し立てることができる旨，そしてこの選任された者は，裁判官の許可を得て分割に同意することだけができる旨が規定されている。

63 2006年6月23日の法律728号による改正以後，裁判上の分割は，原則として，法的無能力者が含まれている場合，呼び出された相続人の一人が欠席すると推定される場合，不在のために共同不分割権利者がその意思を表明できない状態である場合に行われるとされている（Jubault, *op. cit.*, n°1267）。

64 本条および第1360条の分割の申立ては呼出しにより開始するが，これは審理開始の通常の方法である。この申立ては不受理とされることはほとんどないとされている（Jubault, *op. cit.*, n°1269）。

65 本条では，呼出しが複数なされる場合について規定しているが，共同の申請（une requête collective）を排除するものではないと考えられているようである（Jubault, *op. cit.*, n°1269）。

66 民法典第841条により，分割に関する管轄権は，相続開始の場所の大審裁判所に排他的に認められており，これは本法典第45条にも沿うものとされている。また，当該裁判所は，分割の無効に関する訴訟，分割の具体的相続分の保障に関する訴訟，分割の補完に関する訴訟など，分割後に生じる問題に対応するために，分割作業後も管轄権を有し続けるとされている（Jubault, *op. cit.*, n°1270）。

かにしなければならず,これに反する場合は［申立てを］不受理[68]とする。

第1361条[69]
　裁判所は,可能であれば分割を命じ[70],または第1378条に定める条件が満たされる場合は換価処分による売却を命じる。
　2　分割を命じる場合,裁判所は分割を確認する証書の作成を担当する公証人を選任することができる[71]。

第1362条
　第145条の規定にかかわらず,財産の評価を行い,または配分される具体的相続分[72]の構成を提案するために,手続中に鑑定人[73]を選任することがで

67　原語は diligence であり,分割の合意達成に向けてとられた努力一般を指すものと解される。
68　ここで不受理となるのは分割申立てであろうと考えられるが,条文の主語は assignation である。合理的には,assignation を登録することで係属する分割申立て手続きが不受理となるものと解される。
69　本条には,分割を命じる裁判および換価処分を命じる裁判についてのみ挙げられているが,分割に関する申立てが受理された場合に裁判官が出す裁判としては,これら以外に,その申立てを却下する裁判もある。例えば,当該不分割財産につきその維持が合意により決定された場合などには,分割の申立ては却下される可能性があるとされている（Jubault, op. cit., n° 1282）。なお,本条は,分割を行うことができないと評される場合に,裁判所は換価処分による売却を命じるという趣旨であり,これは本法典第1377条にもあらわれている（Jubault, op. cit., n° 1283）。
70　分割は,裁判所が自分自身で,公証人の関与なしに行うことができることから,裁判所が取り分（本研究会では具体的相続分と訳している）を分け,それらについてのくじ引き（本研究会では抽選と訳している）を裁判所で行い,判決が分割証書を構成することになるとされる。裁判所は,分割を行うにあたり,事前に鑑定人の補佐を受けることができ,この鑑定人が財産評価および取り分（具体的相続分）の分け方の提案をしておくことになる（グリマルディ・北村（訳）前掲「フランスにおける相続法改革（2006年6月23日の法律）」73頁）そうであるが,これについては,本法典第1362条に規定されているとおりである。
71　公証人の選任については,本法典第1364条にも規定がある。いずれにせよ,必ず公証人が選任されるわけではないことは,本法典第1363条の規定からも明らかである。
72　原語は des lots a repartir である。訳は,民法訳（家族）および山口・辞書に採用されており,これに従った。
73　鑑定人は,具体的相続分の構成について,その財産の価額の評価の任務の機会に,よく考え判断するべきだとされている（Jubault, op. cit., n° 1287, note (86)）。

きる[74]。

第1363条

具体的相続分の抽選を必要とする場合，その抽選は，第1361条第2項の適用により委託された公証人の前で，公証人がいないときは大審裁判所所長またはその代行者の前で行う。

2　相続人が欠席している場合，大審裁判所所長またはその代行者は，その前で抽選を行うとき，または公証人が作成した調書の送付を受けて，職権で，欠席している相続人の代理人を選任することができる[75]。

第2款　特別規定

第1364条[76]

作業の複雑さから必要とされる場合には，裁判所は分割の作業を行わせるために公証人を選任し，その作業の監督を裁判官に委託する。

2　公証人は，共同分割人が選び，その合意がないときは裁判所が選ぶ。

第1365条

公証人は，当事者を呼び出し，その任務遂行に有用なあらゆる文書の提出

---

[74] 裁判所は，不動産の評価のために申し立てられた鑑定を命じるだけではなく退けることもできる（Jubault, *op. cit.,* n°1283）。ここで命じられる鑑定は，換価処分の仮定のためのものでもあるようである（Jubault, *op. cit.,* n°1284）。

[75] 本項の原文には，d'office, lorsque le tirage au sort a lieu devant lui ou sur transmission du procès-velbal dressé par le notaire, とあるが，これは，ou の選択肢が lorsque と sur とにあるように読める。そうだとすると，いずれにしても職権で選任することになると解され，本文のような訳とした。より素直に解すれば，d'office と sur との選択を示したものとも考えられるが，d'office の後にビルギュルがあって，sur の部分も「職権で」にかかるような仏文となっている。なお，本法典第1367条参照。

[76] 本法典第1361条（および第1362条から第1363条まで）に定めることを原則とすれば，本条（および第1365条から第1376条まで）は，作業の複雑さから必要とされる場合に初めて裁判所は，従来のように分割作業を行うための公証人および作業の監督を行うための裁判官を選任することになるといういわば例外が〔特別規定として〕定められていると考えられる（グリマルディ・北村（訳）前掲「フランスにおける相続法改革（2006年6月23日の法律）」73頁）。

を求める。

　2　公証人は，受託裁判官[77]に対し，発生した支障を報告し，その任務遂行を容易にするあらゆる措置を求めることができる。

　3　公証人[78]は，財産の価値または内容から必要とされる場合には，当事者間の共通の合意で選ばれた，またはそれがないときは受託裁判官が選任した鑑定人[79]をつけることができる。

第1366条

　公証人は，その立ち会いのもとに当事者間で和解を試みるために，当事者またはその代理人の呼出しを受託裁判官に求めることができる。

　2　和解が成立しないときは，受託裁判官は，公証人のもとに当事者を戻し，その公証人は各当事者の主張を記録する調書および分割清算書案を作成する。

第1367条

　民法典第841-1条[80]に定める催告は，欠席した相続人に執行士送達する。催告には，分割の作業を行うために予定された日を記載する。

　2　催告の中で定められた日に相続人またはその受託者の出席がない場合，

77　日本法における受託裁判官とは異なる可能性がある。
78　公証人は，本条および本法典第1362条の適用により，具体的相続分の形成のために任務を受けた鑑定人の考えられうる役割を侵害することなく，具体的相続分の構成を記載する報告書を作成する資格を有している（Jubanult, op. cit., n° 1295）。
79　2006年の改正前，「裁判所により任命された鑑定人による具体的相続分の形成は，当事者たちが不和の状態にあるとき，または当事者間に法的無能力者がいるときに必要だとする表現で規定されており，重要な手続きである。そしてこれは，他のどのようなものによっても取り換えることはできない」と強調する判例があったようである。また，公証人および鑑定人に関して「いかなるものも，具体的相続分を構成するために，裁判官が鑑定人の資格において選任する者，相続財産の収支計算報告を担当させられる公証人を妨げることはない」と述べる判例も見られたようである。ここで挙げた判例の詳細は，Jubault, op. cit., n° 1295, note（116）を参照。
80　民法典第841-1条には，分割清算書を作成するために任命された公証人が共同不分割権利者の不活動に対応するとき，裁判外行為〔文書〕により，代理させるよう催促することができる旨，共同不分割権利者のために，催促から3か月以内に受託者の任命がなければ，公証人は裁判官に対し，任務の完全遂行実現まで，欠席者を代理する資格のあるすべての者を選任するよう申し立てることができる旨が規定されている。

公証人は調書を作成し，欠席した相続人の代理人を選任するために，受託裁判官に送付する。

第1368条[81]

公証人は，その選任後1年の期間内に，共同分割人の間の収支計算報告，分割されるべき財産，当事者の権利，配分する具体的相続分の構成を明らかにする分割清算書を作成する。

第1369条

第1368条に定める期間は，以下の通り停止[82]する。

1号　鑑定人の選任の場合には，その報告書[83]の提出まで

2号　第1377条の適用により命じられた競売の場合には，その終局的な換価の日[84]まで

3号　民法典第841-1条の適用による有資格者の選任の申立ての場合には，その選任の日まで

4号　第1366条を適用して受託裁判官のもとに当事者を戻す場合には，当該〔和解〕作業の完遂まで

第1370条

作業の複雑さを理由とする期間の延長は，公証人の申立てまたは共同分割人の申請を受理した受託裁判官が，1年を超えない限度で認めることができ

81　本条は，清算人である公証人の，分割に対する準備のための任務が列挙されている（Jubault, op. cit., n°1285）。

82　この停止は，公証人の選任から1年の期間が，途中で各号所定の事由が生じてから終期までの間停止し，終期から再度進行するという趣旨であると解される。つまり，停止期間を除いて，公証人選任から1年となる。

83　鑑定人は財産の評価の基礎を提示しながら，報告書を作成する役割を負っている。この報告書は，本法典第1362条が定めるように，配分する具体的相続分の構成を提案しなければならないが，例えば，評価された目的物が容易に分割されうる場合，どのように分割するのか，また，分割の可能性がある場合，考えられるそれぞれの持分のそれぞれの価額を論理的に定めることとなるとされている。なお，財産の評価はすべて鑑定でなされるものであり，裁判官の権限から離れているため，これらについては裁判官との結びつきはない（Jubault, op. cit., n°1286）。

84　この終局的換価が具体的にどの段階を指すのか，明らかではない。

る。

第1371条

受託裁判官は，分割の作業の適切な進行および第1369条に定める期間[85]の遵守を監督する。

2 そのために，受託裁判官は，職権でも，当事者または委託された公証人に命令[86]を発し，アストラントを命じ，および裁判所が委託した公証人を交替させることができる。

3 受託裁判官は，委託を受けた相続財産に関する申立てについて裁判する。

第1372条

民法典第842条[87]の適用により，協議上の分割の証書が作成された場合，公証人は，訴訟手続の終結を確認する裁判官にその旨を通知する。

第1373条

公証人の作成した分割清算書案について，共同分割人が合意しない場合，公証人は受託裁判官に，各当事者の主張を記録した調書および分割清算書案を送付する。

2 書記課は，代理されていない当事者に，弁護士を選任するよう促す。

3 受託裁判官は，当事者またはその代理人および公証人を審問し，和解を試みることができる。

4 受託裁判官は，合意が得られていない点を裁判所に報告する。

5 受託裁判官は，場合により準備手続裁判官となる。

---

85 この期間は，本法典第1368条の1年ではなく本法典第1369条を指しており，停止されている期間が長期化しないように注意監督すべきことを定めているものと解される。

86 原語は injunction である。

87 民法典第842条には，この種の分割のために定められた条件が具備された場合には，いつでも共同分割人たちは裁判上の方法を放棄し，協議による分割（le partage à l'amiable）を行うことができる旨が規定されている。

第1374条

　第1373条の適用のもとで申立人またはその相手方がした同一当事者間でのすべての申立て[88]は，一つの手続きで審理する。別の申立てはすべて，主張の基礎たる事実が，受託裁判官による報告書の作成の後に生じたものか，またはその後に判明したものでない限り，受理されない。

第1375条

　裁判所は合意が得られていない点について裁判する。
　2　裁判所は，分割清算書を認可するか，または分割を確認する証書を作成するために公証人のもとに当事者を戻す。
　3　認可する場合，裁判所は，必要に応じて，その裁判により，受託裁判官または委託された公証人の前での具体的相続分の抽選を命じる。

第1376条

　具体的相続分の抽選が命じられた場合に相続人が欠席したときは，受託裁判官は，第1363条第2項により大審裁判所所長に認められた権限を行使する[89]。

　　　　第3款　換価処分[90]

第1377条

　裁判所は，容易に分割または割当てることができない[91]財産[92]を，その定

88　この申立てが何を意味するか疑問であり，第1373条には当事者から申立てをすることが規定されていないが，第1373条の適用の下で行われる手続きで別途の申立てがなされることを想定したものと考えられる。例えば手続中に生じた法定果実の処理や占有関係の変動の是正などが考えられる。また，この申立てをする主体である「申立人」・「その相手方」の原語は，le demandeur・le défendeur であり，これらは，分割を請求した者とその相手方という意味かと思われるが，確証はない。

89　公証人の前で抽選が行われる場合で相続人が欠席しているときには，受託裁判官に調書を送って本条の権限を行使してもらうものと解される。

90　伝統的に，価額による分割よりも現物による分割の方が好まれるようであるが，このことは，価額による分割を原則とした民法典第826条と相容れないものではないとされている（Jubault, *op. cit.*, n°1287）。

める条件で，競売により売却することを命じる。

2　売却は，不動産[93]については第1271条から第1281条に定める規定にしたがい[94]，動産[95]については民事執行手続法典第R.221-33条から第R.221-38条および第R.221-39条[96]に定める方式で行う。

第1378条
　共同不分割権利者は，その全員が能力者であり，出席しているか，または代理されている場合[97]には，競売がその者たちの間で行なわれることを全員一致で決定することができる[98]。そうでなければ，〔不分割財産につき〕共有関係にない第三者は，常に競売への参加を認められる。

91　裁判官が不動産につき分割できないと性質決定するのは，共同不分割権利者が極端な権利行使をした場合だとされている（Jubault, op. cit., n° 1283）。
92　換価処分は財産を対象としているため，動産も不動産も含まれ，その中には容易に分割や割当てができないものもある（Jubault, op. cit., n° 1287）。
93　不動産は，本法典第1378条が定めているように，当事者がすべて法的能力者で，出席しているかまたは代理されていて，この者たちがもっぱらこの者たちの間で換価処分が行われることとするという選択を表明していない場合に，本条が定めるように，裁判所において換価処分による売却がなされることとなる。（Jubault, op. cit., n° 1290）。
94　本法典第1378条に基づき，競売を共同不分割権利者間でのみ行うと決定していない限り，本法典第1271条から第1281条までの規定に従って売却の手続きがとられる。なお，第1271条から第1281条までの規定は，本法典第3巻第2編第4章に置かれ，「未成年被後見人または成年被後見人に属する不動産および営業財産の売却」と題が付されている。
95　動産は，通常の方式で公開して売却される。そのため，売却は公開の競売で行われることとなる。売却は，財産の所在地で行われる。より少ない費用で競争相手を刺激するために，地理的状況が最もふさわしい場所で行うこととしているようである。この売却は，掲示・定期刊行物の方法により，公示の措置の対象とされる。3度の競上げの後（具体的には，「他にありませんか」を3回言うことで，現行法のもとでは90秒間の余裕が与えられているそうである），資格のある裁判所付属吏により言い渡された競落により，競落人（最高価買受申出人）に対して売却がなされる。代金は現金で支払われるべきとされている。目的物は，競落人の空競りの際には再売却される。なお，売却の文書は，売却の財産の表示・売却の総額・競落人の氏名の表示を含むこととされている（Jubault, op. cit., n° 1289）。
　このほか，動産の競売については本条に挙げられた民事執行手続法典の条文を参照。
96　これらの条文は，民事執行手続法典第2巻第2編第1章第3節第2小節に置かれ，「強制売却」と題が付されている。

第7節　共通規定

【前注】

　2006年6月23日法律728号により，相続と無償贈与の制度が改正されたことに伴い，本法典も2006年12月23日デクレ1805号2条により，それらに関するいくつかの規定が改正されたことは，前述のとおりである[99]。

　本法典第3巻第3編第2章第7節を構成する第1379条から第1381条までの各規定は，2006年12月23日デクレ1805号2条により創設されたものである。ただし，第1381条は，2009年12月17日デクレ1591号8条により改正されている。本節におかれた3か条は，それぞれにおいて，「大審裁判所所長またはその代行者に対して行われるべき申立てでありかつそれに対して所長または代行者は本法典第493条から第498条に定める方式で裁判することになる場合」，「大審裁判所所長またはその代行者に対して行われるべき申立てでありかつそれに対して所長または代行者はレフェレの形式で裁判する場合」，「家族事件裁判官に付与された（管轄）権限を留保して，大審裁判所に対して行われるべき申立てとなる場合」に該当する民法の規定を列挙している。

第1379条

　民法典第784条[100]，第790条[101]，第809-1条，第810-8条[102]，第812-1-1

---

[97] すべての不分割共同権利者（本法典第1378条では indivisaire が主体とされているが本引用文献では cohéritier（共同相続人）が主体とされている。ここでは，本法典の規定にあわせて訳を付しておく）が出席または代理されておらず，法的能力者でない場合，あるいは，本法典第1378条により提案された手続きによることを選択していない場合には，換価処分は，本条に挙げられている本法典第1271条から第1281条までに定められている後見に付された未成年者または後見に付された成年者の財産の譲渡のために定められた方式で，裁判上にて行うことしかできない（Jubault, op. cit., n° 1290）。

[98] 競売により，必然的にその財産は家族から離れることとなるため，共同不分割権利者は，その買主となるすべての自由を有しているとされている（Jubault, op. cit., n° 1287）。そして，この場合は，公証人の前で，当事者たちの合意した選択に基づいて換価処分が行われることとなる（Jubault, op. cit., n° 1290）。

[99] 2006年6月23日法律728号による改正の概要については，グリマルディ・北村（訳）前掲「フランスにおける相続法改革（2006年6月23日の法律）」68頁以下，M. Grimaldi, op. cit., p.2551などを参照。

条[103]，第813条[104]，第813-4条[105]，第814-1条[106]，第837条，第841-1条および第1031条[107]の適用による申立ては，大審裁判所所長またはその代行者に対して行い，所長または代行者は本法典第493条から第498条に定める方式で裁判[108]する。

2　協議上の分割の中で，民法典第829条[109]の適用による申立てについても同様とする。

100　民法典第784条には，純粋な保存行為または監督行為および一時的な管理行為は，相続権者が相続人の名義または資格を用いなかった場合，相続の承認をもたらすことなく完遂されうる旨，相続の利益が必要とするすべてのその他の行為および相続権者が相続人の名義や資格を用いることなく完遂することを望むすべてのその他の行為は，裁判官により許可されなければならない旨，葬儀費用および最期の病気，死者が負担する租税，家賃，規定が緊急としているその他の相続上の債務の弁済（支払い），その収益金が（民法典第784条第3項）第1号に規定された債務の消滅に用いられたこと，または公証人に寄託され，もしくは供託されたことを証明することを条件とする，相続財産の果実または収益の収受または滅失しやすい財産の売却，相続された消極財産の増加を避けるための行為・死去した個人的な使用者の賃金労働契約の破棄，給与および賃金生活者への補償金の支払い，ならびに契約終了書面の引渡しに関する行為は，純粋な保存行為とみなす旨，相続の支配下にある事業の活動の短期間の継続に必要な業務の遂行は一時的な管理行為とみなす旨，賃貸借契約の更新は，賃貸人としてであれ賃借人としてであれ，それを忘れば違約金の支払いの原因となるもの，および死者が決定した管理または処分の適用であって事業のよき運営に必要なものは，黙示的な相続の承認をもたらすことなく行われる行為とみなされる旨が規定されている。この規定の趣旨については，グリマルディ・北村（訳）前掲「フランスにおける相続法改革（2006年6月23日の法律）」73-74頁を参照。

101　民法典第790条には，財産目録は申立てから起算して2か月以内に裁判所に提出される旨，財産目録の提出を遅延させる重大かつ合法的な理由を証明する場合，相続人は裁判官に追加の期日を求めることができ，この場合，2か月の期間は延長の申立ての日から起算して停止する旨，財産目録の提出は申立てと同様に公示される旨，定められた期間内に財産目録の提出がなければ，相続人は単純承認したものとみなす旨，相続財産の債権者および金銭の受遺者は，その資格を証明して，財産目録を参照し，写しを獲得することができる旨，この者たちはすべての新たな公示の通知を求めることができる旨が規定されている。

102　民法典第810-8条には，収支計算報告提出後，裁判官は，残存している積極財産の換価を行うよう財産管理人に許可する旨，換価案を知れている相続人に通知する旨，相続人たちが未だ承認のための期間にある場合，相続を主張して，3か月以内に異議を申し立てることができる旨，換価は，同法典第810-3条第1項に規定された方式に従って，この期間満了までに行うことができる旨が規定されている。

220-4　　　第3巻　第3編　夫婦財産制——相続および無償譲与

第1380条

民法典第772条[110]，第794条[111]，第810-5条，第812-3条[112]，第813-1

103　民法典第812-1-1条には，委任は，相続人の人柄または相続財産の観点から，根拠があり，かつ正当な利益により証明され，正確に理由が述べられている場合に限り，有効とされる旨，委任は，2年を超えることができない期間を付与され，相続人または受託者から事件を受理した裁判官の裁判により，1回または数回，延長することができる，ただし，委任は，5年の期間を付与されることもでき，一人または数人の相続人の不適格・年齢，あるいは職業上の財産を管理運営する必要性を理由として（民法典第812-1-1条第2項本文（1文目）に規定されたものと），同じ条件で延長することができる旨，委任は公署形式で付与され承諾される旨，委任は，委任者の死亡前に受託者により承諾されなければならない旨，委任の実行前において，委任者および受託者は，他の当事者へ通知した後，委任をやめることができる旨が規定されている。本条の委任に関しては，グリマルディ・北村（訳）前掲「フランスにおける相続法改革（2006年6月23日の法律）」76頁を参照。

104　民法典第813条には，相続人は，共通の合意により，その中の一人または第三者に相続財産の管理を託すことができ，その委任は同法典第1984条から第2010条により規制される旨，相続人が少なくとも純積極財産の限度での相続を承認するとき，受託者は，相続人全員の合意を伴い，裁判官により指名されることができ，その委任は民法典第813-1条から第814条により規制される旨が規定されている。

105　民法典第813-4条には，いかなる相続人も相続を承認しない限り，同法典第784条第2項に定められた行為を除き，相続財産の受託者は同法典第784条に言及された行使しか遂行することができない旨，裁判官は，相続の利益が必要とするその他のすべての行為を許可することができる旨，裁判官は相続財産の受託者に，同法典第789条に定められた形式で財産目録を作成することを許可することができる旨，あるいはこれを職権で求めることができる旨が規定されている。

106　民法典第814-1条には，すべての状況において，純積極財産の限度で承認した相続人は，相続財産を管理し清算する責任について代行させるために相続財産の受託者の資格を有するすべての者を選任するよう，裁判官に申し立てることができる旨が規定されている。

107　民法典第1031条には，同法典第1030条および同法典第1030-1条に定められた授権は，遺言の開始から起算して2年を超えることができない期間を遺言者により付与される旨が規定されている。

108　申請に基づく命令（ordonnance sur requête）の方式で裁判する（申請により申立てがなされ，それに対して命令の形式で裁判される）こととなる。

109　民法典第829条には，財産は，分割証書によって決定された分割享受の日における価額をもって，必要であれば課せられた負担を考慮に入れて評価される旨，〔財産を評価する〕日付は，分割にできる限り近接する日とする旨，ただし，この〔財産を評価する〕日付の選択が，公平の実現により適当であると考えられる場合，裁判官はより以前の日付に，分割の享受を決定することができる旨が規定されている。本条における la jouissance divise を分割享受と訳したが，これは本条によると，分割前に財産の評定をすることを意味しているため，実質的には財産評価と訳すこともできるので

第2章 相続および無償譲与（第1380条）

条[113]，第813-7条[114]，第813-9条[115]および第814条第2項[116]の適用による申立ては，大審裁判所所長またはその代行者に対して行い，所長または代行者はレフェレの形式で裁判する。

はないかと思われる。
110 　民法典第772条には，相続人は催告から2か月以内に〔相続承認に関する〕方針を決めなければならず，または財産目録作成が終了できる状態ではないもしくはその他の重大かつ合法的な理由を説明する場合，追加期間〔の付与〕を裁判官に求めなければならない旨，2か月の期間の満了または認められた延長期間の満了時に〔相続承認に関する〕方針を決めなければ，相続人は単純承認したものとみなされる旨が規定されている。
111 　民法典第794条には，単数または複数の財産の譲渡あるいは保存の申立ては限定承認の公示を行う裁判所に15日以内になされる旨，担保付き債権者に留保された権利を侵害することなく，相続債権者は第1項に定められた公示から3か月以内に，裁判官に対して，その財産の価値が高いことを証明して，保存された財産の価額，または売却が随意でなされた場合には譲渡の価額を争うことができる旨，債権者の申立てが認められる場合，保存された財産を相続財産に返還することを除き，相続人は，その個人財産について完全にする義務を負う，ただし，同法典第1167条に定められた訴権の行使を妨げない旨が規定されている。
112 　民法典第812-3条には，受託者の報酬は，それが相続人らの遺留分の全部または一部を相続人らから剥奪する効果をもたらしたとき，当然に減額して，開始する相続（相続財産）の負担とする旨，委任の対象とされた相続人またはその代理人は，委任の期間または負担に照らして，受託者の報酬が過度のものだと証明する場合には，報酬の再検討を裁判所に申し立てることができる旨が規定されている。
113 　第813-1条には，相続財産における一人または数人の相続人の不活動・怠慢あるいは過失・相続人らの不和・相続人間の利益の対立または相続の状況の複雑さを理由として，あらかじめ相続財産を管理するために，裁判官は相続財産の受託者として資格のある自然人または法人を選任することができる旨，その申立ては，相続人・債権者・死者の代わりにその存命中の財産の全部または一部の管理を保証するすべての者，その他すべての利害関係人あるいは検察官により行われる旨が規定されている。
114 　民法典第813-7条には，すべての利害関係人または検察官の申立てにより，相続財産の受託者の任務の実行において，典型的な違反の場合に，裁判官はその相続財産の受託者からその任務を解除することができる旨，裁判官は定められた期間に，別の相続財産の受託者を選任する旨が規定されている。
115 　民法典第813-9条には，相続財産の受託者を選任する判決は，その報酬と任務の期間を定める旨，同法典第813-1条第2項または同法典第814-1条に定められた者の中の一人の申立てに基づき，裁判官は自ら定めたその任務の期間を延長することができる旨，受託者の任務は，相続人間の不分割の合意の効果により，または分割証書の署名により当然の権利として中断する旨，裁判官が相続財産の受託者に委ねられた任務の完全な実行を確認する場合も同様に中断する旨が規定されている。

第1381条

　民法典第811条，第820条[117]，第821条[118]，第821-1条[119]，第824条[120]，第832-1条[121]，第832-2条[122]，第832-3条[123]，第887条[124]および第1026条[125]の適用による申立ては，司法組織法典第L.213-3条第1号[126]により家族事件裁判官に付与された（管轄）権限を留保して，大審裁判所に対して行う。

（田村真弓）

116　民法典第814条第2項には，裁判官は，いつでも，受託者に，相続財産のよき管理に必要となる処分行為をすることを許可し，その価格と条項を決定するという旨が規定されている。

117　民法典第820条には，ただちに換価することが不分割財産の価値を損なう恐れがある場合，または共同不分割権利者の一人が相続財産に属している農事・商事・工業・手工業あるいは自由業の会社をこの期間満了でなければ再開できない場合，共同不分割権利者の申立てにより，裁判所は最大2年間，分割を猶予することができる旨，この猶予は不分割財産の全部または一部にのみ適用することができる旨，場合により，分割猶予の申立ては会社法上の権利に及ぶ旨が規定されている。

118　民法典第821条には，協議による同意がなければ，その経営が死者またはその配偶者により行われていたすべての農事・商事・工業・手工業または自由業の会社の不分割は，同法典第822条に定められた者の申立てによって，裁判所が定めた条件において維持される旨，必要があれば，不分割維持の申立ては会社法上の権利に及ぶ旨，裁判所は存在する諸権利および家族が不分割財産から引き出すことのできる生活手段に応じて判決する旨，不分割の維持は，会社が相続人またはその配偶者が相続開始前にすでに所有者または共同所有者となっていた要素を企業に含む場合であっても可能である旨が規定されている。

119　民法典第821-1条には，居住用または業務用の財産で，それらが，死亡時に，死者または配偶者により実際に居住または〔業務の〕用途に用いられていたものに関しては，〔前条である民法典第821条と〕同じ者の申立てにより，裁判所が定めた条件で，不分割が維持される旨，居住場所に備え付けられ，または業務の遂行に用いられている動産についても同様とする旨が規定されている。

120　民法典第824条には，共同不分割権利者が不分割財産に住む意向の場合，裁判所はそれらの者の一人または数人の申立てにより，直面する利益に応じて，また同法典第831条から同法典第832-3条の適用を妨げることなく，分割を申し立てた者に持分を割当てることができる旨，不分割財産に十分な金銭がない場合，共同不分割権利者のうち〔前項の〕申立てを共同で行った者が補填金を払い込むが，他の共同不分割権利者が参加の意思を表明した場合は，その者が参加する可能性を妨げない旨，不分割財産における各自の持分はその支払いに応じて増大する旨が規定されている。

121　民法典第832-1条には，不分割の維持が命じられず，かつ同法典第831条または同法典第832条に定める条件で，所有権上の優先割当てがない場合，生存配偶者またはすべての共同所有者である相続人は，一人または複数の共同相続人，および必要に応じて第三者とともに，農業用地団体を設立するために，相続財産に属している農業用

第 2 章　相続および無償譲与（第1381条）

の不動産および権利の全部または一部の優先割当てを申し立てることができる旨，生存配偶者もしくは同法典第831条に定められた人的条件を満たす一人もしくは複数の共同相続人またはそれらの卑属で実際に経営に関与する者が農業漁業法典第 4 巻第 1 編第 6 章に定められた条件で，団体の財産の全部または一部を賃貸借に付すことを主張する場合，この割当ては正当なものとする旨，請求が複数の場合，団体の財産は，その構成が可能であれば，異なる共同相続人が受益者となる複数の賃貸借の対象とすることができる旨，この 1 つまたは複数の賃貸借の条項および条件は，合意の対象とならなかった場合には，裁判所が定める旨，申立人が農業用地団体に供することを予定しない不動産および権利，および相続財産のその他の財産は，団体設立に同意しなかった共同不分割権利者に，それぞれの相続権の限度内で，優先的に割当てられる旨，これらの共同不分割権利者がこの割当てでその権利を満たされない場合，それらの者に対して精算金が支払われなければならない旨，共同分割人間に合意がある場合を除き，場合により課せられる精算金は分割後 1 年以内に支払われる旨，精算金は農業用地団体の持分の形態で代物弁済の対象とすることができる，ただしその支払い対象者が，この精算方法に対して，その提案後 1 か月以内に異議を伝えた場合はその限りでない旨，分割は，農業用地団体の設立行為の署名後，および必要な場合は，1 つまたは複数の長期賃貸借の署名の後でなければ完了しない旨が規定されている。

122　民法典第832-2 条には，経済的に結合しているが会社形式で経営されていない農業経営が，不分割を維持されず，同法典第831条・同法典第832条・同法典第832-1 条に定められた条件で，優先割当ての対象とならなかった場合，生存配偶者またはすべての共同所有者である相続人で自ら関与していた経営の継続を望む者は，換価処分申立てにもかかわらず，経営を行う土地に関して，農業法典第 4 巻第 1 編第 6 章に定められた条件で，共同分割人が長期の賃貸借に同意するという条件のもとで，分割がなされることを求めることができる旨，相続人の場合には，その配偶者または卑属によって関与の条件を満たすことができる旨，当事者間に合意がある場合を除き，これらの規定の利益を受けるために申立てをする者がその持分の中で優先的に経営用および居住用の建物を受け取る旨，以上の規定は，農事経営の一部で経済的結合を構成するものに適用される旨，この経済的結合は，生存配偶者または相続人が〔被相続人の〕死亡前に，すでに所有者または共同所有者になっている財産がその一部となりうる旨，必要であれば，異なる部分の土地評価において，賃貸借の存在による価値の減少が考慮に入れられなければならない旨，農業漁業法典第 L.412-14 条・同法典第 L.412-15 条は，本条第 1 項に定める賃貸借に特別な規定を定めている旨，経営の全部または一部を管理するよう求める一人または複数の申立人に明らかな不適性があることを理由に共同相続人の利益が損なわれる危険があるとき，裁判所は本条第 1 項から第 3 項を適用する必要はないと裁判することができる旨が規定されている。

123　民法典第832-3 条には，優先割当てが，不分割財産の全体を保存するために数人の相続人による共同の申立てによりなされることができる旨，合意がなければ，優先割当ての申立ては，直面する利益に応じて，裁判する裁判所において行われる旨，申立てが競合する場合，裁判所は問題の財産を管理し維持するための種々の志願者の適正を考慮に入れる旨，会社については，裁判所は特に〔会社の〕活動への個人的な関与の期間を考慮に入れる旨が規定されている。

124 民法典第887条には，分割は強迫または詐欺を理由に無効とされうる旨，分割は，錯誤が共同分割人の権利の存在または割合部分について，あるいは分割されるべき財産に含まれている財産の所有権について生じている場合においても，錯誤を理由に無効とされる旨，強迫・詐欺・錯誤の結果が分割の無効とは別の方法で補償されると判明した場合には，裁判所は当事者の一人の申立てにより，補充または訂正のための分割を命じることができる旨が規定されている。
125 民法典第1026条には，遺言執行者は，重大な理由のために，裁判所によりその任務から解任されうる旨が規定されている。
126 司法組織法典第L.213-3条第1号は，各大審裁判所における一人または数人の裁判官は，家族事件裁判官の職務に任命される旨が規定され，また家族事件裁判官が管轄権を有する事件（場合）の列挙がなされている。

注釈フランス民事訴訟法典

― 特別訴訟・仲裁編 ―

徳田和幸　編
町村泰貴

信山社

まえがき

(1) 本書の対象

本書は，フランスの民事訴訟法典 Code de la procédure civile の第3巻以下を翻訳し，注釈をつけたものである。

フランス民事訴訟法典は，以下に示すように，全体が6つの巻 Livres に分かれる。

第1巻　すべての裁判所に共通の規定（1条〜749条）
第2巻　各裁判所に特有の規定（750条〜1037条）
第3巻　個別の事件についての特則（1038条〜1441-4条）
第4巻　仲裁（1442条〜1527条）
第5巻　紛争の和解的解決（1528条〜1567条）
第6巻　海外領土に関する規定（1575条〜1582条）

これに付録 Annexes として，バ・ラン県，オー・ラン県，モーゼル県（すなわちアルザスおよびロレーヌの一部）に適用される規定が53カ条存在する。

このうち，第1巻および第2巻は，わが国において翻訳と訳者による注釈が，法務大臣官房司法法制調査部編『注釈フランス新民事訴訟法典』（法曹会・1978）[1] として刊行されている。その当時は，破毀院に関する規定のほか，本書が対象とする個別の事件に関する特則，仲裁法，執行法などについての規定を予定していながらも，条文は整備されていなかった。特に執行法は，旧民事訴訟法典の規定が効力を持っていた。

以来40年近くが経過し，未整備の部分についても順次条文が整備され，ついに旧法典が最終的に廃止され，現行法典の名称も新民事訴訟法典（NCPC）から「新」がとれて民事訴訟法典（CPC）に変更になったのは，2007年および2008年のことである[2]。その後も実体法やヨーロッパ法改革に伴う民事訴訟法典の改正が続き，わが国で既に紹介翻訳されていた仲裁法が全面的に書

1　以下，法曹会訳という。

き換えられ，あるいは近隣裁判官（所）の導入や裁判外紛争解決に関する新たな規定などが付け加わっている。

本書は，こうしたフランスの民事訴訟法典に関する近時の発展を踏まえ，法曹会訳では未整備であったため翻訳対象となっていなかった第3巻以降を対象として，新たな翻訳・注釈を試みたものである。

(2) 本研究会の経緯と翻訳の基準時

翻訳・注釈作業は，2004年5月（日本民事訴訟法学会大会の開催日）に，フランス民事訴訟法に関心を持つ有志が集まってフランス民事訴訟法研究会（仮称）を組織し，開始した。

この研究会のメンバーは，法曹会訳の訳者である徳田和幸教授（同志社大学）および上北武男教授（愛知学院大学）に加えて，西澤宗英教授（青山学院大学），堤龍弥教授（関西学院大学），大濱しのぶ教授（慶應義塾大学），安見ゆかり教授（青山学院大学），田村真弓准教授（大阪学院大学），そして研究会の組織・運営の実務を担った町村泰貴（北海道大学）である。このメンバーは研究会発足当時から変更はない。

研究会は当初2カ月ないし3カ月ごとに2日ないし3日開催してきたが，最近は毎月のように，あるいは月2回程度集中的に開催されることもあった。研究会活動経費は，文部科学省科学研究費の助成[3]を受けることができた。

研究会の成果は，2010年より，「国際商事法務」誌上に連載の形で公表を開始した[4]。もっとも，その連載は事情により途切れてしまったので，その後の改正を踏まえてさらにアップデート作業を行い，最終的に2015年1月1

---

[2] Loi n° 2007-1787 du 20 décembre 2007 relative à la simplification du droit. この法律により旧民事訴訟法典を最終的に廃止し，あらゆる法律にある現行法典の名称から「新」という表示を除去した。また，Décret n° 2008-484 du 22 mai 2008 relatif à la procédure devant la Cour de cassation. は，デクレによるあらゆる法文から現行法典の「新」の表記を除去した。

[3] 文部科学省科学研究費補助金基盤研究（B）2006年度～2009年度「フランス新民事訴訟法典の全体的究明および日本民事訴訟法との比較研究」研究代表者・町村泰貴（南山大学・北海道大学）。

[4] フランス民事訴訟法研究会「フランス民事訴訟法翻訳(1)～(8)」国際商事法務38巻4号468頁，5号646頁，6号807頁，7号947頁，10号1418頁，11号1559頁，39巻1号76頁，4号543頁。

日段階での条文全部の翻訳として，本書にまとめた。

なお，翻訳および注釈は，それぞれの担当部分について下訳を作成して研究会の場で全員が協議し，特に訳語の統一を図った。従って翻訳文は研究会メンバーの共同作業の所産である。しかし，前注および脚注は，それぞれの分担者の責任において付しており，一応の統一は図ったものの，内容的にはそれぞれの担当者の責任において作成されている。

(3) 本書対象部分の全体構成

本書が対象とする第3巻から第6巻までを簡単に紹介しておく。

第3巻は，個別事件についての特則という表題の下，日本の人事訴訟法および家事事件手続法に対応する規定のほか，占有訴権など財産法上の若干の手続規定その他が含まれている。その全体は，次の第4巻「仲裁」とともに，1981年のデクレにより創設されている[5]。なお第3巻は民法典の家族法・相続法改革に伴い，数次にわたる重要な改正[6]が加えられている。

第3巻の第1編は人と題し，国籍紛争，戸籍に相当する身分証書等，不在者の財産管理，そして家族に関する訴訟手続として離婚，別居，夫婦財産制，

5　Décret n° 81-500 du 12 mai 1981 instituant les dispositions des livres III et IV du nouveau code de procédure civile et modifiant certaines dispositions de ce code.

6　主要なものを列挙するなら，以下の通り。
- 家族事件裁判官の創設に伴う Décret n° 94-42 du 14 janvier 1994 relatif au juge aux affaires familiales et modifiant le code de l'organisation judiciaire et le nouveau code de procédure civile.
- 家族事件に関する手続を大幅に改正した Décret n° 2004-1158 du 29 octobre 2004 portant réforme de la procédure en matière familiale.
- 相続法改正に伴う手続を改正した Décret n° 2006-1805 du 23 décembre 2006 relatif à la procédure en matière successorale et modifiant certaines dispositions de procédure civile.
- 成年の司法的保護に関する2007年3月5日法律2007-308号による民法典の改正を受けて，成年後見等に関する規定を全面的に改正した Décret n° 2008-1276 du 5 décembre 2008 relatif à la protection juridique des mineurs et des majeurs et modifiant le code de procédure civile.
- 司法簡素化法による改革に基づいて，後見等の手続を改めた Décret n° 2009-1628 du 23 décembre 2009 relatif à l'appel contre les décisions du juge des tutelles et les délibérations du conseil de famille et modifiant diverses dispositions concernant la protection juridique des mineurs et des majeurs.

DV 保護命令手続[7]，その他の家族事件裁判官の管轄事件，親子関係と生計費の負担，遺棄と養子，親権，未成年および成年者の保護および支援，そして差別に関する訴権が規定されている。

第2編は物と題し，占有訴権[8]，果実の清算，用益権者による賃貸借，執行手続以外の金銭分配などが定められている。

第3編は夫婦財産制と相続，無償譲与（恵与）に関する規定がおかれている。

第4編は債務および契約という表題の下で，ヨーロッパ少額紛争解決手続，支払命令およびヨーロッパ支払命令[9]，そして作為命令，弁済の提供・供託，証書の回復等，そして和解 transaction が規定されている。

第4巻は仲裁であり，上記の第3巻と同じデクレにより創設された。もっとも仲裁法の内容自体は1年前に，1980年のデクレ[10]により作成されており，1981年のデクレは，それを民事訴訟法典に組み入れたものである。その後，2011年に国内仲裁と国際仲裁とに分けて規定する全面改正[11]があり，今日に至っている。

第5巻は紛争の和解的解決 règlement amiable des différends との表題の下，裁判外紛争解決手続に関する諸規定[12]が置かれている。これには調停 médiation，和解仲介 conciliation，そして参加型手続 procédure participative という手続が規定されている。この第5巻は，もともと民事執行手続の規定をおくことを予定されていたが，民事執行手続は独立の民事執行手続法典 Code des procédures civiles d'exécution にまとめられたため，紛争の和解的解決に

7　Décret n° 2010-1134 du 29 septembre 2010 relatif à la procédure civile de protection des victimes de violences au sein des couples.

8　占有訴権に関する民法典2279条は loi n° 2015-177 du 16 février 2015 relative à la modernisation et à la simplification du droit et des procédures dans les domaines de la justice et des affaires intérieures により削除されているが，民事訴訟法典の規定は2016年6月段階でもまだ残されている。

9　このうちヨーロッパ連合の関係で挿入された手続は，Décret n° 2008-1346 du 17 décembre 2008 relatif aux procédures européennes d'injonction de payer et de règlement des petits litiges による。

10　Décret n° 80-354 du 14 mai 1980 relatif à l'arbitrage et destiné à s'intégrer dans le nouveau code de procédure civile.

11　Décret n° 2011-48 du 13 janvier 2011 portant réforme de l'arbitrage.

12　Décret n° 2012-66 du 20 janvier 2012 relatif à la résolution amiable des différends.

充てられたという経緯がある[13]。

最後に第6巻は，海外領土の特則である。

(4) 今後の作業

　フランス民事訴訟法典は，現在も改正がしばしば行われているので，本書刊行後も可能な限り，最新の条文を紹介するよう心がけるつもりである。基準時を2015年1月1日としたが，その後の校正作業の間にも重要な改正が行われている。とりわけ2016年には民法典の主要部分が改正されたため，本書で引用している条文が動いた箇所がある。一部は注記したが，校正の最終段階であったため，十分な反映はできなかった。早晩アップデートの機会を得たいと考えている。

　また，本書の対象部分の翻訳作業と並行して，法曹会訳の対象となった第1巻および第2巻についても，検討を進めている。第1巻，第2巻も，法曹会訳の公刊以降，重要な改正が多数施されている。例えば，第5編の2は，合憲性優先審理と題する編が追加されている。これは，もともと法律の公布前に合憲性を審査する機関であった憲法院が，事後的な違憲立法審査権を獲得したことに対応して，通常の民事訴訟を審理する裁判所から憲法院へ事件を移送する具体的手続が規定されている[14]。また第5編の3は，ごく最近付け加えられたもので，行政裁判所に係属した事件に司法裁判所の管轄に属する先決問題がある場合に，行政裁判所から移送を受けた司法裁判所として裁判をするときの手続を定めたものである。第6編は和解 conciliation および調停 médiation に関する規定であるが，1980年以降に大きく変わったものである。第9編の2は未成年者を裁判上で聴取する際の特則が12カ条規定され

---

[13] hilippe Théry, Le Code de procédure civile et le droit de l'exécution, Jean Foyer et Catherine Puigelier (dir.), Le nouveau code de procédure civile (1975-2005), Economica, 2006, p.361, p.362参照。Code des procédures civiles d'exécution の法典化は，Ordonnance n°2011-1895 du 19 décembre 2011 relative à la partie législative du code des procédures civiles d'exécution および Décret n°2012-783 du 30 mai 2012 relatif à la partie réglementaire du code des procédures civiles d'exécution. による。

[14] この手続については，中村義孝「フランス憲法院の改革」立命館法学341号（2012）807頁以下，ベルトラン・マチュー（植野妙実子・兼頭ゆみ子訳）『フランスの事後的違憲審査制』（日本評論社・2015）が詳しい。

ている。第21編は電子的手段による伝達についての規定がおかれている。このほかにも，改正された規定は数多い。

　これらの改正を踏まえ，今後本研究会としても，法曹会訳の部分の翻訳見直しを実施し，可能な限り早く公表したいと考えている。

⑸　謝　辞

　本書をまとめるまでの経緯は上述した通りであり，その間に物心両面にわたって支援をいただいた方々・諸機関には，心より御礼を申し上げる。また早くから出版を快く引き受けていただき，辛抱強くお待ちいただいた信山社の渡辺左近氏にも，執筆者一同より御礼を申し上げたい。

　　2016年6月1日

　　　　　　　　　　　　　　執筆者を代表して　　町 村 泰 貴

目　　次

まえがき

第3巻　個別の事件についての特則 ──────────── *1*

第1編　人 ─────────────────────── *1*
第1章　自然人の国籍（第1038条〜第1045条）………… *1*
第2章　身分証書（第1046条〜第1056-2条）………… *5*
第1節　身分証書の取消しおよび更正（*9*）
第1小節　行政上の更正（*9*）
第2小節　裁判上の更正および取消し（*10*）
第2節　名に関する手続（*12*）
第3節　裁判の身分登録簿への転記および記載（*16*）
第3章　身分目録（第1057条〜第1061条）………… *20*
第3章の2　葬儀（第1061-1条）………… *22*
第4章　不在者（第1062条〜第1069条）………… *23*
第1節　不在推定（*26*）
第2節　不在宣告（*27*）
第5章　家族に関する訴訟手続（第1070条〜第1142条）………… *29*
第1節　一般規定（*30*）
第2節　離婚および別居（*34*）
第1小節　一般規定（*34*）
####### 第1款　申立て（*34*）
####### 第2款　補償給付（*37*）
####### 第3款　判決の公示および証明（*38*）
####### 第4款　付帯的な処分の変更（*39*）
####### 第5款　破毀申立て（*40*）
第2小節　相互の同意による離婚（*40*）
第3小節　その他の離婚手続（*44*）

第1款　最初の申請（44）
　　　第2款　和解の試み（45）
　　　第3款　訴訟手続（47）
　　　第4款　仮の処分（47）
　　　第5款　不服申立て（49）
　　　第6款　受諾離婚に関する特則（49）
　　　第7款　婚姻関係の決定的悪化による離婚に関する特則（50）
　　　第8款　有責離婚に関する特則（51）
　　第4小節　別　居（51）
　　第5小節　別居からの転換に基づく離婚（52）
　　第2節の2　夫婦財産制ならびに民事連帯協約または同棲関係で結びついた者の不分割財産の作用，清算および分割（53）
　　第2節の3　暴力被害者保護処分のための手続（54）
　　第3節　家族事件裁判官の管轄に属するその他の訴訟手続（59）
第6章　親子関係と生計費（第1149条〜第1157-3条）……………… 61
　　第1節　一般規定（61）
　　第2節　生計費（62）
　　第3節　公知証書（62）
　　第4節　医学的介助生殖の同意（63）
第7章　遺棄の宣言（第1158条〜第1164条）……………………… 65
第8章　養子縁組（第1165条〜第1178-1条）……………………… 69
　　第1節　養子縁組の同意（71）
　　第2節　養子縁組の手続（72）
　　第3節　単純養子縁組の撤回に関する手続（75）
　　第4節　共通規定（76）
第9章　親権（第1179条〜第1210-9条）…………………………… 77
　　第1節　親権の行使（78）
　　第2節　育成扶助（82）
　　第2節の2　家計管理援助に関する裁判上の処分（91）
　　第3節　親権の委譲，親権の全部および一部の剥奪（96）

　　　　　　　　　　　　目　次　　　　　　　　　　ix

　第4節　特別管理人に関する諸規定（*98*）
　第5節　子の不法な国際的移動（*100*）
第10章　未成年者および成年者の法的保護（第1211条～第1261-1条）
　　　………………………………………………………………… *104*
　第1節　裁判上の〔保護〕処分に関する規定（*115*）
　　第1小節　一般規定（*115*）
　　第2小節　後見裁判官の下における手続（*118*）
　　　第1款　申立て（*118*）
　　　第2款　申立ての審理（*121*）
　　　第3款　記録の閲覧および写しの交付（*123*）
　　　第4款　検察官に対する記録の伝達（*125*）
　　　第5款　後見裁判官の裁判（*125*）
　　　第6款　送　達（*126*）
　　　第7款　裁判の執行（*127*）
　　第3小節　親族会（*128*）
　　　第1款　未成年者および成年者に共通の規定（*128*）
　　　第2款　未成年者に関する規定（*130*）
　　　第3款　成年者に関する規定（*130*）
　　第4小節　控　訴（*131*）
　　第5小節　裁判上の〔一時的〕保護（*137*）
　　第6小節　保佐および後見（*140*）
　　　第1款　未成年者および成年者に共通の規定（*140*）
　　　第2款　成年者に関する規定（*141*）
　第2節　将来保護の委任に関する規定（*143*）
　第3節　国の被後見子に適用される規定（*150*）
第11章　裁判上の支援処分（第1262条～第1263条）………… *152*
第12章　差別事件に関する訴権（第1263-1条）……………… *159*
第2編　物　―――――――――――――――――――――― *162*
　第1章　占有訴権（第1264条～第1267条）………………… *162*
　第2章　収支計算報告提出および果実の清算（第1268条～第1269条）…*165*

第3章　裁判所の許可を得た用益権者による賃貸借（第1270条）……　*166*
　第4章　未成年被後見人または成年被後見人に属する不動産および
　　　　営業財産の売却（第1271条〜第1281条）……………………　*167*
　第5章　執行手続外における金銭分配（第1281-1条〜第1281-12条）…　*172*
　第6章　第三取得者による抵当権および先取特権の滌除（第1281-13条
　　　　〜第1281-19条）……………………………………………　*176*
第3編　夫婦財産制——相続および無償譲与 ──────────────　*178*
　第1章　夫婦の権利および夫婦財産制（第1286条〜第1303-6条）……　*178*
　　第1節　許可および授権（*179*）
　　　第1小節　家族事件裁判官の下における手続（*180*）
　　　第2小節　後見裁判官の下における手続（*181*）
　　第2節　緊急処分（*182*）
　　第3節　管理権の裁判上の移転および後得財産分配請求権の事前清算（*182*）
　　第4節　裁判上の財産分離（*183*）
　　第5節　夫婦財産制の変更（*185*）
　　　第1款　一般規定（*185*）
　　　第2款　夫婦財産制変更の裁判上の認可（*186*）
　　第6節　渉外事件における公示（*187*）
　　　第1款　婚姻期間中になされた夫婦財産制の準拠法の指定（*187*）
　　　第2款　外国法の適用による夫婦財産制の変更（*188*）
　　　第3款　フランス法の適用による外国での夫婦財産制の変更（*189*）
　第2章　相続および無償譲与（第1304条〜第1381条）………………　*190*
　　第1節　相続の開始後に行われる保全的処分（*190*）
　　　第1小節　封　印（*191*）
　　　　第1款　封印の貼付（*191*）
　　　　第2款　封印の除去（*193*）
　　　第2小節　明細目録（*195*）
　　　第3小節　共通規定（*195*）
　　第2節　財産目録（*196*）
　　第3節　相続の選択（*198*）

第 1 小節　限定承認（*200*）

　　第 2 小節　放　棄（*202*）

　　第 3 小節　生存する配偶者の選択権（*202*）

　第 4 節　相続権主張者不存在の相続財産および相続人不存在の相続財産（*203*）

　　第 1 小節　相続権主張者不存在の相続財産（*204*）

　　　第 1 款　財産管理の開始（*204*）

　　　第 2 款　財産管理人の職務（*205*）

　　　第 3 款　収支計算報告提出および財産管理の終了（*206*）

　　第 2 小節　相続人不存在の相続財産（*207*）

　第 5 節　裁判所が選任する相続財産の受託者（*208*）

　第 6 節　分　割（*210*）

　　第 1 小節　協議上の分割（*210*）

　　第 2 小節　裁判上の分割（*211*）

　　　第 1 款　一般規定（*211*）

　　　第 2 款　特別規定（*212*）

　　　第 3 款　換価処分（*216*）

　第 7 節　共通規定（*216*）

第 4 編　債務および契約 ──────────────────── *221*

　第 1 章　ヨーロッパ少額紛争解決手続（第1382条〜第1390条）……… *221*

　第 2 章　〔履行〕命令手続（第1405条〜第1425-9条）……………… *228*

　　第 1 節　支払命令（*228*）

　　第 2 節　ヨーロッパ支払命令（*235*）

　　第 3 節　商事裁判所における支払命令およびヨーロッパ支払命令の手続
　　　　　　費用（*238*）

　　第 4 節　作為命令（*239*）

　第 3 章　弁済の提供および供託（第1426条〜第1429条）…………… *242*

　第 4 章　滅失した証書の回復（第1430条〜第1434条）………………… *247*

　第 5 章　証書および登録簿の写しの交付（第1435条〜第1441条）……… *249*

　第 6 章　公発注の私法契約の締結に関する争訟（第1441-1条〜
　　　　　　第1441-3条）…………………………………………………… *252*

第7章　和解（第1441-4条）……………………………………… 256

第4巻　仲　裁　——————————————————————— 257

第1編　国内仲裁　——————————————————— 259

第1章　仲裁合意（第1442条〜第1449条）……………………… 259

第2章　仲裁廷（第1450条〜第1461条）………………………… 262

第3章　仲裁手続（第1462条〜第1477条）……………………… 266

第4章　仲裁判断（第1478条〜第1486条）……………………… 271

第5章　執行許可（第1487条〜第1488条）……………………… 275

第6章　不服申立て（第1489条〜第1503条）…………………… 277

　第1節　控　訴（277）

　第2節　取消申立て（278）

　第3節　控訴および取消申立てに共通の規定（279）

　第4節　執行許可申立てに関する命令に対する不服申立て（281）

　第5節　その他の不服申立て（282）

第2編　国際仲裁（第1504条〜第1506条）————————————— 283

第1章　国際仲裁合意（第1507条〜第1508条）………………… 285

第2章　仲裁の審理および判断（第1509条〜第1513条）……… 286

第3章　外国においてまたは国際仲裁事件についてされた仲裁判断の
　　　　承認および強制執行（第1514条〜第1517条）…………… 288

第4章　不服申立て（第1518条〜第1527条）…………………… 291

　第1節　フランスにおいてされた仲裁判断（291）

　第2節　外国で下された仲裁判断（294）

　第3節　フランスおよび外国において下された仲裁判断に共通の規定（294）

第5巻　紛争の和解的解決（第1528条〜第1529条）———————— 297

第1編　合意に基づく調停および和解仲介（第1530条〜第1541条）—— 300

第1章　合意に基づく調停（第1532条〜第1535条）…………… 301

第2章　司法上の和解仲介人により進められた和解（第1536条〜第1541
　　　　条）……………………………………………………………… 303

第 2 編　参加型手続（第1542条〜第1564条） ──────── 305
　第 1 章　合意の手続（第1544条〜第1555条）………………… 306
　　第 1 節　一般規定（306）
　　第 2 節　技術者への依頼（306）
　　第 3 節　手続の終結（308）
　第 2 章　判決を目的とした手続（第1556条〜第1564条）………… 309
　　第 1 節　紛争の全部を終結させる合意の認可手続（309）
　　第 2 節　和解に至らない紛争の判決手続（310）
　　　第 1 款　共通規定（310）
　　　第 2 款　部分的和解の認可および残された紛争の判決のための手続（310）
　　　第 3 款　紛争全体の判決手続（311）
第 3 編　共通規定（第1565条〜第1567条） ──────── 313

第 6 巻　海外領土に関する規定 ──────────── 315
第 1 編　（全面削除）
第 2 編　ワリス・フテュナ諸島に適用される規定（第1575条〜第1582条） ── 315

　　索　引（仏和・和仏） ───────────── 319

〈凡　例〉

　翻訳対象テキストは，2015年1月1日時点で Legifrance に掲載されていたものとする。

　章節の構成や条項の構成は，日本法とは異なるところがあるが，日本の読者の便宜のためなるべく日本法の法律文構成に近いものとするよう心がけた。従って以下のように訳した。

　　Livre ＝ 巻
　　Titre ＝ 編
　　Chapitre ＝ 章
　　Section ＝ 節
　　Paragraphe ＝ 款
　　Article ＝ 条
　　Alinéa ＝ 項
　　1º ＝ 1号

　なお，alinéa は厳密に言えば段落を表すので，番号やティレで始まる項目も一つの alinéa となる。条・項・号と階層的に構成された条文の場合に，第1項の中に第1号と第2号があれば，次は日本法なら第2項となるが，フランス法ではその場合次は第4項となる。本訳では，項には2項から便宜上番号を振ったが，その番号は日本法の数え方にならってつけている。誤解を招きそうな箇所には適宜脚注を付した。

　この他，編や節に sous がついた場合は小編，小節と，枝番を示す bis, ter などが付いた場合はそれぞれ「〜の2」，「〜の3」などとした。他方，条文番号にも改正にともなって頻繁にティレ（-）で結ばれた枝番（例えば l'article 1400-1）が付けられているが，これは例えば1400-1条というように，条文番号にティレを用いて表した。

　脚注等で言及する参考文献は，次頁の参考文献リストに挙げたものについては略称とページ数でのみ引用することとした。

〈主要参考文献〉

Blanc：Emannuel Blanc, Nouveau Code de procédure civile commenté dans l'ordre des articles, Librairie du journal des notaires et des avocats, 1995（最終更新版）

Guinchard et Ferrand：Serge Guinchard et Frédérique Ferrand, Procédure civile, 28e éd., Précis Dalloz, 2006.[1]

Guinchard (dir.)：Serge Guinchard (dir.), Droit et pratique de la procédure civile 2009-2010, 6e éd., Dalloz, 2009.

（辞典）

山口・辞典：山口俊夫『フランス法辞典』（東京大学出版会・2002）

三省堂辞典：レモン・ギリアン＝ジャン・ヴァンサン編（中村紘一・今関源成・新倉修・Termes juridiques 研究会訳）『フランス法律用語辞典・第 2 版』（三省堂・2002）

（法文翻訳）

法曹会訳：法務大臣官房司法法制調査部編『注釈フランス新民事訴訟法典』（法曹会・1988）

若林訳：若林安雄「新フランス民事訴訟法典」近畿大学法学40巻2号135頁以下

法協訳：法学協会雑誌78巻 1 号～90巻11号

民訴王令：塙浩「ルイ14世民事訴訟王令（1667年 4 月）」神戸法学雑誌24巻 2 号165頁以下

民法訳（家族）：法務大臣官房司法法制調査部編『フランス民法典―家族・相続関係―』（法曹会・1978）

民法訳（財産）：法務大臣官房司法法制調査部編『フランス民法典―債権・物権関係―』（法曹会・1982）

外国法典叢書・民法：現代外国法典叢書仏蘭西民法 I ～ V （有斐閣・1957）

水野・新離婚法：水野貴浩「フランス新離婚法（離婚に関する2004年 5 月26日の法律第439号）」同志社法学56巻 3 号466頁以下

（文献）

稲本・家族法：稲本洋之助『フランスの家族法』（東京大学出版会・1985）

北村・200年：北村一郎編『フランス民法典の200年』（有斐閣・2006）

司研・運営：司法研修所編『フランスにおける民事訴訟の運営』（法曹会・1992）

滝沢・第 3 版：滝沢正『フランス法・第3版』（三省堂・2008）

日仏家族観：日仏法学会編『日本とフランスの家族観』（有斐閣・2003）

---

1 本書は，Jean Vincent が原著者であった教科書の改訂版であり，第28版から著者表示と副題が変更になった。

山口・上：山口俊夫『フランス法・上巻』（東京大学出版会・1978）
山口・下：山口俊夫『フランス法・下巻』（東京大学出版会・2004）
山本・司法：山本和彦『フランスの司法』（有斐閣・1995）

第3巻　個別の事件についての特則

【前注】
　第3巻は，第1編が人を対象とする特別手続であり，以下，第2編が物，第3編が夫婦財産制，そして第4編が債務および契約を対象とする特別手続を規定している。
　第3巻は，法曹会訳498頁以下に記載されているように，次の第4巻「仲裁」とともに，1975年の新民訴法典形成デクレの段階では規定がなく，表題のみがおかれて留保されていた。本翻訳が対象とする法文は，1981年5月12日デクレ500号[1]により創設されたものに累次の改正が付け加わったものである。

第1編　人

【前注】
　第1編「人」は，12章に分かれ，国籍紛争のほかは，わが国の人事訴訟事件および家事審判事件に相当する手続が規定されている。

第1章　自然人の国籍

【前注】
　本章は，国籍紛争を対象とする特別手続である。
　本章が前提とする実体規定は民法典第1巻「人」第1編の2「フランス国籍について」（第17条から第33条の2）である。1803年公布の民法典原始規定には国籍に関する規定がおかれていたところ，1945年10月19日オルドナンス

---

[1] Décret n° 81-500 du 12 mai 1981 instituant les dispositions des livres III et IV du nouveau Code de procédure civile et modifiant certaines dispositions de ce Code.

2441号により国籍法典という独立の法典が制定された。その後，国籍法を改正する1993年7月22日法律933号[2]によって，国籍法典は廃止され，その規定は民法典に組み込まれた。

　民法典では，上記第1巻第1編の2第6章「国籍紛争について」(第29条から第31-3条)において，手続に関連する規定がおかれ，その中にはフランス国籍についての判決が対世効を有すること(民法典第29-5条)，利害関係者が第三者による判決取消の訴えの適格を有すること(同条2項)，国籍問題に関する証明責任が訴訟の対象となっている国籍を主張する者自身にあること，フランス国籍証明書を有する者のフランス国籍が争われる場合には，その国籍を争う者に証明責任があること，その他国籍の得喪に関する証拠法則が規定されている(同法典第30条から第30-4条まで)。

第1038条

　刑事陪審を伴う刑事裁判権について国籍法典[3]に別段の規定がある場合を除いて，大審裁判所のみが，自然人のフランス国籍または外国国籍に関する紛争を第一審として審理する管轄権を有する。

　2　国籍および外国籍の抗弁並びにそれを審理するための無管轄の抗弁は公序に属する。これらの抗弁は，訴訟のいかなる段階においても提出することができ，また裁判官は，職権で取り上げなければならない。

第1039条

　土地管轄権を有する大審裁判所は，国籍が問題となっている者の居住する地の裁判所とし，その者がフランスに住所を有さない場合には，パリ大審裁判所とする[4]。

---

[2]　Loi n° 93-933 du 22 juillet 1993 réformant le droit de la nationalité.

[3]　本条の規定は1981年デクレのまま改正されておらず，従って本条に現れた国籍法典とは，現在民法典に組み込まれて廃止されたはずの旧国籍法典を指している。旧国籍法典第124条第1項は，自然人のフランスまたは外国国籍に関する紛争を管轄する裁判所として，一般法の民事裁判所と規定していた。同条第2項は，国籍問題について他の行政または司法裁判所が，刑事陪審を伴う刑事裁判所を除き，先決問題として裁判することができると規定していた。この規定は，そのまま民法典第29条におかれており，本項はこれを受けた規定となっている。

[4]　本条は民法典第29-1条を受けている。

第1040条

フランス人の資格の有無を宣言させることを主たる目的とするあらゆる訴権は，検察官により，または検察官に対して行使される。ただし，あらゆる利害関係人が，手続に参加する権利を妨げない[5]。

第1041条

司法裁判所が国籍の問題を付帯的に受理し，それについて審理権限を有しないが，紛争の解決に必要な場合には，その事件は検察官に伝達される。

2 検察官は，理由を付した意見書により，先決問題の存在を認めるかどうかに関する評価を知らせる[6]。

第1042条

当事者が国籍問題を裁判所に提出し，裁判所がこれを先決問題と評価するとき，裁判所はこの当事者に対し，1か月の期間内に管轄権を有する大審裁判所で手続を進めるように，または同一の期間内に共和国検事に申請するように指示する。国籍が争われている者が，フランス国籍の証明書を援用するとき，または国籍の問題が職権で取り上げられたとき，本案の係属する裁判所は，管轄権を有する大審裁判所に事件を係属させるために，共和国検事に対して1か月という同一の期間を与える。

2 1か月の期間が遵守されない場合は，訴訟手続が続行される。遵守される場合には，本案の係属する裁判所は，国籍の問題について判決されるまで，審判を停止する。

---

[5] 本条は全体で一文である。本条の前提となる民法典第29-3条は以下のように定めている。
「1 何人もフランス人の資格の有無を宣言させるための訴権を有する。
2 共和国検事は，すべての者に関して同一の訴権を有する。検事は国籍を宣言する訴訟のすべてにおいて必要的被告となる。検事は，審理権限を有する裁判所が付帯的に国籍問題を審理する場合には常に参加しなければならない。」

[6] Blanc, pp.630-631によれば，先決問題の判断に際して評価される要素は，その争いが適切 pertinente かつ重大 sérieuse なものかどうかが挙げられている。

第1043条

 主たる目的として，または付帯的に，国籍についての紛争が提起されたすべての訴訟手続においては，呼出状の写し，または場合により紛争を提起した申立書の写しが司法省に提出され，司法省は，その受領書を交付する。書類の提出は，配達証明付書留郵便による書類の送付によって代えることができる。

 2 民事裁判所は，受領書の交付または配達証明から起算して，1か月の期間満了前は，国籍について裁判することができない。ただしその期間は，国籍についての争いが，選挙事件を裁判する裁判所において先決問題となっているときは，10日間とする。

 3 前項に規定される手続の履行が証明されない場合には，呼出状は失効し，国籍問題を扱う申立書は不受理とする。

 4 本条は，不服申立てに準用される。

第1044条

 共和国検事は，行政機関が申請した場合，または第1042条の要件のもとで審判を停止した裁判所において[7]，国籍の抗弁を援用した第三者が申請した場合には，第1040条の要件のもとで，提訴しなければならない。

 2 申請した第三者は，訴訟に関与させられる。

第1045条

 破毀申立ての期間は，国籍について裁判する控訴院判決の執行を停止する。この期間内に行われた破毀申立ても同様に，執行を停止する。

（町村泰貴）

---

[7] 国籍問題の受訴裁判所が，先決問題が存在する裁判所に移送した場合で，国籍問題の受訴裁判所が宣言延期している場合が想定される。

第2章　身分証書[1]

【前注】
(1) 沿　革

　フランスでは，民事身分と政治身分が別個に概念されており，本章で定める身分登録制度は民事身分に関するものである[2]。これは個人の身分を記録・公証するという意味でわが国の戸籍に相当するが，わが国の家族別編成とも，個々人の身分変動を反映する人的編成とも異なり，事項別編成主義と概念されている[3]。それは個々人の，出生・婚姻・死亡という3つの事項について事項別に証書を作成し，これを日付順に登録・保管する方法である。このあり方は，フランスの歴史的背景に由来する。

　そもそもフランスでは，革命以前，戸籍に相当する事務はローマ・カトリック教会が行い，教会では，聖堂区（paroisse）の主任司祭が，管轄下にある信者の出生・婚姻・死亡に関して名簿を作成し，管理，登録していた[4]。

　出生に関する登録簿は，親族間の婚姻を禁止するカノン法を遵守するために，出生時の洗礼に関する情報を記載したことに由来する。また婚姻・死亡登録簿は，慣習上，司祭に支払われていた献金を記録するために，未収献金に重点がおいて作成されたという[5]。

　このような革命前の洗礼簿，婚姻簿，埋葬簿は教会の儀式に伴うものであ

1　Jacques Massip, Actes de l'état civil; Dispositions générals, J.-Cl Code civil art.49 fasc.20. 平田陽一「フランスの身分登録制度」時の法令1285号53頁以下（以下同論文からの引用は平田・制度と略称する）。田中通裕「フランスの親権法」民商136巻4・5号33頁以下（以下同論文からの引用は田中・親権と略称する）参照。2009年以降の動向については，Yvaine Buffrlan Lanore, Actes de l'état civil, Dispositions générales, J.-CL Code civil, art 34 à 39, fasc. 10参照。
2　フランスでの「民事身分とは，政治身分と対比して用いられる概念であり，広くは，出生から死亡までの私法上の人の状態・地位を指すが，より限定的には，親子関係と婚姻によって定まる家族関係を指すこともある。具体的には，国籍，婚姻・親子関係・親族関係・姻族関係，氏名・住所・能力・性別などがその要素とされる。これらの要素は，人を社会において個別化し同定する働きをする」（大村敦志『20世紀フランス民法学から』（東大出版会）217頁）。
3　平田・制度55頁。
4　滝沢・第3版66頁，平田・制度55頁。
5　平田・制度55頁。

り，記載対象が国家教たるカトリック教徒に限定されていたため，他宗教信者やユダヤ人等の非カトリック教徒については深刻な不都合を生じていた。たとえばカトリック教会で挙式しなければ婚姻簿に登録されず，適法な婚姻と認められないために，この夫婦の子は私生児となる，その結果両親の財産を相続できず，両親の財産は国王や領主に帰属するなどといったものである[6]。

この事態は旧制度末期に深刻な社会問題化し，とりわけフランス革命期には民法の起草者の一人であるポルタリスにより非難された。やがて民事身分の登録・管理権限をカトリック教会から国家に移す，民事身分（état civil）の世俗化（sécularisation）が行われた。まず1787年王令が，他宗教信者やユダヤ人等の非カトリック教徒の身分証書を世俗の役人に取り扱わせ，さらに1792年9月20日－25日法律で，すべての者の身分に関する事務を身分吏（officier de l'état civil，市町村吏員）が取り扱うことになる。1792年9月20日－25日のデクレが教会の民事身分管理についての専属権限を廃し，1792年12月19日法律で違反に対する罰則を設けた[7]。しかし世俗化の目的は身分登録に関する教会の専属権限を剥奪することのみに存したため，フランスの身分登録制度は教会簿の事項別編成をそのまま採用した。このために，個人の身分証書が，事項ごとに作成地に分散するという不都合が生じた。現在，この不都合は身分証書の余白記載で補われ，また家族関係や家族単位の身分変動の把握は「家族手帳（livret de famille）」の作成により補われている[8]。

(2) 現行制度

現行の身分登録制度は，民訴法典第1046条以下，民法典第34条以下[9]および身分登録簿に関する1962年8月デクレ第1条および第4条[10]，外務省身分

---

6 滝沢・第3版66頁，平田・制度55頁。

7 滝沢・第3版66頁，平田・制度55頁。

8 Décret nº 74-449 du 15 mai 1974 relatif au livret de famille et à l'information des futurs époux sur le droit de la famille（以下1974年5月デクレと呼ぶ）。Décret nº 2002-1556 du 23 décembre 2002 portant application de l'article 22 de la loi nº 2001-1135 du 3 décembre 2001 relative aux droits du conjoint survivant et des enfants adultérins et modernisant diverses dispositions de droit successoral et modifiant le décret nº 74-449 du 15 mai 1974 relatif au livret de famille. なお平田・制度66頁によれば，家族手帳には，夫婦の婚姻証書や子の出生証書，夫婦または子の死亡証書の謄本など（extrait）が綴りこまれる。

証書中央局設営に関する1965年6月1日デクレ[11]，検察官による身分登録簿の検認に関する1823年11月オルドナンス[12]等によって規定されている。

　このうち身分証書の内容を定めるのは民法典で，これによれば身分証書とは身分吏（officier de l'état civil）によって作成される，個人の身分変動を証する公署証書であり，強い証明力を認められている。身分証書は事項別に(イ)出生証書または認知証書，(ロ)婚姻証書，(ハ)死亡証書の3種類に分けられる。

　出生証書とは，フランス領土に生まれた子について，出産日から3日以内に身分吏に届け出られたときに作成される身分証書で，民法典第57条にしたがって，出生日時，出生地，子の氏名，父母の氏名・年齢・職業・住所等が記載される[13]。また婚姻証書とは，婚姻挙行地において10日間の婚姻の公告後，婚姻障害等を理由とする異議が申し立てられなかった場合に，挙式後，挙行地の身分吏によって作成される身分証書である。婚姻証書には，民法典第76条にしたがって，夫婦の氏名・職業・年齢，出生日および出生地，父母の氏名・職業・住所，父母や親族会の同意，夫婦の前配偶者の氏名等が記載される。死亡証書とは，個人の死亡地の身分吏によって作成される身分証書で，民法典第79条にしたがって，死亡の日時，死亡地，死亡者の氏名，出生

9　TITRE DEXIEME DES ACTES DE L'ETAT CIVIL：本法典第34条は1922年10月28日法律に規定された。

10　Décret n° 62-921 du 3 août 1962 modifiant certaines règles relatives à l'état civil（以下1962年8月デクレと呼ぶ）。

11　Décret n° 65-422 du 1er juin 1965 portant création d'un service central d'état-civil au ministère des affaires étrangères（以下1965年6月デクレと略称する。第1条でナントに設置）。

12　Ordonnance du Roi du 26 novembre 1823 portant règlement sur la vérification des registres de l'état civil（以下1823年11月オルドナンスと略称する）。Jean-Claude BLOCH, Actes de l'état civil; Dispositions générales, Registre de l'état civil, J.-Cl Code civil, art.34 à 39; fasc.30 p.2によれば，身分登録簿は，民法典，1962年8月デクレ，これを修正する1968年2月15日デクレ，1977年3月3日デクレ，1993年9月13日デクレ，1997年9月16日デクレにより規制されている。

13　身分証書については，平田・制度53頁以下，仁平先麿「フランス法における身分証書」法学研究50巻1号269頁以下（以下同論文からの引用は仁平・証書と略称する）が詳しい。

　なお出生証書には，認知証書同様，氏の変更に関する合意，出生に関する判決，完全養子に関する判決，嬰児発見調書の転記などがなされ，死亡証書には不在者には不在者の推定による死亡が付される。Jean-Claude BLOCH op.cit., p.3．

日および出生地，職業および住所，父母の氏名および職業，住所等が記載される。以上の身分証書は，自治体ごとに2部の身分登録簿に転記される[14]。そしてこの身分登録簿は，保存や公示のために，毎年末に身分吏によって閉鎖され，索引が付されて1部は自治体の記録保管所，1部は大審裁判所の書記課に寄託される[15]。

ところで身分証書の記載や余白記載[16]に誤りがあった場合や，両親の代理人が子供の名前を誤って申請した場合[17]，完全養子により本来の氏の取消しおよび養親の氏の発生がある場合[18]などには，身分証書の更正が必要となる。身分証書の更正は，その更正対象たる誤りが形式的なものか実質的なものかによって，行政による更正と裁判所による更正とに分けられる。文書の純粋に形式的側面についての過誤や脱漏の更正は，身分吏の職務遂行を認められた者，つまりフランス人については共和国検事[19]が，外国で生まれフランス国籍を取得または回復した者の，民事身分証書に代わる文書の行政的修正については，外務省中央身分証書局[20]が，これを行う[21]。これに対して身分証書の実質的誤りについては，大審裁判所の非訟事件手続による判決で訂正が行われる。大審裁判所の判決に対しては控訴が認められている。

14　1962年8月デクレ第1条，仁平・証書267頁。

15　1962年8月デクレ第4条 Jean-Claude BLOCH op.cit., pp.2,4et s. 同旨仁平・証書267頁。

16　mentions en marge 民法典第49条。余白記載とは，身分吏が，既に登録された身分証書の余白や下部，または登録のために作成された用紙の裏面等に職権で行う記載で，平田・制度63頁ないし64頁によれば，たとえば出生証書の余白には婚姻証書，死亡証書，認知証書，養子を言い渡す判決，離婚・別居判決などが記載され，婚姻証書の余白には婚姻無効・取消判決，別居・離婚・財産分離判決。夫婦財産契約変更認可判決などについて行われる。余白記載については，仁平・証書275頁，平田・制度62頁が詳しい。

17　Catherline MARIE, Actes des l'état civil: Changement de prénom J.-Cl Code civil art.60 Fasc.650 p.4.

18　Catherline MARIE, op.cit., p.9.

19　民法典第99条。

20　Service central de l'état civil du ministère des affaires ètrangères. L'art.6 de la loi n°68-671 du 25 juillet 1968 relative à l'état civil des Français ayant vécu en Algérie ou dans les anciens territoires français d'outre-mer ou sous tutelle devenus indépendants（以下1968年7月法律と呼ぶ）。

21　民法典第99-1条。

このような身分証書の更正制度は、民法典第99条ないし第101条および民事訴訟法典第1046条ないし第1055条に定められている[22]。

なお身分証書の原本は、民法典第1317条に服する公署証書（acte authentique）であり、身分吏が確認権限を有する婚姻締結日時などについては、成立の真正が否定されるまで強い証明力（force probatoire）を有する[23]。

第1節　身分証書の取消しおよび更正

第1小節　行政上の更正

第1046条
　身分証書の、純粋に形式的な誤記や脱落に関する行政上の更正について、土地管轄を有する共和国検事は、以下の通りとする。
　── 証書が作成され、または転記された地の共和国検事
　── 外務省中央身分証書局が保管する身分証書については、同局の置かれている地の共和国検事
　── 亡命者または無国籍者の身分証書に代わる書類については、パリ大審裁判所付共和国検事
　2　ただしその申立ては、常に利害関係人が居住する地の共和国検事にも提出することができ、その場合には土地管轄を有する共和国検事に送付される。

22　旧民事訴訟法典第855条、第856条、第858条および同法典第3条は、1981年5月12日デクレ第2条及び第49条によって廃止され、現行法典では第1046条以下に規定されている。

23　inscription de faux の訳について、三省堂辞典167頁は、公署証書偽造の申立て（Faux は偽造の申立て）、仁平・証書289頁は「証書偽造確認請求訴訟」、公文書の成立の真正に関する争いについて民法典第1319条参照。なお平田・制度58頁によれば、1962年8月デクレ第13条により、同証書として謄本や抄本が交付された場合にも、身分吏の確認事項については原本と同様の強い証明力が認められるが、身分官吏が自ら真実を確認する権限を有さない事項、たとえば出生証書における誕生の年月日、時刻、父母の氏名などについては、そこまでの証明力が認められず、利害関係人は、訴訟で虚偽登簿と判断されるまでもなく反対証書を提出でき、反真実を挙証して覆すことができるという。

第2小節　裁判上の更正および取消し

第1047条
　大審裁判所長は，身分証書の更正またはこれに代わる書類の更正について審理する管轄権を有する。
　2　大審裁判所は，身分証書，その記載事項，または身分証書に代わる書類の取消し，および身分証書に関する宣言的判決または補充的判決の更正について審理する管轄権を有する。

第1048条
　土地管轄を有する裁判所は，民事上の身分が問題となっている者が居住する地の裁判所とし，この者がフランス国外に居住する場合には，パリ大審裁判所もしくはその所長とする。身分証書が作成され，もしくは転記された地の裁判所，または更正を求められた判決を下した裁判所にもまた，事件を受理させることができる。
　2　ただし，以下の場合には，専属とする。
　—　外務省中央身分証書局が保管する書類については，同局所在地の裁判所。
　—　亡命者または無国籍者の身分証書に代わる書類については，パリ大審裁判所またはその所長。

第1049条
　この訴権は，利益を有するすべての者および検察官に認められる。

第1050条
　この申立ては，非訟事件として，提起され，審理され，判決される。

第1051条
　身分証書の更正等の申立ては，特定の方式によらず，共和国検事に提出することもでき，この検事が管轄裁判所に事件を受理させる。
　2　ただし，共和国検事がこの申立てに反対の意思を有する場合には，申

立人にその旨を伝え，申立人自ら裁判所に申し立てるよう促す。

第1052条
　事件は，意見を求めるために，検察官に伝達される。
　2　共和国検事または第三者が申立てをしたときは，民事上の身分が問題となっている者またはその相続人らは，審問されるかまたは呼び出される。第57条第2項第1号[24]によって定められた事項の記載に関わらず，このために，この申立ては，これらの者の氏名，住所，出生日および出生地を明示する。

第1053条
　裁判官は，すべての利害関係人に訴訟への関与を命じ，また，親族会の招集を命じることができる。

第1054条
　申立てに理由がある場合には，裁判官は，管轄区域外で作成され，または転記されたものであっても，すべての身分証書について，余白記載による変更を命じる。その変更のために，裁判の主文は，共和国検事が，変更された身分証書の保管者に送付する。
　2　取り消された身分証書は，もはや更新されない。その証書は，証書が保管された地区を管轄する共和国検事の特別の許可に基づいてのみ，交付することができる。

第1055条
　非訟事件として下された裁判に対する控訴は，同様の手続にしたがって，提起され，審理され，判決される。

24　原文には le 1° de l'article 57 とあるが，日本式の条文表記では第57条の第2項に第1号があるので，第2項を補っている。
　なお，裁判所による身分証書またはこれに代わる書類の更正については，「身分証書等の更正は，人の身分に関する問題を提起するのではないか。確認または更正の判決を得ることは，本来身分訴訟を提起する資格を有する者に帰属するのではないか」等の疑問が存在する。

2 不服申立ては，いかなる場合でも，検察官に認められる。

第2節　名に関する手続
【前注】[25]
(1) 沿　革[26]

　フランスでは，従来，氏名に関しては，共和暦11年に定められた共和暦11年ジェルミナル11日（西暦1803年4月1日）法律（Loi du 11 Germinal an XI）が適用されていた。この法律は，革命期に宗教的制約から解放された人民が，自分の子に馬鹿げた（rédicule）名を付することを回避し，子にフランス風の名をもたせる趣旨で設けられた[27]。その第1条には「本法の公布の日以降，子の出生の確認に関する身分証書の中においては，様々な暦の中の慣行的な名および古代史上の著名な人物の名のみが名として受理される。公務員は，身分証書において，他の名を受理してはならない」[28]と定め，子の命名に際して，身分吏に「いずれかの暦に用いられている名，歴史上の著名な人物の名」以外の名を登録することへの拒絶権を認めるものであった。また身分吏の拒絶に対しては，親に大審裁判所に対する訴権を認めると共に，親が拒絶された名に固持する場合には裁判所に命名権が認められていた。かつてフランスではこのような方法で身分吏に「様々な暦の中の慣行的な名および古代史上の著名な人物の名」[29]以外の名を出生証書に記載することを禁じていたのである。共和暦11年ジェルミナル法は，1803年から1993年の家族法大改正に至るまで，適用されていた[30]。

25　吉井啓子「1993年のフランス家族法改正による命名・氏名の変更に関する新規定」同志社法学48巻6号129頁（以下同論文からの引用は吉井・新規定と略称する），Catherline MARIE, Actes des l'état civil: Changement de prénom J.-Cl Code civil art 60 Fasc.650参照。
26　1993年までの沿革についてはCatherline MARIE, *op.cit.*, p.5 et s.
27　La loi du 6 fructidor an Ⅱの下では名前に変更を加えることが許されず，このことはle principe de l'immutabilité des prénomと呼ばれていた。Catherline MARIE, *op.cit.*, p.8．名前の変更が自由に許されるようになったのは，1955年法律（la loi n° 55-1465 du 12 novembre 1955（JO 13 nov.1955）以後のようである。Catherline MARIE, *op.cit.*, p.10.
28　吉井・新規定138頁。
29　吉井・新規定138頁。
30　吉井・新規定138頁参照。

しかし他方フランスでは，名（prénom）は「法的には氏に比して二次的な役割しか有していない」[31]と考えられており，名の変更と氏の変更の手続は明らかに区別されていた。たとえば名の変更は司法裁判所の手続に服するが，氏の変更は「権利ではなく恩恵」[32]であるために行政手続に服している。このように名は，フランスでは法的に二次的役割しか有さず，かつ司法手続に服していたので，次第に制約を緩和されることになる。まず1966年に「1895年9月21日の戸籍に関する一般命令を修正する1966年4月12日の司法大臣命令」[33]が発令され，その第223条以下は「子の命名権は基本的に両親にあり，出来る限り両親の希望をかなえなければならない（1966年命令第223a条第3項）」[34]旨を定めた。この命令以降，共和暦11年ジェルミナル法は大幅に緩和され，この法の定める子の利益とは，命名が「馬鹿げた（ridicule）」ものであってはならない点[35]だけを意味し，またこの法の意義は，届け出られた名が子の利益（1966年命令第223a条第2項）に反すると評価される場合に，「身分吏が名の登録を拒絶することができる」（1966年命令第223a条第2項）[36]という点にのみ存するものと考えられるようになった。

　こういった流れの中で1993年1月8日法律第22号が制定され，家族法が大改正を受けると共に，氏および命名に関する共和暦11年ジェルミナル法も廃止されたのである。

(2) 現行制度[37]

　現在の名の変更制度は，①家族法を大改正した，民事身分・家族・子の権利に関して民法典を修正し家族事件裁判官を創設する1993年1月8日法律22号（Loi n° 93-22 du 8 janvier 1993, 1994年2月1日発効），②1993年3月3日法務大臣通達（Circulaire du garde des sceaux du 3 mars 1993），③1993年法の適用に関する1993年9月16日のデクレ1091号（Décret n° 93-1091 du 16 sep-

---

31　吉井・新規定136頁。
32　吉井・新規定149頁。
33　Instruction du 12 avril 1966 modifiant l'instruction générale relative à l'état civil du 21 septembre 1895.
34　吉井・新規定139頁。
35　吉井・新規定140頁。
36　吉井・新規定139頁参照。
37　1993年以降については Catherline MARIE, *op.cit.*, p. 7 et s.

tembre 1993), ④氏の変更手続に関する1994年1月20日のデクレ52号（Décret n° 94-52 du 20 janvier 1994）等に定められている。

　1993年法により改正された民法典第57条第2項は, 名の選択を父母の自由に任せるものであり, 同法典第56条および第57条（および1966年命令第280-1条）は, 身分吏から悪名の判断および登録拒否権を奪うものであった。つまり93年法の下では, 身分吏は, 届け出られた名を受理・登録しなければならず, 届け出られた名が単独または他の名と結びついて「子または第三者の利益に反すると思われる場合」[38], すなわち命名された名が子の利益に反する「馬鹿げた（ridicule）」[39]ものである場合および第三者の氏であるためにこの者との混同を生ぜしめる場合にも拒絶することはできず, ただその旨を検察官に通知できる権限を有するだけである。

　身分吏から通知を受けた「検察官は, 召喚の方法により（par voix d'assignation）, 名が子または第三者の利益に反するか否かについて家族事件裁判官の審議に委ねることができる。親は異議のある場合は被告として出頭する（comparaitre）ことになる」[40]。

　この家族事件裁判官による審理の結果, 「名が子の利益に反する場合または氏を保護される第三者の権利を害する」と判断された場合, 裁判官は, 民法典第57条第4項により, 「名を削除し, 親が新しい名を付与するのを拒絶する場合は自ら他の名を付与する」[41]権限を有することになった[42]。

　また以上の手続によって名が変更された場合, 変更判決は, 民法典第61-4条によって請求者の身分証書に余白記載され, さらにその配偶者および子の身分証書に余白記載されて, 第三者に対抗可能となる[43]。

　なお, 氏については, 民法典第311-21条により, 子は, 両親が共同の申

38　吉井・新規定144頁。
39　吉井・新規定140頁, 他。
40　吉井・新規定145頁。この家族事件裁判官は1993年法で新設された制度であり, 93年法は, 同法典第60条1項により, 従来大審裁判所にあった名の変更の訴えの管轄を家族事件裁判官の管轄に変更して, 名の変更手続の迅速かつ柔軟化を図ったとされる。吉井・新規定148頁。
41　吉井・新規定145頁。
42　Guinchard (dir) n° 122-631, 吉井・新規定145頁。なお同論文によれば1965年1月26日判決以降, 正当な利益（intérêt légitime）の存否については, 破毀院が終審として判断できることになったようである。

立てによって申請した，①父の氏，②母の氏，③父母により選択された順序で父母の二つの氏を結合した氏，このいずれかを子の氏とする。両親の間で合意が成立しない場合，子は，父母各人の最初の氏がアルファベット順に結合されたものを，子の氏とする。

(3) 氏名のフランス化

フランス国籍を取得または再取得した者の，フランス社会への融合を容易にするために，氏名のフランス化に関する1972年10月25日の法律[44]が存在する。氏名のフランス化とは「氏のフランス語訳またはその外国語としての性質を失わせることによりなされる」[45]もので，「外国風の名をそれに相応するフランス語の名へ置き換えることにより，フランス語の名を付加することにより，あるいはフランス語の部分のみを存続させるために自らの名から外国風の部分を取り除くことによりなされる」[46]ことになる。たとえば「Eisenberg は Montferrand, Goldenberg は Montdor」[47]といったごとくである。この法も93年命令第11条によって一部修正されることとなった。

氏名のフランス化は，フランス国籍取得後1年以内に申請され[48]，帰化担当官庁[49]の審理手続に服する。氏と名についての扱いは異なり，氏のフランス化に関するデクレには利害関係人による異議申立権が認められるが，名のフランス化に関するデクレには異議申立が認められずに[50]，ただちに効力が生じる。フランス化がなされると，その旨が職権で申請人およびその配偶者ならびに子の身分証書に余白記載されることになる[51]。

---

43 吉井・新規定147頁。「氏名の変更に関する新規定は，民法典の第一編『人』第二章『身分証書』の第60ないし第61-4条におかれることになった。民法典第60条は，名の変更に関して，民法典旧第57条第3項の原則を維持するものとなっている。」
44 Loi n° 72-964 du 25 octobre 1972.
45 吉井・新規定155頁（1972年法新第2条第1項）。
46 吉井・新規定155頁（1972年法新第2条第3項）。
47 吉井・新規定155頁。
48 1972年法律第8条。
49 ministère chargé des naturalisations, 吉井・新規定155頁訳。
50 1972年法律第11条。
51 1972年法律第12条。

第1055-1条
　名の変更の申立ては，関係人の出生証書が作成された地または関係人が居住する地を管轄する裁判官に対してする。
　２　関係人の出生証書を中央身分証書局が保管している場合には，その申立ては，同局が所在する地の裁判官に対しても，することができる。

第1055-2条
　名の変更の申立ては，非訟事件として処理する。
　２　不服申立ては検察官に認められる。

第1055-3条
　民法典第60条の規定の適用により申し立てられた名の変更の裁判の主文は，共和国検事が，直ちに関係人の出生証書を保管している身分担当官に送付する。

第1055-4条
　民法典第57条第３項に定める共和国検事は，子の出生証書を保管する地を管轄する共和国検事とする。外交官または領事に対する申立ての場合には，土地管轄を有する共和国検事は，中央身分証書局が設置されている地の共和国検事とする。

第1055-5条
　民法典第57条第４項の規定に基づいて下された裁判の主文は，共和国検事が，直ちに，子の身分証書の保管者である身分担当官に送付し，身分担当官が〔証書の〕余白に裁判の記載をする。

第３節　裁判の身分登録簿への転記および記載
【前注】
　現行の身分登録制度は，本法典第1046条以下，民法典第34条以下[52]および

---

[52] 本法典第34条は1922年10月28日法律に規定されたが，家族法そのものは Loi n° 93-33 du 8 janv.1993等により幾多の改正を経ている。

第2章 身分証書（第1055-1条—第3節前注） 17

　身分証書に関する1962年8月3日デクレ第1条および第4条，外務省身分証書中央局設営に関する1965年6月1日デクレ，アルジェリア出身者または旧フランス海外領土のフランス人の身分証書に関する1968年2月15日デクレ，検察官による身分登録簿の検認に関する1823年11月オルドナンス等によって規定されている。このうち身分登録簿についての主要な法源は，本法典第1056条，第1056-1条および身分証書に関する1962年8月デクレ第1条および第4条，外務省身分証書中央局設営に関する1965年6月1日デクレということになろう。

　身分登録簿とは，個人の身分変動を公示するために身分証書を登録するもので，申立人と身分吏[53]によって作成され，身分吏によって保管される[54]。

　身分変動の申請義務者または申請権限を有する者は民法に定められており[55]，身分吏は出頭者が申請したこと以外，記載できない[56]。

　身分登録簿は，身分証書の登録用紙に番号を付し，さらに特別な証印（timbre spécial），またはそれを欠くときは小審裁判所判事による花押（paraphe）を付して，登録簿用紙の違法な追加や減失を防ぐ[57]。

　身分吏は，2つの身分登録簿原本を作成し，毎年末にこれを閉鎖して，検索用の目次を作成し，1か月以内に市町村の記録保存所と大審裁判所書記課に寄託しなければならない[58]。1823年11月26日王令および1960年7月6日833号デクレにより，大審裁判所付共和国検事が登録簿の審査を行い，身分吏の刑事上・民事上の違法行為を審査する。このうち大審裁判所に寄託され

---

[53]　通常市町村役場職員である。

[54]　身分証書は，必ず身分登録簿に登録して保管しなければならないが，保管のあり方は自治体ごとに，一つの登録簿であったり事項別の複数の登録簿であったりと異なるようである。Jean-Claude BLOCH *op. cit.*, p.6，仁平・証書267頁，1962年8月デクレ第1条。なお平田・制度57頁によれば，毎年，検索用にアルファベット順索引が作成されるという。1951年3月3日のデクレ第1条。

[55]　出生証書につき民法典第36条，同法典第56条，死亡証書につき同法典第78条。婚姻については，証書作成以前に公示がなされ，挙式後身分吏が証書を作成する。

[56]　平田・制度57頁によれば身分吏の権限は，民法典第55条・第56条の出生の確認および出生証書の作成，同法典第62条および第334条の認知届けの受理および証書の作成，同法典第63条・第75条・第165条の婚姻の挙式および証書作成，同法典9条の余白記載，1962年8月デクレ第10条の謄・抄本の交付などとされる。民法典第35条参照。

[57]　同デクレ第2条，仁平・証書276頁。

[58]　1962年8月デクレ第4条，仁平・証書276頁。

たものが，本法典第1057条ないし第1067条に規定される身分目録である。なお近年では情報機器を用いた管理や身分証書の交付が行われ，伝統的紙面による管理・交付を補充しているとされる[59]。

第1056条

身分登録簿への転記または記載が命じられているすべての裁判は，主文において，当事者の氏名ならびに，場合により，転記されねばならない地または余白に記載がされるべき身分証書の地および日付を表示しなければならない。

2 裁判の主文のみが，身分登録簿の保管者に送付される。主文の転記および記載は直ちになされる。

第1056-1条

出生の裁判上の宣言を目的とする訴権は，第1049条から第1055条の規定に従う。

2 民法典第57条に定める表示を含む裁判の主文は，共和国検事が直ちに身分担当官に送付する。

第1056-2条[60]

外国で行われたフランス人の婚姻の異議につき土地管轄権を有する共和国検事は，外務省中央身分証書局が置かれた地の検事とする。

2 共和国検事はまた，フランスの身分証書登録簿に外国での婚姻証書の転記を決定すること，およびこの婚姻証書の取消しを請求することについて専属管轄を有する。

3 共和国検事はまた，外国の婚姻証書がフランス領事の登録簿に転記されたとき，転記に先立って事件を受理していなかった場合でも，婚姻の取消

---

[59] Décret d'application de la loi n° 2000-230 du 13 mars 2000 portant adaptation du droit de la prévue aux technologies de l'information et relative à la signature électronique.

[60] Décret n° 2012-66 du 20 janvier 2012 - art. 39により条文番号が第1056-1条から第1056-2条に移動した。

しを請求する専属管轄を有する。

(安見ゆかり)

第3章　身分目録[1]

【前注】

　身分吏によって作成された身分証書[2]は，市町村役場で事項ごとに2部の登録簿に記載される[3]。この登録簿は，保存や公示のために，毎年末に身分吏によって閉鎖され，1部は市町村役場の記録保管課，1部は大審裁判所の書記課に寄託される[4]。この（出生地を管轄する）大審裁判所書記課において保管・公示される個人の身分変動の記録が，身分目録（répertoire civil）である[5]。

　身分目録は，申立書，証書および判決の写しの一式からなり[6]，個々人の出生，離婚や財産分離等の婚姻関係に関する身分変動や死亡，さらに1968年1月3日法律により改正された後見・保佐等に関する身分変動等を記録し公示する[7]。（なお身分登録簿は，旧民訴法においては第906-1条から第906-5条を根拠としていたが，1981年5月12日デクレ第49条および第2条にて同条および関連法条が廃止され現行規定となったとされる）。

第1057条

　身分目録は，この目録に言及している個々の条文により，大審裁判所書記課が整理しかつ保存しなければならない申立書，証書および判決の写しの一式により構成される。
　2　写しは日ごとに，番号順で，登録簿に登録される。

第1058条

　写しの整理および保存は，関係人の生まれた地を管轄する大審裁判所の書

1 　平田・制度，仁平・証書，田中・親権参照。Jacques Massip, Actes de l'état civil; Dispositions générales, Répertoire civil, J.-Cl., Code civil, art.49, fasc.20参照。
2 　身分証書については，平田・制度，仁平・証書が詳しい。
3 　1962年8月デクレ第1条。
4 　1962年8月デクレ第4条，同旨仁平・証書276頁。
5 　外国で生まれた者については外務省中央身分証書局で保管される。本法典第1058条。
6 　本法典第1057条。
7 　Blanc, p.638 et s.

記課が行い，外国で生まれた者については，中央身分証書局が行う。

第1059条
　申立書，証書および判決の公示は，関係人の出生証書の余白への記載によって行われる。この記載は，大審裁判所書記の責任で，または場合により，中央身分証書局の責任で行われる。この記載は，申立書，証書または判決が保存された旨の指示につづく「身分目録」という表示によって構成される。
　2　余白記載がされた日付は，書記課または中央身分証書局に保存された写しに記載される。

第1060条
　出生証書の余白に申立てを排斥する判決または身分目録に示された処分を終結させる判決を記載する場合は，従前の記載の抹消をもたらす表示を，職権で補完する。
　2　抹消の表示は，第1292条および第1300-4条に規定する記載があったときは，訴訟手続の消滅[8]の証拠を当事者が提出したときにもなされることができる。

第1061条
　身分目録に保存された写しの複写は，すべての利害関係人に交付することができる。
　2　前条の適用によって，抹消の表示が出生証書の余白になされたときは，その複写は，共和国検事の許可に基づいてのみ交付することができる。

　　　　　　　　　　　　　　　　　　　　　　　　　（安見ゆかり）

8　訴訟手続の消滅に関しては，第384条参照。

第3章の2　葬　　儀[1]

【前注】
　本章は，民事裁判所の管轄および裁判所構成に関する2005年5月13日デクレ[2]第31条によって新設された規定であり，小審裁判所の特別管轄を定めている。(司法組織法典第R.321-12条)。
　ここにいう葬儀の条件に関する争いとは，墓の様式(民事および宗教上の様式または土葬もしくは火葬)や，埋葬地・墓の使用権に関するものであり，葬儀と無関係な争い(墓の権利の承継・墓の維持費用負担に関する争いなど)または葬儀の条件に無関係な争い(葬儀費用，埋葬後の墓石の記載に関する争いなど)を除いたものである。

第1061-1条
　葬儀の条件に関する争いについては，それを求める当事者の申請により，第829条に定める方式によって，小審裁判所が事件を受理する。
　2　小審裁判所は，24時間以内に裁判する。
　3　控訴は，裁判から24時間以内に控訴院院長にすることができる。控訴院長またはその代行者は，方式によらず事件を受理し，直ちに裁判をしなければならない。当事者は弁護士を選任する義務を負わない。
　4　原本に基づいて執行することができる裁判は，その執行を担当する市長に送達される。

(安見ゆかり)

1　Melina Douchy-Oudot, Tribunal d'instance; Compétence, J.-Cl., Code procédure civile, fasc.320 p.22.
2　Décret n° 2005-460 du 13 mai 2005 relatif aux compétences des juridictions civiles, à la procédure civile et à l'organisation judiciaire.

第 4 章　不 在 者

【前注】

(1)　不在者制度の概要

「不在者（absent）」とは，住所または居所を去って長い間音信がなく，生死が不明の者をいう[1]。不在者について，民法典では第112条から第132条が定めている。民法典は，制定当初，不在者を専ら生存しているものとし，その利益保護を重視する考え方に基づいて，厳格で複雑な不在者制度を設けたが，1977年12月28日法律1447号（1977年法）による改正で，不在者を死亡したものとして扱う仕組みを導入し，制度を簡素化した。

現行の民法典は，不在者制度を「不在推定（présomption d'absence）」と「不在宣告（déclaration d'absence）」の 2 段階から成るものとし[2]，利害関係当事者（parties intéressées）または検察官の申立てにより，後見裁判官が不在推定を認定する裁判をした（民法典第112条）段階では，不在者は生存するものとして扱う。後見裁判官は，不在推定を受ける者の代理人や財産管理人を選任することもできる（民法典第113条）。不在推定を認定する裁判から10年経過すると，利害関係当事者または検察官の申請により，大審裁判所は不在を宣告する裁判をすることができる（民法典第122条第 1 項）。不在推定を認定する裁判を経なくとも，不在のまま20年経過した場合も同様である（同条第 2 項）。不在を宣告する裁判が既判事項の確定力を得たときは，共和国検事の申請により，その主文は死亡登録簿（registres des décès）に転記され（民法典第127条第 2 項），転記の時から，死亡した場合と同じ効果が生じる（民法典第128条第 1 項。死亡推定（présomption de décès）と呼ばれる）。不在者の生存が証明されれば，不在宣告の裁判は取り消される（民法典第129条第 1 項）。

概していえば，現行民法典の「不在推定」は日本の不在者の財産管理に，

---

[1]　不在者制度につき，大村敦志「人」北村・200年149頁以下。その旧法（1977年の改正前）の制度につき，外国法典叢書・民法 I 人事法106頁以下。また，B. Teyssié, J-cl., Civil Code civile, Art. 112 à 132, Fasc. unique, Absence, 2008 ; E. du Rusquec, J-cl., Procédure civile, Fasc. 909, Absence, 1994. 以下の記述については，Blanc, p. 641 et s. の他，これらの文献参照。

[2]　この 2 段階を区別する点は旧法も同様である。

その「不在宣告」は日本の失踪宣告（普通失踪）に相当すると考えられる。なお，民法典は，生命が危険にさらされる状況下で失踪した者（disparu）について，裁判で死亡を宣告する制度を別に設けており（民法典第88条から第92条），この制度も日本法の失踪宣告（危難失踪）に相当するものと考えられる。

(2) 本章の規定の沿革

不在者に関する手続は，1977年法による民法典の改正を踏まえて，1978年3月29日デクレ435号（1978年デクレ）で整備されたが，民事訴訟法典に本巻（第3巻）等を新設する1981年5月12日デクレ500号（1981年デクレ）により，1978年デクレの規定は廃止され，これに代えて本章の規定が設けられた。もっとも，本章の規定は，実質的には1978年デクレの規定を踏襲し，修正を加えたものである[3]。1981年デクレによる新設の後，第1064条の形式的な改正（書記課の名称変更）のほか，本章の規定に変更はない。

(3) 不在者に関する手続

本章の規定（第1062条から第1069条）は2つの節に分かれ，第1節では不在推定，第2節では不在宣告に関する手続を定める。後者は，死亡の効果を伴うことから，前者よりも厳格な手続となっている。

(ｱ) 管　　轄

不在推定は後見裁判官（小審裁判所の裁判官），不在宣告は大審裁判所の管轄に属する（民法典第112条，第122条第1項。司法組織法典第L.221-9条第4号・第R.211-4条第1号）。第1062条，第1066条は，その土地管轄を明らかにする。

もっとも，第1065条2項は，大審裁判所が不在推定に関する裁判をする場合について定める。これがどのような場合を指すかは明らかでない。従来は，民法典第217条，第219条，第1426条，第1429条に基づいて不在者の配偶者が申立てをした場合と説かれてきた[4]が，近時の改正に鑑みると，この説明は現行法にそのままあてはまるものではないように思われる[5]。なお，不在推

3　Blanc, p. 642.

4　Blanc, p. 644 ; Teyssié, *op. cit.*, n° 15. 民法典第122条第1項参照。民法典第217条，第219条，第1426条，第1429条は，配偶者がその意思を表明できないときに裁判所の許可・授権等を求めることができる旨を定める。

第4章　不 在 者（前注）

定に関する後見裁判官の裁判に対する不服申立て（第1065条第1項参照）は，従来は大審裁判所の管轄に属していた[6]が，最近の改正により，控訴院に移管され，控訴に改められたと解される[7]。

(イ)　不在推定に関する手続

　不在推定に関する手続は，未成年後見の規定に従う（第1063条）。未成年後見については，民事訴訟法典では，成年後見と共に本編第10章に規定されている[8]。不在推定に関する申立ては，申請による（第1063条，第1217条）。申立人は，不在推定の要件について証明責任を負うとされる[9]。証拠としてよく用いられるのは，成年者について近親者が警察署等にその「失踪」を届け出て捜索を求めた場合に6か月後に交付される「捜索不奏功証明書（certificat de vaines recherches）」のようである[10]。職権による証拠調べも可能である（第1063条，第1221条）。不在推定の認定については裁判官に広い裁量が認められる[11]。不在推定を認定する裁判，不在推定を受ける者の代理人・財産管理人を選任する裁判等の写し（extrait）は公示することを要し，1064条・1065条はその公示に関する手続を定める。

(ウ)　不在宣告に関する手続

　不在宣告に関する手続は，非訟事件手続による（第1067条）。故に，第60条から第62条および第797条から第800条が適用される[12]。不在宣告に関する申立ても申請による（第1067条，第60条，民法典第122条1項）。この申請書の

5　①民法典第217条，219条に基づく場合については，2004年10月29日デクレ1158号により，後見裁判官の管轄に改められ（本法典第1286条第2項），②民法典第1426条，第1429条に基づく場合については，2009年12月17日デクレ1591号により，家族事件裁判官の管轄に改められたと考えられる（本法典第1286条第1項，第1291条，第1292条）。家族事件裁判官は大審裁判所の裁判官であるから，第1065条第2項の「大審裁判所が裁判をしたとき」とは上記②の場合ということになろうか。

6　Teyssié, op. cit., n°21 ; du Rusquec, op. cit., n°20.

7　第1063条，第1239条第1項。2009年12月23日デクレ1628号による改正。本編第10章参照。

8　なお，本編第10章の規定は，近年全面的に改正されており，未成年後見について家族事件裁判官が後見裁判官の職務を行うこととなっている。同章前注参照。

9　du Rusquec, op. cit., n°27.

10　Teyssié, op. cit., n°23 ; du Rusquec, op. cit., n°28.

11　Blanc, p. 643 ; Teyssié, op. cit., n°24.

12　Blanc, p. 645.

写しは公示することを要し，その公示手続は民法典第123条が定める[13]。公示の後，共和国検事を介して，申請書の送付を受けた大審裁判所は，提出された書類に基づいて裁判するが，補充的な情報収集処分を命じることや共和国検事の立会いで聴取をすることもできる（民法典第124条）。不在宣告をするか否かに関しても，裁判所の裁量が認められる[14]。不在を宣告する裁判の写しは，申請書の場合と同様，民法典第123条が定める手続に従って，裁判所が定めた期間内に公示することを要し，この期間内に公示しないと，不在を宣告する裁判は無効とされる（民法典第127条第1項）。この期間は，裁判の言渡しから6か月を超えることができない（第1068条）。不在宣告に関する裁判に対する控訴も，非訟事件手続による（第1069条第1項）。故に，第950条から第953条が適用される[15]。控訴期間については第1069条第2項に定めがある。控訴審が不在を宣告する裁判をした場合でも，破毀申立てにより，その執行は停止される（同条第3項。破毀申立ては執行を停止しないのが原則である。第527条，第579条）。これは，不在を宣告する裁判に死亡の効果が結び付いていることを考慮したためである[16]。

第1節　不在推定

第1062条

不在推定に関する申立ては，不在推定の認定の対象となる者が居住する地[17]または最後の居所を有した地を管轄する小審裁判所で職務を行う後見裁判官に対して行う。

　2　前項に定める地がないときは，管轄裁判官は，申立人が居住する地の小審裁判所の裁判官とする。

13　不在者の住所または最後の居所がある県または国で頒布されている2つの新聞に掲載する。
14　Teyssié, *op. cit.*, n° 67 ; du Rusquec, *op. cit.*, n° 90.
15　Blanc, p. 646.
16　Teyssié, *op. cit.*, n° 68.
17　旧法では住所地とされていたが，本法典（第42条・第43条参照）が，土地管轄につき「居住する地」を中心に規定することに対応して，改められたようである。Blanc, P. 643.

第1063条

　この申立ては，未成年者の後見に適用される規定に従って，提起され，審理され，判決される。

第1064条

　不在推定を認定し，または不在推定を受ける者を代理し，その財産を管理する者を選任するすべての裁判，およびなされた処分の変更または取消しをもたらすすべての裁判の写しは，身分目録に保存し，出生証書の余白記載により公示するために，第1057条から第1061条[18]に定められた方式に従って，不在推定を受ける者が生まれた地を管轄する大審裁判所の書記課に送付する。この送付は，外国で生まれた者については，中央身分証書局にする。

第1065条

　後見裁判官が裁判をしたときは，この送付は，小審裁判所書記が，不服申立[19]期間の満了から15日以内にする。

　２　大審裁判所が裁判をしたときは[20]，この送付は，大審裁判所書記が，判決から15日以内にする。

第２節　不在宣告

第1066条

　人の不在宣告に関する申立ては，その者が居住する地または最後の居所を有した地を管轄する大審裁判所に対して行う。

　２　前項に定める地がないときは，管轄裁判所は，申立人が居住する地の裁判所とする。

第1067条

　この申立ては，非訟事件として，提起され，審理され，判決される。

18　これらの規定は身分目録に関するものである。
19　この不服申立ては控訴と解される。本章前注(3)(ｱ)参照。
20　前注(3)(ｱ)参照。

第1068条

不在を宣告する判決の写しを公示すべき期間[21]は，この判決の言渡しから6か月を超えることができない。この期間は，公示すべき写しに記載する。

第1069条

控訴は，非訟事件として，提起され，審理され，判決される。

2 控訴の期間は，当事者および判決の送達を受けた第三者については，民法典第127条の公示をするために裁判所が定める期間の満了から1か月とする。

3 破毀申立ての期間は，不在を宣告する裁判の執行を停止する。その期間内に行われた破毀申立ても，同様に，執行を停止する[22]。

(大濱しのぶ)

---

21 この6か月の期間内に，不在を宣告する判決の写しを公示しなければならないという趣旨である。本章前注(3)(ウ)参照。
22 本条につき，本章前注(3)(ウ)参照。

第5章　家族に関する訴訟手続

【前注】

　本章は，家族事件を対象とする特別手続だが，大部分は離婚手続に宛てられている。本章は，まず，家族事件裁判官の管轄や権限を定める総則規定（第1節）と離婚・別居に関する規定（第2節）とに分かれ，さらに後者は総則規定（第1小節），相互の同意による離婚（第2小節），その他受諾離婚や有責離婚などの訴訟手続（第3小節），別居（第4小節），別居から離婚への転換（第5小節），夫婦財産の清算・分割（第2節の2）暴力被害者保護処分のための手続（第2節の3）に分かれている。また，家族事件裁判官の管轄に属するその他の訴訟手続（第3節）も定められている。

　本章が前提とする実体規定は民法典第1巻「人」第5編「離婚について」（第229条から第309条）である。離婚法に関する実体規定は抜本的な改正が数次にわたって施され，現在は2004年5月26日法律439号をベースとした規定となっている。

　民法典の規定にも，上記第1巻第5編に第2章「離婚手続について」（第248条から第259-3条）において手続に関連する規定がおかれている。そこでは，総則規定（第1節），相互の同意による離婚（第2節），その他の離婚手続（第3節）に分かれ，さらに第3節は最初の申請，和解，仮の措置，離婚審理の開始，証拠の5款に分かれている。

　旧民事訴訟法典の下では，第875条から第880条までが別居に関する規定で，離婚については第881条に「離婚については，民法典に定められた通りに進められる」との一条がおかれているのみであった。その後，1975年12月5日デクレ1124号が離婚と別居に関する手続規定を定めたが，このデクレは同日の新民事訴訟法典制定デクレには取り入れられないままであった。本章は第3巻全体とともに，1981年に制定され，その後，民法典の離婚法改正に伴い数次の改正を経て現在の規定に至っている。

（町村泰貴）

第1節　一般規定[1]

第1070条[2]

　土地管轄権を有する家族事件裁判官[3]は，以下のとおりとする。
　― 家族の居所[4]のある地の裁判官
　― 両親が別れて生活している場合[5]において，親権を共同して行使するときは，未成年の子が通常ともに居住している親の居所のある地の裁判官，または親権を単独で行使する親の居所のある地の裁判官
　― それ以外の場合は，手続を開始しなかった者[6]が居住する地の裁判官[7]

1　本節の規定は，原則としてどのような離婚事件であっても，また各事件に含まれる特別な手続がどのようなものであっても，適用される（Blanc, p.647）。

2　土地管轄については，旧第1070条から旧第1072条に規定されていたが，これらを一つにまとめて第1070条とされた。本条は，第1202条（親権の譲渡に関する条文），第1055-1条（名の変更と大審裁判所検事正による子の名についての異議申立てに関する条文）の例外を除き，家族事件裁判官の手続すべてに適用される。なお，本条は，国際的な事件にも拡張的に適用されるが，国際条約あるいは現に効力のある共通規定が存在しない場合に限られる（Dominique Perben, La réforme du divorce et de la procédure en matière familiale, guide méthodologique, Novembre 2004, pp.105-107. また，http://www.justice.gouv.fr/art_pix/gmreformedivorce.pdf#search='la reforme du divorce' も参照した）。

3　le juge aux affaires familiales は，家族事件裁判官とした。家族事件裁判官とは，大審裁判所に置かれている専門の単独制判事で，離婚・別居・扶養義務・家庭の家計分担・子の養育義務の決定・親権行使などに関して管轄権がある（山口・辞典312頁-313頁参照）。家族事件裁判官は1993年1月8日の法律22号により創設され，その後，家族事件裁判官が，婚姻事件裁判官・大審裁判所・小審裁判所・後見裁判所が有していた管轄を受け継いだ（Perben, op. cit., pp.102-103）。なお，家族事件裁判官の権限は2009年5月12日法律526号により拡大されている。

4　旧第1070条が効力を有していたときから，離婚という特別な分野に関しては，住所（地）（domicile）という用語は使われておらず，居所（résidence）という用語が使われている。民法典第108-2条によると，夫婦は異なった住所（地）を有することができるとなってはいるが，民事訴訟法典では居所しか使われていない。これは，居所が離婚の効果としてとられる措置を行うのに最もよい場所であると考えられているという理由による（Blanc, pp.647-648）。居所とは，自然人の事実上の所在地のことであるが，住所と比較すると一時的なものであることが特徴である。なお，住所は，生活の本拠として単一性と固定性が必要とされる（山口・辞典180頁，181頁，518頁）が，居所にはこのような制約はない。ただし，居所がいくらかの安定性を有していることが強く求められる傾向にあるとされている（Blanc, p.648）。

第5章　家族に関する訴訟手続（第1070条—第1071条）

2　共同の申立ての場合は，当事者の選択に従い，いずれかが居住する地の裁判官が管轄権を有する。

3　ただし，訴訟が単に扶養定期金，子の養育および教育の分担，婚姻費用の分担，または補償給付に関するものであるとき[8]は，債権者となる配偶者，または子が成年者であっても，その監護[9]を主として引き受ける親が居住する地の裁判官が管轄権を有する。

4　土地管轄は，申立ての日，または離婚については最初の申請[10]が提出された日における居所により決定される。

第1071条

家族事件裁判官は，当事者に対し職務として和解を試みる[11]。

2　訴訟が提起されると，家族事件裁判官は付調停[12]を提案することができ，当事者の合意を得て，それを遂行するために家族事件調停人[13]を選任することができる。

3　民法典第255条[14]および第373-2-10条[15]の適用において，家族事件調

5　vivre séparément は，事実上の別居（séparation de fait）を指すと思われる。事実上の別居は，離婚または夫婦の別居の裁判による許可を得ずに，夫婦が別々に生活している状況である（Raymond Guillien et Jean Vincent, Lexique des termes juridiques, 16ᵉ édition, Dalloz, 2007, p.600）。これは，夫婦の共同生活を停止させる意思に基づき別居している状況を指し，正当な理由により別れて生活している夫婦の状況と区別されなければならない。事実上の別居について，大杉麻美『フランスの離婚制度―破綻主義離婚法の研究―』（成文堂，2008年）80頁-84頁を参照。
6　直訳すれば「訴訟手続で主導権をとらなかった者」となる。
7　これは，被告の居所に訴えを提起するという民事訴訟における伝統的な管轄規定に倣ったものである（Blanc, p.647）。
8　本条当該部分は，旧第1072条第2項を承継している。旧第1072条第2項は，扶養料に関する訴訟において債権者が居住する地の裁判所に管轄権を与える本法典第46条に着想を得ているため，補償給付には扶養という特徴はないが，このように規定されている（Blanc, p.649）。本法典第46条については，法曹会訳第46条を参照。
9　本条第3項は旧第1072条第2項に該当し，旧第1072条第2項における la charge は若林訳では「負担」と訳されているが，ここでは「監護」と訳した。
10　最初の申請については本法典第1106条以下を参照。
11　家族事件裁判官は，離婚訴訟手続のあらゆる段階において和解を試みることができる。ただし，当事者である夫婦は，ただ和解の目的のために申請を提出することはできない（Perben, *op. cit.*, p.109）。

停人と面会するよう当事者に命じる裁判に対しては，不服を申し立てることができない[16]。

第1072条

すべての証拠調べとは別に，および民法典第373-2-12条第3項[17]の規定を留保して，裁判官はその保有している資料からの情報では不十分であると判断するとき，職権によっても，社会的調査[18]を命じることができる。

2　社会的調査は，家族の状況および，必要な場合には，親権行使の方法に関して両親またはそのどちらか一方の提案の実現可能性を対象とする[19]。

3　前項の調査は，調査員によって行われた確認および調査員によって提

12　家族事件調停は，中立の第三者である調停人の資格のある者による介入により，家族に関する紛争を話合いで解決することを目指す手続である。この手続では，誰が親権を有するのか，どのように訪問権を設定するのか，総額いくらの扶養定期金を支払うのかなど，子に関する紛争がしばしば解決の対象とされる。なお，家族事件裁判官は，和解が不成立（non-conciliation）のときに，調停を提案することができる（Emmanuelle Vallas-Lenerz, Divorce, Le guide pratique, 8ᵉ édition, Prat éditions, 2008, p.17 et p.100）。

13　un médiateur familial は，家族事件調停人と訳した。家族事件調停人は，各家族の状況に応じて，離婚の結果を決める補助をすることを職務としているため，離婚訴訟について職責を負う裁判官，弁護士，社会的調査の調査員などとは異なる点には注意が必要である（Vallas-Lenerz, *op. cit.*, pp.17-18）。

14　民法典第255条は，裁判官は，夫婦に付調停を提案すること，およびその合意を得た後，それを遂行するために家族事件調停人を選任すること，夫婦に調停の目的と経過を知らせる家族事件調停人と面会するよう命じることなどができる旨を規定している。本条を含む離婚に関する民法典の条文の訳については，水野・新離婚法466頁以下を参照している。本条の翻訳については，水野・新離婚法第255条を参照。

15　民法典第373-2-10条は，当事者間で意見が対立している場合，裁判官は当事者が和解するよう努めること，裁判官による付調停の提案および家族事件調停人の選任に関することが規定されている。本条の翻訳については，水野・新離婚法第373-2-10条を参照。

16　家族事件調停人と面会するよう命じる裁判は，離婚訴訟手続のあらゆる段階において行うことができる。この調停は，不服申立てをすることができない司法行政上の処分である（Perben, *op. cit.*, p.109）。

17　民法典第373条-2-12条第3項の「社会的調査は離婚原因についての弁論において利用できない」との規定をうけて，本条でも，社会的調査によって離婚原因，特に配偶者の過誤についての情報を探すことは認められていない点には注意が必要であるとされている（Perben, *op. cit.*, p.110）。調査において述べられたことは，すべて秘密とされる（Vallas-Lenerz, *op. cit.*, p.306）。

第5章　家族に関する訴訟手続（第1072条―第1073条）

案された解決策が記載される報告書のもととなる。
　4　裁判官は，当事者に対し，調査の補完または新たな調査を求めることのできる期間を定めて，報告書を伝達する[20]。

第1072-1条
　親権の行使について裁判するとき，家族事件裁判官は，一人または複数の未成年者に対して育成扶助手続が開始されているか否かを確かめる。家族事件裁判官は，第1187-1条に定める方式により，少年事件裁判官に進行中の事件記録の書類の写しを送付するよう求めることができる。

第1072-2条
　一人または複数の未成年者に対して育成扶助手続が開始されたときから，家族事件裁判官の裁判の写しおよび少年事件裁判官が有用であると認めるあらゆる書類は，少年事件裁判官に送付される。

第1073条
　家族事件裁判官は，必要な場合，準備手続裁判官となる。
　2　家族事件裁判官は，レフェレ裁判官の職務も行う。

18　une enquête sociale は，山口・辞典204頁を参照し「社会的調査」と訳した。社会的調査は，1945年4月12日のオルドナンスにより，離婚法に導入された（Blanc, p.652）。社会的調査の特殊性は，ほかの証拠調べとは明確に区別されていることである（Perben, op. cit., p.110）。この調査は，親権の付与または訪問権などの両親と子の関係の調整に関する裁判をする前に，家族事件裁判官が，家族の雰囲気（climat familial）についておおよその認識を得ることを目的とする。夫婦のうちの一方または両方により申し立てられる場合と職権により命じられる場合がある。実務では，この調査の結果は，裁判の獲得においてしばしば決定的な要因となる（Vallas-Lenerz, op. cit., p.306）。
19　社会的調査は，単に事実としての状況を叙述しそれを分析するだけではなく，親権の行使に関して両親による計画の実現可能性を評価するという機能もある（Perben, op. cit., p.110）。
20　調査の報告は，調査員が直接，両当事者に伝達するのではなく，家族事件裁判官によって両当事者に伝達されるべきであるとされている。そのため，調査員は報告書を裁判官に提出し，それを裁判官が当事者に伝達するということになる（Perben, op. cit., p.110）。また，夫婦が調査の結論を争う場合，裁判官に反対調査（contre-enquête）を求めることができる（Vallas-Lenerz, op. cit., p.306）。

第1074条
　反対の規定がある場合を除き，申立ては，評議部に提起され，審理され，判決される。
　2　氏名または離婚についての裁判は，公開で言い渡される。

第1074-1条
　親権の行使，扶養定期金，子の養育および教育の分担，婚姻費用の分担に関する処分ならびに民法典第255条に基づきとられるすべての処分は，仮のものとして当然に執行することができる。

第2節　離婚および別居

第1小節　一般規定

第1款　申立て

第1075条[21]
　訴訟手続の始めに，夫婦は，必要な場合，個人識別に必要な表示とともに，加入している疾病保険基金，家族手当，退職年金または老齢によるすべての手当を給付する機関または組織および，それら基金，機関または組織の名称と住所を裁判官に知らせる。

第1075-1条
　補償給付が裁判官に対して申し立てられ，または合意の中で定められているとき，夫婦のそれぞれは，民法典第272条に記載された名誉に基づく申告書[22]を提出する。

21　本条に含まれる情報は，離婚訴訟の間，離婚の言渡し後などに扶養定期金の合計を決定することを可能にするものである。本条が「最初の申請において，原告がこれらの情報を表示するよう強いる」ということを要求しておらず，これらの情報の提供は，訴訟手続開始時からで十分であるとしている点は，注目すべきであるとされている（Blanc, pp.650-651）。

第5章　家族に関する訴訟手続（第1074条—第1076条）

第1075-2条

　夫婦は，裁判官の求めに応じて，その負担と収入について，特に，所得の申告書，課税の通知書，租税の状況に関する明細書を提出することにより，証明しなければならない。

　2　夫婦は，同じく，裁判官の求めに応じて，補償給付額の決定を可能とする名誉に基づく申告書を補足するために，その財産および生活条件に関する証拠書類を提出しなければならない。

第1076条

　離婚の申立てをする夫婦の一方は，訴訟のいかなる段階においても，控訴審においても，それを別居の申立てに変更することができる。

　2　逆の変更は，許されない。

22　la déclaration sur l'honneur は民法典に見られる用語である。名誉に基づく申告書の提出の制度は，離婚手続に経済的な透明性および誠実の義務を導入しようとするものであると考えられる。公証人による分割清算書ではなく，単純な申告書が重要であるとされている。これは，裁判官が，紛争を解決，またはその紛争に関する認識を完全に委ねることとなる状況を評価することを可能とするさまざまな情報資料を求めて，弁論の誠実および当事者による協力を確保することを目指すものである。しかし，この申告書の提出がない場合，または虚偽の申告書が提出された場合について，特別な制裁は用意されていない。実務では，虚偽の申告書が提出され，それにより裁判官の心証が形成された（裁判官の心証形成に大きく影響した）場合は，配偶者に不正行為による再審の訴えを提起することを認めるべきであると考えられているようである。場合により，判決に対する不正行為または詐取として，または補償給付の改定の申立てに対する不正行為または詐取として，刑事訴訟手続の原因になる可能性がある。一方，申告書の不提出の場合は，補償給付の申立ての却下，裁判の停止という異なる判断がされている。これに対して，破毀院は，裁判官が夫婦に申告書の提出を促さずに補償給付の申立てを却下した控訴院判決を破毀している。他方，申告書が不提出であるにもかかわらず，補償給付の申立てについて裁判した控訴院判決を無効としたものもある。しかし，最近では，名誉に基づく申告書の提出は条文上，補償給付の申立ての受理要件とされていないため，それほど厳格には考えられていないようである（Vallas-Lenerz, op. cit. pp.217-218）。

　民法典第272条は，当事者は，補償給付の決定の一環として，その収入，生活条件の正確さなどについて名誉にかけて保証することを裁判官に宣言する旨などが規定されている。本条の翻訳については，水野・新離婚法第272条を参照。

第1076-1条

当事者の一方が，扶養定期金または婚姻費用の分担の支払いのみを申し立てているとき，裁判官は，補償給付の支払いについての説明を当事者に促したうえでなければ，離婚を言い渡すことはできない。

第1077条

離婚の申立ては，民法典第229条[23]に規定された事由の一つのみを理由とすることができる。他の事由に基づいて予備的にされたすべての申立ては，受理されない[24]。

2　民法典第247条から第247-2条まで[25]に規定された場合を除き，訴訟手続の途中で，民法典第229条に規定された離婚事由の一つに基づく申立てを他の事由に基づく申立てに変更することはできない。

第1078条[26]

申立てには，必要な場合，その申立ての日に夫婦に関して執行中の保護命令の存在を記載する。その命令は，その送達の証拠とともに，申立てに添付される。

23　民法典第229条は，相互の同意，婚姻解消の根本方針の承認，婚姻関係の決定的悪化，フォートの場合に離婚を言い渡すことができる旨を規定している。本条の翻訳については，水野・新離婚法第229条を参照。

24　本条は，当事者がその申立てにおいて，民法典第229条に定められた離婚事由を複数（具体的には婚姻関係の決定的悪化およびフォート）あげているとしても，裁判所は，その一つのみを裁判の理由とすることができるという趣旨の規定である。なお，民法典第246条第1項によると，婚姻関係の決定的悪化を根拠とする申立ておよびフォートを根拠とする申立てが同時に（concurremment）提起されたとき，裁判官はまずフォートを根拠とする申立てを裁判する。

25　民法典第247条は，手続中いつでも，夫婦は，相互の同意による離婚の言渡しを受けるために所定の手続をとることができる旨，およびその手続の内容を，同法典第247-1条は，離婚が婚姻関係の決定的悪化またはフォートを理由として申し立てられた場合，夫婦は，手続中いつでも，婚姻解消の根本方針の承認を理由とする離婚の言渡しを受けるために所定の手続をとることができる旨，およびその手続の内容を，同法典第247-2条は，婚姻関係の決定的悪化を理由として開始された訴訟手続の範囲内で，被告が反訴によりフォートを理由とする離婚を申し立てる場合について，それぞれ規定している。上記各条文の翻訳については，水野・新離婚法第247条，第247-1条，第247-2条を参照。

第5章　家族に関する訴訟手続（第1076-1条—第1079条）

第2款　補償給付[27]

第1079条

　補償給付〔の裁判〕は，仮執行〔宣言〕を付すことができない[28]。

　2　ただし，仮に離婚の言渡し〔の裁判〕は既判事項の確定力を得たが，補償給付には不服申立てがなされた場合において，その履行のないことが債権者にとって明らかに不当な結果をもたらすおそれがあるときは，全部または一部について仮執行〔宣言〕を付すことができる[29]。

　3　この仮執行は，離婚の言渡し〔の裁判〕が既判事項の確定力を得た日

26　本条は2004年10月29日デクレ1158号第5条Ⅲ（Décret n° 2004-1158 du 29 octobre 2004, art. 5, Ⅲ）により廃止されたが，2012年9月10日デクレ1037号第1条（Décret n° 2012-1037 du 10 septembre 2012-art. 1）により内容を改正のうえ再び条文として置かれている。

27　補償給付は，どのような離婚またはどのような過誤の配分であっても関係なく，離婚の判決により夫婦の一方に付与される。補償給付は，夫婦それぞれの生活条件に対し婚姻の解消により生じた不均衡を補償することを目的としている。補償給付は，民法典第270条から第280-1条までの規定が定めるように，一括みなし的な特徴を持ち，割賦金による元本の形式または，例外として終身定期金の形式をとる。ただし，もと配偶者との関連で，または離婚が補償給付を求めている配偶者の一方的な過誤のために言い渡される場合には婚姻の解消の特別な状況から，裁判官は衡平に鑑み，補償給付の付与を拒絶する場合がある。補償給付については，フランスの公的サイトService-Public.fr, Le site officiel de l'administration française（http://www.service-public.fr/）の補償給付に関するページ（http://vosdroits.service-public.fr/particuliers/F1760.xhtml）のほか，山口・辞典98頁を参照した。

28　本条第1項は，原則規定である。

29　本条第2項は，例外規定である。フランスにおいては，離婚の裁判が確定し補償給付についてのみ不服申立てを認めているため，これらを別個に扱うことができると考えられるが，日本においてはこれらをあわせて扱う点で，異なっている。

　離婚が決定的となると扶養義務が終了し，債権者は扶養定期金に対する権利を奪われてしまうため，補償給付について不服申立てがされた場合，本条第1項は，債権者の利益を非常に害する。そこで，本条第2項は，補償給付の履行のないことが債権者にとって明らかに不当な結果をもたらす場合には，例外的に補償給付の全部または一部に仮執行を付すことができるとしている。実務では，離婚が決定的ではない場合は扶養定期金による援助が，または離婚の言渡しが既判事項の確定力を得ている場合は補償給付による援助が，それぞれなければ，債権者は生活に必要なものに供する資金がないと考えられる場合が，これ（補償給付の履行のないことが債権者にとって明らかに不当な結果をもたらす場合）に当たるとされ，裁判官は，仮執行により補償給付を付与することができるとされている（Perben, *op. cit.*, p.72）。

にならなければその効力を生じない。

第1080条
　民法典第274条第2号[30]に基づく補償給付として，財産または権利が付与されるとき，認可された合意または離婚を言い渡す裁判には，それらの価額を明示する。
　2　これらの財産または権利が不動産公示に服するときは，この合意または離婚を言い渡す裁判には，さらに不動産公示を改正する1955年1月4日デクレ22号に規定された様式で，不動産登記証書の交付に必要な記載事項を明示する。

　　　第3款　判決の公示および証明

第1081条
　裁判の主文には，和解不成立の命令の日を記載する。

第1082条
　離婚または別居の記載は，主文のみを含み，かつ第506条に従った執行可能性の証明を伴った裁判の写しに基づき，婚姻証書および夫婦それぞれの出生証書の余白にされる。
　2　婚姻が外国で行われ，フランス当局によって保管されている婚姻証書がない場合でも，出生証書がフランスの登録簿に保管されている場合は，裁判の主文の記載は，夫婦それぞれの出生証書の余白にされる。それもなければ，裁判の写しは，外務省中央身分証書局を創設する1965年6月1日デクレ422号第4-1条に記載されている目録に保管される。
　3　ただし，この記載は2007年3月1日から外国当局[31]により行われた婚姻の証書を身分登録簿へ転記した後でなければフランス人の出生証書の余白

30　民法典第274条［第1項］第2号は，裁判官が定める，元本による補償給付が実施される場合の方式を規定している。本条の翻訳については，水野・新離婚法第274条［第1項］第2号を参照。
31　autorité étrangère は，外国当局と訳した。

に記載することはできない。

第1082-1条
　離婚または別居は，第三者に対しては，それを言い渡した裁判の主文のみを含み，第506条に従った執行可能性の証明を伴った裁判の写しの提出によってのみ，証明される。

第4款　付帯的な処分の変更

第1083条
　離婚を言い渡した判決に対して控訴が提起されたとき，第1074-1条により仮に執行することができる付帯的処分の変更は，新たな事実が生じた場合，事案に応じて，控訴院院長または控訴院の準備手続裁判官に対してのみ申し立てることができる。

第1084条
　離婚の言渡し後，親権の行使，扶養定期金または子の養育と教育の分担について裁判[32]をする必要があるときは，その申立ては，破棄申立てがされた場合であっても，本章第3節に規定された方式[33]に従い，家族事件裁判官に対して行う。
　2　離婚〔判決〕が既判事項の確定力を生じたときは，補償給付に関する申立てについても同様とする。本法典第1075-1条および第1075-2条が適用される。

第1085条
　裁判官[34]は，離婚を言い渡した裁判所に，事件記録の送付を求めることができる。

　32　本条第1項における裁判は，変更の裁判である。
　33　本条における方式については，本法典第1137条以下を参照。
　34　本条における裁判官は，変更の裁判をする裁判官を指す。

第5款　破毀申立て

第1086条
　破毀申立ての期間は，離婚を言い渡した裁判の執行を停止する。その期間内にされた破毀申立ても同様に，執行を停止する。

第1087条
　破毀申立ておよびその期間に付される〔執行〕停止の効力は，裁判または認可された合意のうち，定期金，子の養育と教育の分担および親権の行使に関する条項には適用されない。

第2小節　相互の同意による離婚

第1088条
　相互の同意による離婚は非訟事件に属する[35]。

第1089条
　離婚の申立ては，夫婦で単一の申請により行う。

第1090条
　申請書には，申立てのもととなる事実を表示せずに[36]，次に掲げる事項を含んでいなければならず，これに反する場合は受理されない。
　1号　夫婦それぞれの氏名，職業，居所，国籍，出生の日および場所。その婚姻の日付と場所。必要な場合には，子それぞれについても同様の表示
　2号　第1075条に規定されている情報
　3号　申立てをした裁判所の表示

---

[35] 相互の同意による離婚の申立ては，申立人の間に争いはないが，法律が裁判官の監督に委ねられることを要求する申立てに該当するため，本法典第25条により，非訟事件として扱われる（Blanc, p.657）。法曹会訳第25条も参照。

[36] 民法典第230条によると，相互の同意による離婚の場合，〔裁判官に〕離婚の事由を審理させる必要がないため，本条はこれを受けて，申請書に申立てのもとになる事実（離婚の理由・原因）を記載する必要はないと明言するものである（Blanc, p.657）。

4号　夫婦からその代理を委任された弁護士，または夫婦がそのために共通の合意で選任した弁護士の氏名
　2　申請は，夫婦それぞれおよびその弁護士が日付を記入し署名しなければ，同様に受理されない。

第1091条
　申請書には，離婚の効果について完全な決着をもたらし，特に，夫婦財産制に係る分割清算書[37]または清算の必要がないという申告書を含め，夫婦それぞれおよびその弁護士により日付を記入され署名された合意〔書〕を添付しなければならず，これに反する場合は受理されない。清算が不動産公示に服する財産に関するときは，分割清算書は，公証人による公署形式で作成されなければならない。

第1092条
　家族事件裁判官は，申立書に相当する申請書の裁判所書記課への付託により，事件を受理する。
　2　家族事件裁判官は，夫婦それぞれをその審問[38]のために指定した期日の少なくとも15日前に送られる通常郵便で呼び出す。裁判官は，その弁護士に通知する。

第1099条
　指定期日に，裁判官は，民法典第250条から第250-3条まで[39]に規定されている方式に従って手続を行う。裁判官は，申請の受理可能性について審査する。裁判官は，夫婦の同意が自由かつ思慮あるものである[40]ことを確認し，それぞれが取り決めた，特に親権の行使に関する義務の重要性について，注意を促す。
　2　裁判官は，その弁護士の立会いのもとに，当事者の同意を得て，子ま

---

[37] un état liquidatif は，数額確定一覧表と訳するものもあるが，ここでは分割清算書と訳した。
[38] 原語は audition。裁判官は夫婦を2人一緒に審問することもある。裁判官は，夫婦の離婚に関する意思を保障する。

たは夫婦の一方の利益に反すると思われる合意条項を削除または変更させることができる。

3　裁判官は，直ちに，合意を認可し離婚を言い渡す判決をする。

第1100条

合意が子または夫婦の一方の利益を十分に保護していないと思われる場合，裁判官はその合意の認可を拒絶し，また新たな合意が提出されるまで直ちに出された命令により，離婚を言い渡さず，裁判を延期することができる。

2　裁判官は，夫婦に対し6か月の期間満了の前に，新たな合意を提出しなければならないことを通知する。命令には，この通知とその内容を記載する。

3　命令は，新たな合意の認可およびその結果としての離婚の言渡しがされるための条件または保証を明らかにする。

4　命令は，必要な場合には，民法典第250-2条に基づき裁判官により認可された仮の処分を含む。

第1101条

新たな合意を提出するための6か月の期間は，控訴があれば停止される。

2　定められた期間内に新たな合意の提出がない場合，裁判官は，命令により，職権で，離婚の申立ての失効を確認する。

3　夫婦が新たな合意を提出した場合には，当事者は第1092条に規定する方式に従って呼び出される。この合意の認可を拒絶する場合，裁判官は，命令により，離婚の申立ての失効を確認する。

39　民法典第250条は，離婚の申立ての方法およびその申立ての検討に関することを，同法典第250-1条は，同法典第232条に定める要件を併せ持つ場合，裁判官は離婚の効果を定める合意を認可し，同じ裁判により離婚を言い渡す旨を，同法典第250-2条は，同法典第250-1条に定める合意の認可を拒絶する場合にとられる手続を，民法典第250-3条は，同法典第250-2条に定める6か月内に新たな合意の提出がない場合，または裁判官がその合意を再び拒絶する場合，その離婚に関する申立ては失効する旨を，それぞれ規定している。上記各条文の翻訳については，水野・新離婚法第250条，第250-1条，第250-2条，第250-3条を参照。

40　本条の le consentement des époux est libre et éclairé の訳は，水野・新離婚法第232条第1項に倣い，「夫婦の同意が自由かつ思慮あるものである」と訳した。

第1102条

家族事件裁判官の裁判に対しては，離婚を言渡す裁判を除き，控訴することができる。

2　控訴期間は15日間とし，裁判の日から起算する。

第1103条

破毀申立ての期間は，夫婦の合意を認可し離婚を言い渡す裁判の言渡しから15日間とする。

第1104条

夫婦それぞれの債権者は，民法典第262条[41]の定める方法が実行された後，1年内に，認可の裁判に対して第三者による裁判取消の訴えを提起することにより，認可された合意が申立て債権者に対抗できないことを宣言させることができる[42]。

第1105条[43]

訴訟費用は夫婦間で半分ずつ負担する。ただし，夫婦の一方が司法援助を受けている場合で，1991年12月19日デクレ1266号第123-2条の適用がある場合を留保して，合意による別段の定めをすることができる。

（田村真弓）

---

[41] 民法典第262条は，夫婦の財産に関して，離婚の判決は，身分証書の規定により定められた余白記載の方法が完遂された日から第三者に対抗することができる旨を規定している。本条の翻訳については，民法訳（家族）第262条を参照。

[42] 本条は，夫婦の債権者が認可の裁判取消の訴えを提起しこれが認容されると，合意の認可と離婚の言渡しが関連付けられているため，本法典第591条の原則に反して，再び離婚の言渡しの裁判を問題とせざるを得ないこと，また夫婦財産の利益の範囲で申し立てられる第三者による認可の裁判取消の訴えは，夫婦関係解消について重大な影響はないことを考慮に入れて起草されたようである（Blanc, p.664）。

[43] 本条は2011年3月15日デクレ272号第24条（Décret n° 2011-272 du 15, mars 2012-art. 24）により改正された。

第3小節　その他の離婚手続

第1款　最初の申請

第1106条

　夫婦のうち離婚を申し立てようとする者は，弁護士により，裁判官に申請書を提出する。申請書には離婚申立ての法律上の理由も原因事実も記載しない[44]。これには仮の処分[45]として求める申立てとその理由の要旨を記載する。

　2　夫婦の一方が緊急処分を求める場合は，自ら出頭しなければならない[46]。

　3　適法に確認された障害[47]がある場合，裁判官は自ら夫婦の居所に行く。

第1107条

　前条の申請に基づき，裁判官は和解の試みのための日時場所を指定する。

　2　裁判官は，必要がある場合，民法典第257条[48]に定められた緊急処分を命じる。

　3　この命令に対しては不服申立てをすることができない。

---

[44] 離婚を求める申請書は，和解の試みを開始させるものなので，離婚請求の根拠は不要とされる。かつては争いがあったが，Paris, 17 oct. 1980, Gaz.Pal. 1981.1.223, note J.Massip がこのことを認めた。Blanc, p.665.

[45] 仮の処分 mesures provisoires は民法典第254条以下に規定されている。その種類は，同法典第255条によると，調停の提案，別居および住居保持者の指定，衣服や私物の引渡し命令，扶養料の指定，財産清算の準備作業である。

[46] 緊急処分の内容は民法典第257条参照。出頭が必要なのは緊急処分を求める理由を説明するためである。Blanc, p.665.

[47] ここでは出席できない事由が必要だが，その内容は明らかでない。適法に dûment という言葉の意味が実体法を意味するのか手続的な適法性を意味するのかあいまいなところがあるが，手続的な適法性を示すものと考えられる。

[48] 民法典第257条によれば，裁判官が最初の申請に基づいて緊急処分を命じることができること，その内容は未成年子がいる場合はその子を伴っての別居と，財産保全のための封印などである。

第５章　家族に関する訴訟手続（第1106条―第1110条）

第２款　和解の試み

第1108条

　夫婦のうち申請書を提出しなかった者に対しては，和解の試みのために，書記課が配達証明付書留郵便により，同日付の通常郵便による確認も伴って，呼び出す。この書留郵便は少なくとも15日前に，命令書[49]の写しを添付して送られなければならず，これに反する場合は無効となる[50]。

　２　呼出状においては，夫婦のうち申請書を提出しなかった者に対し，本人自身が単独で，または弁護士を伴って出席しなければならないことを通知する。その呼出状には，和解期日の際に婚姻の解消の基本方針を受け入れるには弁護士の付添いが義務であることが明記される。裁判所書記課は申請書を提出した夫婦の一方の弁護士に通知する[51]。

　３　書留郵便による送達にはまた，情報として，特に民法典第252条から第254条まで，ならびに第255条第１号および第２号の規定を明示した注意書きを添付する。

第1109条

　緊急の場合，家族事件裁判官は，夫婦の一方の申請に基づき，他方を和解のための指定期日に呼び出すことを申請人に許可することができる[52]。

第1110条

　定められた期日において，裁判官は，必要がある場合まず管轄について裁判する。

　２　裁判官は夫婦に対し，民法典第252-4条の規定[53]を教示する。その後，

49　ここでいう命令書 ordonnance は，前条の期日指定を指すのか，前条２項の緊急処分を指すのかはっきりしないが，和解期日への呼出命令であることを前提にした裁判例がある。Trib. Dunkerque, 9 juin 1983, D.1985. somm. p.149, obs. J.-Cl. Groslière.

50　無効の対象は「呼出し」か「送達」かが議論されたが，形式的には送達が無効となり，その効果としては呼出しに伴う欠席の不利益が生じないこととなる。

51　第２項末文の規定は，申請人に何を通知するのかが明らかでない。

52　第788条参照。

53　民法典第252-4条は，和解期日においてなされた陳述が書面口頭のいずれも後の訴訟手続において有利にも不利にも働かないとの規定である。

同法第252-1条から第253条までの規定に従い，和解の試みを行う。

3　夫婦の一方が指定された場所へ出席不可能であると判明した場合，裁判官は別の場所を定めて，出席できない夫婦の一方を直接聴取するために，管轄区域外であっても自ら赴き，または他の裁判官にその期日を行う任務を与えることができる[54]。

第1111条

裁判官は，婚姻解消の基本方針について夫婦のそれぞれを聴取した後，申立人がその申立てを維持することを確認した場合は，命令により，民法典第252-2条[55]に従い当事者に改めて和解の試みをさせるか，または直ちに夫婦が離婚訴訟手続に入ることを許可することができる。

2　いずれの場合にも，裁判官は民法典第254条から第257条までに規定された仮の処分の全部または一部を命じることができる。

3　裁判官は，訴訟手続開始を許可するときは，その命令において，本法典第1113条の定める期間を教示する。

第1112条

第1110条および第1111条の適用によりされた命令に対しては，その管轄および仮の処分に関してのみ，その送達から15日以内に控訴することができる。

第1113条

命令の言渡しから3か月以内は，夫婦のうち最初の申請書を提出した者のみが離婚訴訟のための呼出しをすることができる[56]。

2　夫婦の円満和解の場合，または命令の言渡しから30か月以内に訴訟手続が開始されなかった場合，その命令のすべての条項は，訴訟手続開始許可を含めて失効する。

54　第196条に，証人尋問に関する同様の規定がある。
55　民法典第252-2条は，当事者に熟慮期間を与えるため和解の試みを停止し，8日以内に再開すること，この期間は6か月まで伸ばすことができるという趣旨の規定である。

第5章　家族に関する訴訟手続（第1111条—第1117条）

第3款　訴訟手続

第1114条[57]

本章前2節に定められた規則のほか，〔離婚〕訴訟手続は大審裁判所において適用される訴訟事件の手続[58]に従い提起され，審理され，判決される。

第1115条

民法典第257-2条[59]に定められた夫婦の金銭的利益の決済に関する提案は，夫婦の簡易財産目録を添付し，共通財産または不分割財産の清算および場合により財産の分配に関する申立人の意思を明示する。

　2　この提案は本法典第4条にいう申立てにあたらない。

　3　民法典第257-2条に定める不受理は，本案に関する防御の前に援用されなければならない。

第4款　仮の処分

第1117条

仮の処分を命じる場合，裁判官は夫婦が既にした約定を考慮することがで

---

[56] 命令言渡し後，3か月以内は手続開始申請をした当事者のみが訴え提起をでき，その期間経過後は，命令言渡しから30か月間，両当事者とも離婚の訴えを提起することができるものと解される。本条の2004年改正前は，命令言渡し後3か月以内は最初の申請を提出した当事者のみが離婚の呼出しをすることができ，その期間経過から3か月以内は相手方も離婚の呼出しをすることができるようになるとされ，命令言渡しから6か月後には命令が失効すると定められていた。また，その失効は仮の処分に関する命令にのみ及び，離婚の訴え提起を許可する命令は失効しないものと解されていた。Civ. 2ᵉ, 27 juin 1979, Bull.civ.II, n° 198, JCP. 1979. IV. 295, TGI Basse-Terre, 26 oct. 1982, 本条2項の y compris 以降は，この判例の解釈を変更したものと解される。

[57] 本条には控訴院付き代訴士職の補償基金及び法律扶助への拠出に割り当てる権利に関する2011年9月28日デクレ1202号第7条により，「法律扶助への拠出金は負担されない。」との第2項が追加されていたが，その後の，法律扶助への拠出削除および法律扶助に関連する諸規定に関する2013年12月29日デクレ1280号第2条により削除されている。

[58] 大審裁判所に適用される訴訟事件の手続は，第750条以下参照。

[59] 民法典第257-2条は，この決済提案を含まない訴訟手続開始申立てが受理されないと定めている。

きる。

第1118条
　新たな事実が生じた場合，裁判官は，受訴裁判所[60]としての職務解除[61]までの間，既に命じた仮の処分の取消し，変更または補充をすることができる。
　2　訴訟手続開始前は，〔前項の〕申立ては本章第3節に定める方式に従って提起され，審理され，裁判される。

第1119条
　仮の処分に関する裁判に対しては，その送達から15日以内に控訴することができる。
　2　控訴審において新たな事実が生じた場合の仮の処分の変更は，場合により，控訴院院長または準備手続裁判官[62]に対してのみ申し立てることができる。

第1120条[63]
　民法典第255条第9号の適用により指名される資格ある専門職の指名および報酬の方式ならびにその任務の遂行は，鑑定に適用される規則に従う。

第1121条
　民法典第255条第10号の適用により指名される公証人の指名方式およびその任務の進行は，その職に適用される規則を妨げることなく，本法典第233条から第237条，第239条，第245条，第246条から第267条，第273条，第275

60　原語は juridiction とあるが，この仮の処分を言い渡す裁判官は同時に本案たる離婚事件の係属する家族事件裁判官であり，主語の juge と juridiction とは同一である。Juridiction は本案の係属する裁判機関というニュアンスで用いられているので，「受訴裁判所」と訳した。

61　職務解除 dessaisissement の意義は第481条参照。

62　控訴審における準備手続裁判官 conseiller de la mise en état の意義については第910条以下参照。

63　本条および次条は2006年12月23日デクレ1805号第4条により創設されたもので，元は本法典第1136-1条および第1136-2条であったところ，2009年12月17日デクレ1591号第3条により移動した。

条，第276条および第278条から第280条までの規定に従う。
　2　公証人が分割証書を作成した場合，裁判官にその報告を行う。

第1121-1条[64]

　民法典第257条第3項[65]の規定の適用のために，家族事件裁判官は，第3巻第2編第2章第1節[66]に定められた封印の貼付および明細目録の手続について審理する。

第5款　不服申立て

第1122条

　成年被後見人は，後見裁判官の許可がある場合にのみ，離婚判決に対して認諾[67]し，または控訴を取り下げることができる。

第6款　受諾離婚に関する特則

第1123条

　手続中いつでも，夫婦は婚姻解消の原因事実を考慮することなく，婚姻解消の基本方針について，受諾することができる。
　2　和解期日において，この受諾は裁判官の作成する調書の中で直ちに確認され，夫婦およびそれぞれの弁護士の署名がなされる。裁判官はその場合，離婚原因については存在するものとして，離婚の言渡しとその効果についての裁判をするために，夫婦に訴訟手続を開始するよう指示する。調書はその命令に添付される。
　3　それ以外の場合[68]，夫婦それぞれは自筆で署名した文書により，婚姻

64　本条は，相続開始後にとられる保全措置およびレフェレの形式による訴訟手続に関する2011年9月1日デクレ1043号第2条により追加された。
65　民法典第257条は離婚の際の配偶者保護に必要な封印などの保全措置を裁判官が命じることができるとの規定である。
66　第1304条以下である。
67　判決に対する認諾とは奇妙な表現であるが，実際には控訴権の放棄を意味するものと考えられる。第409条以下参照。

解消の基本方針を受諾する旨の宣言をすることができる。

　4　2通の宣言書は訴訟手続開始のための共同申請書に添付される。

　5　訴訟手続中において，民法典第247-1条の適用により求められる申立ては，当事者の申立書において明示的に，かつ，一致して示されなければならない。夫婦各々は申立書に受諾宣言書を添付する。

　6　調書または宣言書には，民法典第233条第2項[69]の記載を示さなければならず，これに反するときは無効とする。

第1124条
　家族事件裁判官は，夫婦の受諾のみを理由として離婚を言い渡す。

第1125条
　手続の費用は，離婚の言渡しを受けるための呼出しまでを含め，裁判官による反対の裁判がなされない限り，夫婦で半分ずつ負担する。

第7款　婚姻関係の決定的悪化による離婚に関する特則

第1126条
　第472条の規定を留保して[70]，裁判官は，民法典第238条第1項に定める2年の期間が経過していないことに基づく攻撃防御方法を職権で取り上げることはできない[71]。

第1127条
　訴訟手続の費用は，裁判官が別に定めない限り，夫婦のうち訴訟手続の申

68　A défaut は，和解期日において受諾がなされなかった場合を指す。本項は，和解期日の終了後に受諾がなされた場合の処理と解される。

69　民法典第233条第2項は，受諾が取り消せず，また控訴もできないとの規定である。

70　第472条は被告が欠席した場合に本案判決を下せるとの規定である。したがって本条は被告が欠席した場合を除きという趣旨と考えられる。

71　この条文の趣旨は，必ずしも明らかではないが，欠席の場合を除き，当事者間に争いがない別居期間の経過には，それに反する事実を認定しないという趣旨であろうと思われる。

第8款　有責離婚に関する特則

第1128条

　夫婦の有責行為および損害[72]をその裁判の理由中で表示することを家族事件裁判官に免除する申立て[73]は，夫婦の双方の申立書において明示的に，かつ，一致して示されなければならない。
　2　家族事件裁判官は，民法典離婚編の第1章第4節に従い離婚原因を構成する事実が存在することを確認するにとどめる。

第4小節　別　　居

第1129条

　別居の訴訟手続は，離婚訴訟手続について定められた規則に従う[74]。

第1130条

　同居回復の申告[75]は，婚姻証書および夫婦それぞれの出生証書の余白に記載される。
　2　同居回復を確認する証書を作成した公証人の責任において，同様の記載がなされる。

72　原語は torts et griefs であり，有責性の原因となる事実とその被害を指すものと考えられる。
73　民法典245-1条は，「共同申立てに基づき，裁判官は，当事者の有責行為および損害を明示することなく，離婚原因を構成する事実が存在することを裁判理由中で確認するにとどめることができる。」と規定する。
74　別居について，民法典第296条は離婚と同一の場合と要件のもとで言い渡されるとしている。その効果には，同居義務の消滅や財産の分離があるが，扶助義務は存続する。民法典第299条以下参照。
75　別居は再び共同生活を始めることで当然に終了するが，これを第三者に対抗するためには，公証人の証書による確認または身分担当官への申告が必要となる。この場合に同居回復の申告が婚姻証書および出生証書の余白に記載される。民法典第305条参照。

第5小節　別居からの転換に基づく離婚

第1131条

別居が相互の同意に基づいて言い渡された場合を除き，〔離婚への〕転換の申立て[76]は訴訟事件の手続に従って提起され，審理され，判決される。

2　反訴は，離婚の効果に関するものを除き，受理されない。

第1132条

相互の同意に基づく別居の場合，転換のための申請は，第1090条により求められている記載事項および別居を言い渡した裁判の表示を記載するとともに，離婚の効果に関する合意を添付するものとし，これに反するときは受理されない。

2　申請および合意は，夫婦それぞれおよびその弁護士が日付を記入し，署名しなければ，同様に受理されない。

第1133条

前条に定める場合において，裁判官は夫婦を審問することなく[77]，双方の弁護士とともに合意を審査するにとどめることができる。

2　支障[78]がない場合，裁判官は協定を認可し，離婚を言い渡す。

3　前項に該当しない場合，裁判官は，特定の方式によらず，夫婦に対して1か月以内に協定を修正して申請を新たに提出するよう求めることができる。この求めに従わない場合，裁判官は命令[79]を下し，これによって合意の認可を拒絶する。

4　この命令[80]には控訴期間とその起算点を記載する。

76　民法典第306条は，別居期間が2年に達した場合，別居判決は夫婦の一方の申立てに基づいて当然に離婚判決へと転換すると規定している。本条はこれを受けたものである。

77　ne pas entendre は聴取とすると証拠調べ的なニュアンスがあるため，言い分を聞かないという趣旨で審問しないとした。

78　difficulté は支障と訳した。若林訳では当時の第1144条で「異議」と訳されているが，ここでは実体法上の要件に合致しないなどの問題があるかどうかが問われている。

第1134条

前条の命令に対しては、その裁判の時から15日以内に控訴することができる。

2　控訴は、非訟事件に適用される規定に従って提起され、審理され、判決される。

第1135条

事件の審理および夫婦の審問は、いかなる場合にも、裁判の効果に制限される[81]。

第1136条

〔離婚への〕転換申立ての訴訟手続費用の負担は、別居の訴訟手続費用と同様とする。

2　控訴審に関する費用は新たな訴訟手続費用と同様に扱う。

第2節の2　夫婦財産制ならびに民事連帯協約または同棲関係で結びついた者の不分割財産[82]の作用、清算および分割[83]

第1136-1条

夫婦財産制ならびに民事連帯協約または同棲関係で結びついた者の不分割財産の作用に関する申立て、ならびに夫婦、民事連帯協約および同棲関係で結びついた者の財産的利益の清算および分割に関する申立ては、家族事件裁判官の管轄に属し、大審裁判所のもとにおいて適用される訴訟事件に関する

79　この条文では、合意の認可を拒絶する命令を下すことになっており、離婚の申請に対する応答が規定されていない。命令が、合意の認可拒絶のみならず、申請の却下の趣旨も含んでいる可能性もあると考え、原語の構造に忠実に訳している。類似の規定では第1101条において合意の許可をしない命令が離婚請求の失効を確認するという規定となっており、明確である。

80　この不服申立ての対象が離婚申請却下なのか、合意の認可拒絶なのかも明確ではない。

81　本条の趣旨は控訴審の問題か、原審も含めての問題か、effets de la décision は何を意味するか、必ずしも明らかでない。

82　原語は indivision.

手続規則に従う。弁論は，第435条を留保して，公開とする。裁判は公開して言い渡す。

第1136-2条
　〔本法典〕第3巻第3編第2章第6節の規定[84]は，民法典第267条の規定を留保して，夫婦，民事連帯協約および同棲関係で結びついた者の財産的利益の分割に適用される。

第2節の3　暴力被害者保護処分のための手続
【前注】
　本節（第1136-3条から第1136-13条まで）は，カップル間の暴力被害者保護の民事訴訟手続に関する2010年9月29日デクレ1134号によって追加された規定である。いわゆるドメスティック・バイオレンス（violence conjugale）に関するフランス法の近時の動向については，柿本佳美「フランスにおけるDV対策の現在」法執行研究会編『法はDV被害者を救えるか』（商事法務・2013）357頁以下，長谷川総子「フランスの2010年のドメスティック・バイオレンス対策法」外国の立法258号（2013）49頁以下参照。

第1136-3条
　民法典第515-9条[85]および第515-13条[86]に定められた場合において，裁判官は書記課に提出または送付された申請書により事件を受理する。

83　本節は，2009年5月12日法律526号が法の簡素化を目的として多方面の改正を施す中で，家族事件裁判官の管轄を後見関係および夫婦財産関係，さらに民事連帯協約（いわゆるPACS）や同棲関係における財産の法的紛争にも広げたことに伴い，その適用手続として設けたものである。法の簡素化法は，ガンシャール教授の報告書をもとにしているが，これを受けて上院審議の中で，「委員会は，家族事件裁判官の管轄に夫婦財産制の清算と，一貫性の考慮から，夫婦財産制に結びつけられた他の手続，特に裁判官が介入する場面での夫婦財産制の変更についても追加するよう提案する」と述べられていた。http://www.senat.fr/rap/l08-209-1/l08-209-113.html 参照。ガンシャール教授の報告書は《L'ambition raisonnée d'une justice apaisée》- Rapport de la commission sur la répartition des contentieux présidée par Serge Guinchard - La Documentation française - 2008
84　民事訴訟法典第1358条から第1378条までの「分割」の規定である。

第5章　家族に関する訴訟手続（第1136-2条—第1136-4条）

2　本法典第58条に定められた記載のほか，申請書には申立て理由の簡潔な表示を記載し，申立てを基礎付ける書類を添付する。この要求を満たさない申請書は無効とする。

3　検察官は，自らが申請人である場合を除き，書記により直ちに申請があったことの通知を受ける。

4　各当事者は書記によって弁論期日に呼び出される。

5　当事者の呼出しは，検察官を除き，配達証明付き書留郵便により，または保護命令の関係人の安全に重大かつ差し迫った危険がある場合もしくは他の送達手段が存在しない場合には，行政的手段[87]によって行われる。

6　書記は，呼出状を，送達の目的で発送または交付した日に，その写しを通常郵便によって送付する。

7　申立人は，欄外署名[88]と引換えにより口頭での呼出しを受けることもできる。

8　相手方に送付された呼出状は召喚[89]に相当する。これには申請書および添付書類の写しを添付する。

9　検察官は書記により弁論期日を通知される。

第1136-4条

申立人はまた，レフェレの形式の下で，召喚状[90]による申立てをすることもできる。この場合，第56条に定められた記載および第485条の適用による

---

[85]　民法典第515-9条「カップル間の暴力又は配偶者であった者，民事連帯協約を締結したパートナーであった者若しくは内縁関係にあった者から加えられる暴力により，その被害者である者又は一若しくは二以上の子が危険な状態にある場合には，家族事件裁判官は，当該被害者について緊急に保護命令を発することができる。」翻訳は長谷川・前掲論文を参考にして，本翻訳の訳語選択にあわせて適宜修正した。本節の民法典の訳については同様である。

[86]　民法典第515-13条「裁判官は，第515-10条に規定する条件に従い，強制結婚の危険にさらされている成人についても同様に保護命令を発することができる。」第2項以下略。

[87]　行政的手段については第1136-10条に規定されている。

[88]　原語はémargementであり，呼出しを受けた旨の申立書への欄外署名を意味するものと思われる。

[89]　原語はcitationである。同種の規定として民訴法典第937条第2項参照。

[90]　原語はassignationであり，その意義について民訴法典第55条参照。

弁論期日の表示のほか，申立書には申立てを基礎付ける書類を添付し，これがなければ無効とする。

第1136-5条

　申立人が，民法典第515-11条第6号[91]の適用により，住所または居所の秘匿の許可を求める場合は，その情報が申立人を補佐もしくは代理する弁護士または大審裁判所付き共和国検事で申立人が選定住所とするものに知らされることを留保して，審理開始文書に住所を表示することを免除される。開始文書には，その住所の選定を記載する。

　2　申立人が選定住所とする弁護士または共和国検事は，裁判官に対し，遅滞なく申立人の住所を伝達する。書記課および手続上の必要のため住所を伝達された者は，それを相手方またはその代理人に知らせることはできない。

第1136-6条

　当事者は自ら防御する。当事者は，弁護士に補佐または代理させる権限を有する。

　2　手続は口頭で行う。

　3　裁判官は，相手方が防御を準備することができるように，呼出しと弁論期日との間に十分な時間を確保する。

　4　裁判官は，手続のいかなる段階においても，事件記録への単なる記載[92]によって，一方当事者に対し，相手方当事者と別々に，または同席して，聴取するために，その本人出頭[93]を命じることができる。

91　民法典第515-11条はDV被害者に対する保護命令の根拠条文であり，その第6号には以下のような住所秘匿措置が定められている。

「申立人に対して，その住所又は居所を秘匿することおよびこの者を補佐し，若しくは代理する弁護士の住所又はこの者が同様に当事者であるあらゆる民事訴訟を管轄する大審裁判所の大審裁判所付き共和国検事の置かれるところを住所として選択することを許可すること。司法上の決定を執行するために，執行を担当する執行士がこの者の住所を知る必要がある場合には，この住所は，当該執行士に通知されるが，当該執行士は，その委任者にこの住所を明かすことはできない。」

92　事件記録に単なる記載で裁判をする規定は，第151条に証拠調べを命じる中間判決についても存在する。

93　この意義については，本法典第184条以下参照。

第1136-7条

　暴力被害者の保護処分申立てについて裁判する命令は，裁判官が別段の定めをしない限り，仮に執行できる。

　2　命令は民法典第515-11条および第515-13条の適用によりとられる処分の期間を定める。期間の定めがないときは，それらの処分は，第1136-13条の規定を留保して，命令の送達から4か月の期間経過のときに失効する。このことは送達文書に記載される。

第1136-8条

　民法典第515-11条第6号の適用により許可される，後の民事手続における住所または居所の秘匿は，第1136-5条の定める条件および方法に従う。

　2　不許可の場合および裁判の執行の必要がある場合，申立人が住所の選定を求め，またはこれを得た弁護士もしくは共和国検事は，相手方もしくは手続中相手方の代理をしている弁護士に対して，または場合により，執行を行うことを委任された執行士に対して，形式によらずになされた申立てに基づいて，遅滞なく〔保護命令〕申立人の住所を伝達する。

第1136-9条

　命令は執行士送達の方法により送達される。ただし，裁判官が，職権によりもしくは一方当事者の申立てにより，その命令が書記課による配達証明付き書留郵便によって送達されるか，または保護命令関係人の安全に重大かつ差し迫った危険がある場合もしくは他の送達手段が存在しない場合には，行政的手段[94]によって行われるかを決定する場合を除く。また，検察官に対する送達は欄外署名を伴う交付または受領証と引換えの送付によってされる。

　2　保護処分を言い渡す命令の送達には，刑法典第227-4-2条[95]および第227-4-3条[96]の規定を再録し，その命令が婚姻当事者に対して向けられている場合には本法典第1136-13条の規定を注記する。

94　行政的手段については第1136-10条に規定されている。
95　刑法典第227-4-2条「民法典第515-9条または第515-13条の適用により下された保護命令において課された一つもしくは複数の義務または禁止の名宛人が，その義務または禁止に従わない行為は，2年の拘禁および15000ユーロの罰金に処す。」

第1136-10条

行政当局は，呼出状および命令の行政的手段による送達を書記から求められた場合には，受領証と引換えに交付する方法でこの送達を行う。

2　行政当局は，行った措置を書記に適切な期間内に通知し，受領証を書記に送付する。

第1136-11条

命令に対しては，その送達から15日の期間内に控訴することができる。

第1136-12条

保護命令の解除もしくは修正またはその義務の一時的免除を目的とする申立ておよび命令の撤回または新たな処分を言い渡すことを求める申立ては，当初の申請と同じ条件の下で提起され，審理され，判決される。

2　ただし，控訴が提起された場合，〔前項の〕申立ては控訴院書記課に提出または送付される申請書によって提起される。この申請に基づき，場合により控訴院院長，準備手続裁判官[97]または判決合議体によって裁判される。

第1136-13条

離婚もしくは別居請求が保護処分の期間満了前に提起された場合，または離婚もしくは別居請求手続が係属中に保護命令が言い渡された場合，保護命令の処分は，離婚もしくは別居の請求を受理している裁判官が別段の決定をしない限り，離婚もしくは別居請求に関してされた判決が既判事項の確定力を有するまで，その効力を失わない。ただし，民法典第515-11条第3号[98]，第4号[99]および第5号[100]の適用により執られた処分で和解不成立の命令に先

---

[96] 刑法典第227-4-3条「民法典第515-9条の適用により下された保護命令の名義により拠出金または補助金の支払義務を負った者が，住所の移転を，その移転から1か月の期間内に債権者に通知しない行為は，6か月の拘禁および7500ユーロの罰金に処す。」

[97] le conseiller de la mise en état は本法典第911-11条の訳語を参考にした。

[98] 民法典第515-11条第3号「夫婦のいずれが夫婦の住居での居住を続けるかを明確にした上で，夫婦の別居を決定し，及び当該住居に係る費用負担の方式について決定すること。特別な事情がない限り，住居の使用権は，加害者ではない方の配偶者に付与される。」

立って言い渡されたものは、その命令の送達のときから効力を失う。

　2　離婚または別居の訴訟手続が開始された後は、保護処分のための申立ておよび第1136-12条第1項に規定された申立ては、この訴訟手続を受理している裁判官に提起される。申立ては本節の規則に従って提起され、審理され、判決され、裁判官はこの申立てについて別に裁判する。

第3節　家族事件裁判官の管轄に属するその他の訴訟手続

第1137条
　裁判官はレフェレのために定められた方式で事件を受理する。
　2　裁判官はまた、書記課に交付または送付された共同申請、もしくは当事者の一方のみによる申請によっても事件を受理する。申請書には、当事者の氏名住所、または必要な場合は、被申立人の最後の知れたる住所を記載しなければならない。法人については、その種類、名称、本社所在地および法律上の代表機関を申請書に記載する。申請書には、申立ての対象およびその理由の要旨を記載する。申請書には、その提出者またはその弁護士が日付を記載し、署名する。

第1138条
　申請から15日以内に、書記課は被申立人を配達証明付書留郵便により弁論期日に呼び出す。書記は、同時に、申請の写しおよび呼出状を通常郵便で被申立人に送付する。
　2　ただし、申請に被申立人の知れたる最後の住所が記載されている場合には、書記課は申立人に対して執行士送達をするよう促す。
　3　書記課はまた、通常郵便により、申立てを提出した者を呼び出す。この者に対しては、口頭で、欄外署名と引換えに呼び出すか、または第652条

99　同条第4号「カップルの住居の使用権を加害者ではない方の[民事連帯協約を締結している]パートナー又は内縁関係にある者に付与すること及び当該住居に係る費用負担の方式を明確にすること。」
100　同条第5号「親権行使の方式ならびに、必要に応じて、夫婦の場合には婚姻費用の分担、民事連帯協約を締結しているパートナーの場合には第515-4条に規定する物質的支援ならびに子の扶養および教育の分担について決定すること。」

の方式により呼び出すことができる。

　4　召喚状または呼出状は，第1139条から第1141条までの条項を記載することとし，これに反するときは無効とする。

第1139条

　当事者は自ら防御する。当事者は弁護士を付き添わせ，または代理をさせることができる。

第1140条

　手続は口頭で行う。

第1141条

　申立てが公衆衛生法典第L. 6145-11条または社会活動および家庭活動に関する法典第L. 132-7条に基づいてなされた場合，いずれの当事者も，審理手続の間，裁判官に送付する書状によってその攻撃防御方法を明らかにすることができる。ただし，弁論期日以前に配達証明付書留郵便によりその攻撃防御方法を相手方当事者に知らせたことを証明したときに限る。

　2　この手段を利用した当事者は，弁論期日に出席しないことができる。前項の条件の下で下された判決は，対審的とする。

　3　ただし，裁判官は常に，当事者に出頭[101]するよう命じることができる。

第1142条

　申請により事件を受理した場合，裁判官は，職権で，または当事者の申立てにより，判決を書記課が配達証明付書留郵便によって送達するよう決定することができる。

　　　　　　　　　　　　　　　　　　　　　　　　　（町村泰貴）

---

[101] ここでは裁判官の面前に出てくるというニュアンスをこめて，出頭と訳している。

第6章　親子関係と生計費

【前注】
　本章は，親子関係（filiation）と生計費（subsides）という表題のもとで，親子関係に関する訴えおよび生計費を求める訴えについての手続の特則を定める一般規定（第1節），生計費の取立てに関する規定（第2節），公知証書に関する規定（第3節），および医学的介助生殖の同意に関する規定（第4節）を定めている。

　親子関係に関する訴えには，親子関係の創設を目的とする訴え（母子関係または父子関係の捜索の訴え，民法典第325条から第331条）と，親子関係を争う訴え（認知の効力を争う訴え，民法典第332条から第337条）とがある。生計費を求める訴えは，父子関係を法律上確定しえなかった未成年者は，その母と法定懐胎期間内に関係をもった男を相手方として生計費を請求することができるとされている（民法典第342条から第342-8条）ことに基づいて提起される訴えである。なお，これらの訴えに関連する民法典の規定は，その大部分が2005年7月4日のオルドナンス第759号により改正・修正されたものであり，本章の規定も，それを受けて2006年6月1日デクレ第640号により修正されたものがほとんどである（ただし，第1149-1条は1993年改正による）。2005年の民法典の改正については，羽生香織「フランス実親子関係法の動向——2005年改正をふまえて」家族〈社会と法〉23号（2007）131頁以下参照。

第1節　一般規定

第1149条
　親子関係および生計費に関する訴えは，評議部において審理し，弁論する。
　2　判決は，公開の法廷で言い渡す。

第1149-1条
　親子関係の変更の場合において，成年に達した子がその氏の変更に同意するときは，その同意は，身分担当官，公証人，フランスの外交官もしくは領事，または準正[1]を言い渡した裁判所により，認証される。裁判所による場

合には，裁判の主文にその旨が記載される。

第1150条
　破毀申立ての期間は，親子関係を創設または変更する裁判の執行を停止する。その期間内にされた破毀申立ても同様に，執行を停止する。

第1151条
　父子関係の捜索の訴えが，父と主張されている者の相続人のないとき，またはその相続人が相続を放棄したときに提起される場合は，検察官が国を代理する[2]。

　　第2節　生計費

第1156条
　裁判所により選任された児童社会扶助機関，事業団体または代理人は，生計費の取立てのために，債権者[3]の権利を代位行使する。
　2　子に支払われるべき金額は，できるだけ早く，遅くともその受領の1か月以内に，子の法定代理人に振り替えられる。

　　第3節　公知証書

第1157条
　公知証書[4]を作成する前に，裁判官は，証言および提出された文書が不十分であると判断する場合は，確認する必要がある事実に関する情報を，職権

---

[1] 原語は légitimation. 従来，婚姻によらず出生した自然子に嫡出子としての権利義務を与える効果を意味するが（山口・辞典329頁参照），2005年の民法典の改正により，自然子と嫡出子という概念そのものがなくなった関係から，この用語は民法典からは消滅し，民訴法の本条の規定にみられるのみとなっている。

[2] représenter を代理すると訳すが，日本における検察官の職務上の当事者と同様の可能性もあると思われる。

[3] 原文は dans les droits du créancier とあり，債権者が誰か明らかでないが，ここでは生計費を請求できる債権者，すなわち「子」またはその法定代理人を意味するものと思われる。

第6章 親子関係と生計費（第1150条—第1157-2条）

で，その選択する者に収集させることができる。

第1157-1条

　裁判官は，子の身分占有を確認する公知証書を交付した場合は，直ちに，その旨を当人の出生証書が保管されている地の共和国検事に通知する。
　2　共和国検事は，そのように証明された親子関係を子の出生証書の余白に記載させる。

第4節　医学的介助生殖の同意[5]

第1157-2条

　法律上または事実上の夫婦[6]が，民法典第311-20条に規定する，第三者提供者の関与を要する生殖の医学的介助を必要とする場合は，その選択する大審裁判所の所長もしくはその代行者，または公証人の面前における共同の申告により，その旨の同意をする。
　2　その申告は，第三者を立ち会わせることなく，公署証書に作成される。
　3　証書の謄本または写しは，その同意をした者のみに交付することができる。

4　原語は acte de notoriété. この公知証書は，立証すべき事実についての複数の証人による証言が判事によって（訴訟または調査手続とは独立に），または公証人もしくは身分官吏によって公式に収集され，それに対して法律が，補充的な証拠（民法典第71条）または主たる証拠（同第317条）として立証価値を認める文書である（山口・辞典390頁参照）。

5　医学的介助生殖（procréation médicalement assistée）（人工授精を可能にする処置等）については，民法典は，生殖細胞の第三者提供者と生まれた子との間にはいかなる親子関係をたてることも許されない（民法第311-19条）とするほか，介助生殖を有効になしうる要件（ことに夫婦または生存中の男女各1名の形成するカップルによる事前の明確な同意）や，同意を与えた者が介助生殖の母親および生まれた子に対して負う責任などについて規定する（民法第311-20条）。第三者のための代理母契約は無効であり（民法第16-7条），そのような処置のために介在する行為は刑事罰の対象となる（刑法第227-12条第3・4項）（山口・辞典461頁参照）。

6　原文は Les époux ou concubins であり，通常は「夫婦または内縁カップル」などと訳されている。

第1157-3条

同意を得る前に，裁判官または公証人は，その旨の意思表示をしようとしている者に次の事項を通知する。

— 生殖により生まれた子と提供者との間での親子関係を創設し，または提供者に対し責任追及の訴訟をすることは不可能であること。

— 子の名で親子関係の創設または確認のために[7]訴えを提起することが禁止されること。ただし，子が医学的介助生殖から生まれていないこと，または同意が効果を生じていないことが主張される場合は，この限りでない[8]。

— 同意が効果を生じない事例[9]

— 生殖の医学的介助に同意した後，それにより生まれた子と認めない者との婚姻外での父子関係を裁判上宣言するよう求め，また，その者に対し責任追及訴訟をすることは可能であること。

2 第1157-2条に規定する証書には，この通知がされたことを記載する。

（徳田和幸）

---

[7] 2006年6月1日デクレ第640号第19-Ⅶ条
[8] 民法典第311-20条第2項の内容である。
[9] 民法典第311-20条第3項は，介助生殖の実行前に，死亡等の一定の事由が生じた場合または書面により同意が取り消された場合には，同意が効果を生じない旨を規定している。

第7章　遺棄の宣言[1]

【前注】
(1) 養子縁組における両親の同意拒否に対する方策

　養子縁組においては父母の同意を要件とするが，同意を不当に拒否する例がある。親が子の養育に無関心でありながら[2]実親子関係をなお維持しようとして，養子縁組につき同意を不当に拒否するケースである。

　民法ではこのようなケースにつき両親の養子縁組の拒否に対抗して3つの手段が用意されている[3]。

(ア)　親権剥奪の裁判

　両親のこの養育につき無関心の状況が2年間継続するとき，両親の親権を剥奪し，その裁判によって指定された者が養子縁組につき同意を与えることができる。

(イ)　両親の同意の拒否を濫用的拒否と宣言する。

　両親の子に対する無関心から，子の健康，品行，道徳などが危険にさらされるおそれがあるとき，父母の同意の拒否を濫用的拒否と宣言する裁判である。この方法は，子への影響の重大性から無関心の期間は要件になっていない（遺棄の宣言は無関心の期間1年）。子の健康，品行，道徳を危険にさらしているか否かは養子縁組事件担当の裁判官によって判断される。

(ウ)　遺棄の宣言

　本章において定められている手続である。

1　1981年5月12日デクレ81-500号。
2　désintérêt を稲本洋之助「フランスの養子制度」ジュリスト784号110頁以下にならって「無関心」と訳した。
3　Alain Benabent, Droit civil, La famille, n°795による。
　なお，代理母と代理母出産を依頼した卵子の提供者夫婦との契約により，その子を卵子提供者夫婦の子とするため，出産前より養子縁組を約することになる。ここで代理母の子の遺棄が問題となる。この問題に関するフランスの状況については，野村豊弘「フランス判例における代理母と養子縁組」加藤一郎先生古希記念『現代社会と民法学の動向（下）』（有斐閣・1992）595頁以下。ただ，この論文には，フランスではこのようなケースにおいて非営利団体が仲介するので，その団体の活動が認められるかが行政裁判であらそわれているだけで，遺棄の宣言の問題にまではなっていないようで，この問題への言及はない。

(2) 遺棄の宣言に関する民法の規定

遺棄の宣言は養子縁組に関する民事訴訟法典第8章の規定と密接な関係がある。養子縁組に関する詳しい説明は次章に譲ることとするが，遺棄の宣言に直接関連を有する事項については，簡略ではあるが，ここでも言及することとする。

遺棄の宣言に関する民法典の規定は，第350条ほかに置かれている。養子縁組においては父母の同意が必要となるが，両親の不当な同意の拒否等から子を保護する方法の一つとして遺棄の宣言がある。養子縁組に関する現行法のもととなったものは民法典1966年の改正法であるが，その後も1976年に改正され[4]，遺棄の宣言に関する民法典第350条についても2項が新設され，さらに1993年，1999年にも部分的な改正がなされた[5]。

民法典第350条には概略次のような規定がおかれている。

(ア) 子が個人，施設あるいは児童社会扶助機関に引き取られている場合，両親が1年以上にわたって明らかに無関心であるときは，大審裁判所は遺棄の宣言をする。両親が明らかに無関心のとき，1年の期間満了の時点で子を引き取っている個人，施設あるいは児童社会扶助機関は遺棄の宣言の申立てをしなければならない。

(イ) 情愛のつながりの維持に必要な関係を子との間で保たなかった親は，その子について明らかに無関心であったものとみなされる[6]。

(ウ) 養子縁組の同意の撤回は，子が両親に引き渡されない限り，遺棄の宣言の申立てを拒絶するだけの関心を有することの証明にはならない。

(エ) 第1項の期間内にその子の親族が子の養育を引き受けることを申し立て，その申立てがその子の利益になると判断された場合には遺棄の宣言はされない。

(オ) 子に遺棄の宣言がされたとき，裁判所はその遺棄の宣言において子の親権を児童社会扶助機関，施設あるいは個人に委譲する。

(カ) 第三者異議の申立て[7]は，詐欺，不正な手段あるいは人違いの場合に

4　Loi n° 76-1179 du 22 déc.1976.
5　Loi n° 93-22 du 8 janv. 1993, loi n° 96-604 du 5 juill. 1996.
6　稲本・前掲論文ジュリスト784号112頁の訳による。
7　la tierce opposition. ここでは遺棄の宣言の取消の申立てを指す。

限って受理される[8]。
　なお，遺棄の宣言は養子縁組の同意とみなされるものではなく，その子の養子縁組に際しては親族会[9]の同意を得なければならない。未成年者の養子縁組の同意権は委譲されることはないとされている[10]。

第1158条
　遺棄の宣言の申立ては，子の居住する地の大審裁判所にされる。申立てが児童社会扶助機関から提出されるときは，子が引き取られた県の県庁所在地の大審裁判所にされる[11]。

第1159条
　審理は，訴訟事件手続の規定に従う。

第1160条
　申立ては書記課に提出する申請書によってされる[12]。
　2　申立ては，また共和国検事に提出する申立人自身の単純申請書によってもすることができる。共和国検事はこれを裁判所に送付しなければならない[13]。
　3　書記は受取人の受領書付書留郵便で関係人を呼び出す。

第1161条
　事件は，検察官の意見を聴いた後に，申請人の出席のもとに，評議部において審理し，弁論する。弁護士の関与は義務ではない。

8　第三者異議の申立てが受理される場合として，《en cas de vol, de fraude ou d'erreur sur l'identité de l'enfant》がある。
9　原語は le conseil de famille.
10　Dalloz:CPC 2010 Art.350の注釈による。
11　（民法典第350条）遺棄の宣言の訴権は養子縁組の計画が進められている子にのみかかわるものではない。縁組の準備が進められていなくても遺棄の宣言の申立てはできるとの趣旨か。
12　申請書の提出について特別に期限は付されていない。
13　「単純申請書」の意義や申立人「自身」という限定がなぜついているのか，明らかでない。

2　両親または保護者は聴取されるか，呼び出される。これらの者が行方不明の場合には，裁判所は家族の利益のために調査をさせることができる。その場合，裁判所は6か月を超えない期間，裁判を延期する。
　3　判決は，公開の法廷で言い渡される。その判決は書記によって，申立人，両親，そして場合により後見人に送達される。

第1162条

　必要があるときは，裁判所は，同一の方式でかつ同一の判決で親権の委譲に関しても裁判する。

第1163条

　控訴は，代理強制を伴わない手続の規定に従って行われる。控訴は第一審に適用される規定によって審理され，判決される。
　2　不服申立ては，判決が送達された者にも，検察官にも許される。

第1164条

　子の回復[14]の申立ては，本章の規定に従う。

（上北武男）

---

[14] 完全養子縁組においては，縁組判決の少なくとも6か月前に，子が養親に託置されることを必要とする。託置の目的は実方の家族による返還請求，認知その他の親子関係の宣言を禁止することにある（第352条）。
　したがって，子の親子関係が立証されていないときは，直ちに託置の効力を認めず，養親による受入れ後，3か月をおく（第351条第2項）。また，親から返還請求をするときは，その裁判を待って行う（同条第3項）。

第8章　養子縁組[1]

【前注】

　フランスにおける養子縁組の制度については，民法典第1巻「人」第8編「養子による親子関係（De la filiation adoptive）」（1966年7月11日法律66-500号により改正された第343条から第370-5条）に実体規定があり，これを承けて，民事訴訟法典第3巻「特定の事件に関する特別規定」（第1038条から第1441-1条）第1編「人」第8章「養子縁組（L'adoption）」（第1165条から第1178-1条）に養子縁組の手続に関する規定が置かれている。このほか，養子縁組に関する重要な法源として，「社会福祉・家族法典（Code de l'action sociale et des familles）」（とりわけ第2巻第2編第5章［第L. 225-1条以下］）がある。この法典は，国の被後見子の養子縁組（第1節），養子縁組の資格を与えられた組織（第2節），フランス養子縁組機構（Agence française de l'adoption）（第3節）および国際養子縁組（第4節）について規定している。

　フランス民法典における養子縁組規定の内容には，日本法と顕著に異なる特徴がある。

(1)　養子縁組の種類

　これには，完全養子縁組（adoption plénière）（仏民［以下，この前注において同じ］第343条から第359条）と単純養子縁組（adoption simple）（第360条から第370条の2）とがある。両者は，要件，手続，効果を異にする。前者は，本来の（出生による）実親子関係に代えて新たな親子関係を創設するもので，養子は，婚姻の禁止を除いて，血縁による家族関係から離脱する（日本の特別養子に類する）（第356条）。これに対して，後者は，養子が，本来の（出生による）家族関係にとどまるもので，その権利（とくに相続権）を維持する（第364条）。しかも，これらのうちでは，条文の順序が示すように，前者が原則であり，日本法とは原則と例外が反対である。

(2)　完全養子縁組

---

[1] Décret n° 81-500 du 12 mai 1981 instituant les dispositions des livres III et IV du nouveau Code de procédure civile et modifiant certaines dispositions de ce code. 本章の規定は，その後，Décret n° 84-618 du 13 juillet 1984, Décret n° 93-1091 du 16 septembre 1993, Décret n° 2006-640 du 1er juin 2006 などによって，再び改正された。

(ア) 養親の要件

　養親となるものが夫婦である場合には，別居しておらず，2年以上の婚姻期間があるか，または双方が28歳以上であること（第343条）が必要であり，養親が夫婦でない場合には，28歳以上である者（1996年7月5日の法律により改正：改正前は30歳以上）（第343-1条）でなければならない。この年齢要件は，配偶者の子を養子とする場合には，適用されない（第343-2条）。

　配偶者の子を養子とする場合には，さらに一定の制約がある（第345-1条）。夫婦の養子になるほか，何人も複数の者の養子となることはできない（第346条）。それゆえ，夫婦でないカップルは，PACS（民事連帯協約）の場合であっても，養親となることができない。

　また，養親は，養子より15歳以上年長でなければならない（裁判所が正当な理由があると認めるときは，これより少ない年齢差でも認められる）（第344条）。

(イ) 養子の要件

　養子となることができる子は，①両親または親族会（conseil de famille）が養子縁組について有効に同意した子，②国の被後見子（pupille de l'État），③第350条に定める条件で遺棄されたことを宣言された（déclaré abandonné）子である（第347条）。

　①は，第一に，15歳に達しない子であって，かつ，養親となる者と少なくとも6か月以上同居していることが必要である（第345条1項）。第二に，15歳以上の子でも，15歳に達する以前に養親となる法律上の要件を満たしていない者と同居していた場合，またはこの年齢に達する前に単純養子縁組があった場合には，その子が成年に達するまでの間もしくは成年に達した後2年間は，縁組の請求をすることができる（同条第2項）。この同居は「預入れ（placement）[2]」と呼ばれ，その主な目的は，第三者とりわけ実親との関係で一定の効果を生じさせること，具体的には，預入れが開始されると，実親等から子の返還請求をすることや親子関係の新たな宣言および認知が禁止される。

　子が13歳以上である場合には，養子縁組に自ら同意しなければならない（第345条第3項。1996年7月5日の法律により改正：改正前は15歳以上）。

2　訳者によって，「託置」，「収養」など様々に訳されている。

第8章　養子縁組（前注—第1165条）

(ウ)　養子縁組の同意

養子となるためには，実方の両親の同意がなければならない（第347条・第348条）が，一方が同意をすることが不可能な場合には，他方の同意でよい（第348条2項）。両親ともに同意をすることが不可能な場合には，親族会の同意でよい（第348-2条）。

(エ)　養子縁組の効果

養子縁組は，その申請を寄託した日からその効力を生じる（第355条）。

完全養子縁組は，すでに述べたように，養子を実方の家族関係から離脱させる。

養子は，養親の氏を称するが，養親の請求によって，裁判所は，子の名（prénom）も変えることができる（第357条）。

養子は，養親の家族において，実子と同様の権利義務を有する（第358条）。

完全養子縁組は，取り消すことができない（第359条）。

(3)　単純養子縁組

単純養子縁組にも，完全養子縁組の規定が準用されるが（第343条から第344条，第346条から第350条，第353条，第353-1条，第353-2条，第355条および第357条第4項第5項），以下の点で，完全養子縁組と異なる。

単純養子縁組は，養子となる子の年齢にかかわらずすることができる（第360条）。

養子は，実親の氏に加えて養親の氏を称する（第363条）。

養親は，養子に対して，親権および婚姻の同意権のみを与えられる（第365条）。

養子は，養親の家族において，相続権を与えられるが，遺留分権利者の資格はない（第368条）。

重大な理由がある場合には，養子または養親の請求によって，縁組を解消することができる（第370条）。

第1節　養子縁組の同意

第1165条

養子縁組の同意[3]を受領する権限を有する者は，その同意を与える者に対

して，その撤回の可能性および撤回の方式について通知しなければならない。
　２　民法典第348-3条[4]に定める証書には，この通知が行われたことを記載する。

第２節　養子縁組の手続[5]

第1166条
　養子縁組のための申立ては，大審裁判所にされる。
　２　管轄裁判所は，次のとおりとする。
　一　申請人がフランスに居住している場合には，その者が居住する地の裁判所
　一　申請人が外国に居住している場合には，その養子縁組を求められた者が居住する地の裁判所

　３　実親は，有効に同意する権利のみを有する。縁組の申請は，養親からする。
　　民法典第348条：子が両親と親子関係を有するときは，両親のそれぞれが養子縁組に同意しなければならない。
　　両親の一方が死亡しているときもしくはその意思を表示することができないとき，または親権を喪失しているときは，他方の同意で十分である。
　　民法典第348-1条：子が両親の一方のみと親子関係を有するときは，その親が養子縁組の同意をする。
　　民法典第348-2条：子の両親が死亡しているとき，またはその意思を表示することができず，もしくは親権を喪失しているときは，同意は，その子を養育している者の意見を聞いて，親族会がする。
　　子に親子関係がない場合も同様とする。
　４　民法典第348-3条：養子縁組の同意は，同意をする者の住所もしくは居所を有する地の小審裁判所主任書記，またはフランスまたは外国の公証人，またはフランスの在外公館もしくは領事に対してする。
　　養子縁組の同意は，２か月間は撤回することができる。撤回は，養子縁組の同意を受領する権限を有する者または当局に対して，配達証明付書留郵便でしなければならない。
　　口頭によるものでも申立てに基づいて両親に対して子を引き渡したときは，撤回の証明に相当する。
　　２か月の期間満了後に同意が撤回されなかったときでも，両親は，子が養子のために身柄を移転していなかったことを条件に，子の取戻しを請求することができる。子を引き取った者が返還を拒否したときは，両親は，子の利益を考慮して，返還を命ずることができるか否かを評価する裁判所に，事件を係属させることができる。
　５　以下，本節の規定は，完全養子縁組と単純養子縁組の双方に共通の規定である。

第8章　養子縁組（第1166条―第1170条）

― 申請人およびその養子縁組を求められた者が外国に居住している場合には，申請人がフランスにおいて選択した裁判所

第1167条

養子縁組を目的とする訴えは，非訟事件[6]に属する。

第1168条

申立ては，申請書によってされる。

2　養子縁組を求められた者が15歳に達する前に申請人の家庭に引き取られていた場合には，申請人は，自ら[7]，共和国検事に宛てた単純申請書によって，その申立てをすることができ，共和国検事は，これを裁判所に送付しなければならない[8]。

第1169条

申請書には，申立てが完全養子縁組を目的とするか，単純養子縁組を目的とするかを明示しなければならない。

第1170条

事件は，検察官の意見[9]を聴いた後，評議部において審理し，弁論する。

---

[6] フランスの非訟事件手続は，紛争（＝争訟性）（litige）がないことが前提である（本法典第25条第1項）。手続には，後に述べるように，弁護士の関与が求められる。

[7] 本項の規定は，第一に，養子縁組の申立ては大審裁判所に対してするという原則（第1166条第1項）に対して，例外的に，共和国検事に対してすることができる場合を認めている。第二に，非訟事件手続においても，弁護士の関与が必要であるが，1984年7月13日デクレ84-618号による改正によって，共和国検事に対する申請は，弁護士の関与を必要としない（「自ら」という文言によって）ことが明らかにされた。

[8] 改正前の条文（Art. 6, 2ᵉ alinéa, Décr. nº 66-903 du 2 décembre 1966 relatif aux procédure de déclaration d'abandon et d'adoption）：養子縁組を求められた子が15歳に達する前に養親の家庭に引き取られていた場合には，申請〔書〕は，共和国検事に宛てることができ，共和国検事はこれによって裁判所に事件を受理させる。

[9] 検察官の意見は，法律の適用および養子縁組がこの利益に合致するか否かに関するものである。Buffelan-Lanore, Adoption, Juris-Classeur Procédure civile, Fasc. 930, nº 116.

第1171条

　裁判所は，養子縁組に関する法律上の要件が充足されているか否かを，その申請書の提出，または第1168条第2項に定める場合にはその送付から6か月以内に審査する[10]。必要がある場合には，裁判所は，資格を有するあらゆる者による調査をさせる。裁判所は，必要と思われるあらゆる検査を行わせるために，医師に委託することができる。

　2　裁判所は，社会福祉活動・家族法典第L.221-7条および第L.221-8条[11]に規定する条件の下で，国の後見に付されている子に関する情報を収集することができる。

第1173条

　裁判所は，完全養子縁組を目的とする申請を受理した場合であっても，申請人の同意を得て，単純養子縁組を言い渡すことができる。

10　改正前の条文：裁判所は，養子縁組に関する法律上の要件が充足されているか否かを調査する。

11　同法典第L.221-7条：共和国検事は，養子縁組手続〔の機会〕において，当局が収集した子に関する書類の内容を知ることができる。いずれの場合にも，子に対する社会扶助当局は，自発的または共和国検事の申立てに基づいて，国の後見に付されている子に関するあらゆる情報を共和国検事に提供することができる。こうして得られた情報は，いかなる手続の機会においても，明らかにされ，裁判所の決定において記載されてはならない。これらの情報は，司法権に属する司法官にのみ通知することができる。

　同法典第L.221-8条：法令が出生証書の提出を求めているすべての場合において，民法典第58条に定める条件で仮の出生証書が作成されなかった場合および秘密を保持する必要がある場合には，県における国の代理人またはその代理人に宛てられた出生地証明によってこれを補うことができる。

　ただし，国の後見に付されている子もしくはかつて付されていた子の（については）身分証書が保持されている場所，または親もしくは後見に付されているもしくは付されていた子を引き渡した者の身分証明書が保持されている場所が，刑事手続において請求をした司法権に属する司法官に通知される。

　これらの情報は，この手続中には明らかにされず，またはこれに関する裁判において記載することはできない：　このほかに，これらの情報が，利害関係人またはその職務に基づいて刑法典第226-13条および第226-14条に定める守秘義務を負わないあらゆる者に知らされないように，あらゆる措置がとられる。

第1174条

　判決は，公開の法廷で言い渡される。その主文には，完全養子縁組であるか単純養子縁組であるかを明示し，第1056条[12]に定める事項を含める。主文には，また，民法典第356条第2項[13]を適用して完全養子縁組が言い渡された場合には，養子と実親子関係が存続する配偶者の氏名の表示を含める[14]。

第1175条

　必要があるときは，裁判所は，同一の方式で，養子とする子の名の変更について，また，単純養子縁組の場合には，その子の氏について言い渡す[15]。

第1176条

　不服申立ては，検察官に〔も〕許される[16]。

第3節　単純養子縁組の撤回に関する手続

第1177条

　〔撤回〕の手続は，訴訟事件手続の規定に従う。
　2　事件は，検察官の意見を聴いた後に，評議部において審理し，弁論す

12　民事訴訟法典第1056条に定める事項は，当事者の氏名，場合によって，登録が行われた場所，証書作成の日付および場所である。
13　民法典第356条第2項：ただし，配偶者の子の養子縁組は，子の配偶者およびその親族との生来の親子関係を維持する。当該養子縁組は，その他の部分については，夫婦による養子縁組の効力を生じる。
14　民法典第353条：養子縁組は，養親の申請に基づいて，裁判所による事件の受理から6か月以内に，法律上の要件が充足されているか否かおよび養子縁組が子の利益に合致するか否かを調査する大審裁判所によって言い渡される。
　養親に卑属がある場合には，裁判所は，この他，養子縁組が，性質上，家族の生活を危険にさらすことになるか否かも調査する。
　養親が，養子縁組のために子を適正に引き取った後に死亡したときは，申請〔書〕は，その名で，生存する配偶者または養親の相続人の一人から提出することができる。
　子が，養子縁組のために適正に引き取られた後に死亡したときも，申請〔書〕を提出することができる。判決は，死亡の前日に効果を生じ，子の身分の変更の効果だけを生ずる。
　養子縁組を言い渡す判決には理由を付さない。

る。

  3　判決は，公開の法廷で言い渡される[17]。

第1178条

控訴は，訴訟事件として提起される。控訴は，第一審に適用される規定に従って審理され，判決される[18]。

第4節　共通規定

第1178-1条

破毀申立ての期間は，養子縁組に関する裁判の執行を停止する。この期間内に行われた破毀申立ても，同様に，執行を停止する。

（西澤宗英）

15　民法典第357条：養子縁組は，子に養親の氏を与え，夫婦による養子縁組の場合には，夫の氏を与える。
　　夫婦による養子縁組の場合には，子に与えられる氏は，第311-21条に定める規定を適用して定められる。
　　養親の申立てに基づいて，裁判所は，子の名を変更することができる。
　　養親が婚姻している女性または男性である場合には，裁判所は，養子縁組の判決において，養親の申立てによって，配偶者の同意がある場合には，その配偶者の氏が子に与えられることを定めることができる。裁判所は，同様に，養親の申立てにより，かつその配偶者の同意がある場合には，両者の氏をその選択する順序で，両者のそれぞれの家族の氏の範囲で連結した氏を子に与えることができる。
　　養親の夫または妻が死亡し，またはその意思を表示することが不可能なときは，裁判所は，死者の相続人またはそのもっとも近い相続権者の意見を聴いた後に，職権で判断する。
　　単純養子縁組の場合について，民法典第362条および第363条は，次のように規定する。
　　第362条：単純養子縁組を言い渡す判決が既判事項の確定力を生じた日から15日以内に，判決は，共和国検事の申請により，身分登録簿に記載または登録される。
　　第363条：単純養子縁組は，養子に，養子の氏に附加して養親の氏を与える。
16　この場合には，第1170条の場合と異なり，検察官は，主たる当事者となる。
17　民法典第370-1条：養子縁組を撤回する判決には理由を付さなければならない。
　　〔この判決の〕主文は，第362条に定める要件で，出生証書または養子縁組判決の登録の余白に記載される。
　　民法典第370-2条：撤回は，将来に向けてのみ，養子縁組のすべての効力を停止させる。
18　第1177条第2項・第3項の方式（審理は評議部，判決は公開法廷）となる。

第 9 章 親　　権

【前注】
　本章は親権に関する諸規定である。フランスでは親権は，子の利益を目的とした，子の身上監護（監督権＝居所指定，交渉・交際監督，健康保護，教育権＝教育形態，宗教選択，就学義務保障）および財産に関する親の権利・義務の総体，と考えられている[1]。またその行使は，婚姻中は父母が共同して行い，父母が婚姻関係になくても，あるいは婚姻していた父母が別々に暮らしていても，共同行使が原則とされている[2]。我が国では離婚後は単独親権となるので，この点フランスは特徴的である。

　本章はこのような親権について，まず第 1 節で行使方法（第 1 節第1179条から第1180-5条，親権の行使）について定め，続いて第 2 節において，親権行使が不十分な場合に備えた，国家による親権行使援助処分としての「育成扶助」処分（第 2 節第1181条から第1200-1条），および子を抱える家族に対する財政援助としての「家計の管理援助に関する裁判上の処分」（第 2 節の 2 第1200-2条から第1200-13条）について定める。

　また第 3 節および第 4 節では，親権行使が不可能または望ましくない事情が存在する場合における親権行使権限の移転（第 3 節第1202条から第1210条「親権の委譲，親権の全部または一部の剥奪」）および特別管理人制度（第 4 節第1210-1条から第1210-2条）を定める。その後最終節である第 5 節で，子を巡

1　民法典第 9 編第 1 章「子の身上に関する親権」第371-1条。同第 2 章「子の財産に関する親権」第382条第 1 項が親権の共同行使の原則を定め，また同法典第373-2条は，親の離別も親権（共同行使）には影響を与えない旨を定める。

　　親権全般の概要は，I. Carbonnier, Autorité Parentale, Exerce de l'autorité parentale, J-Cl Code Civil art.371 à 387, fasc.10, pp. 2 ～10参照。親権の行使については Carbonnier, op.cit., p.10 et s.; I.Carbonnier, Autorité Parentale, Attribut de l'autorité parentale relatif au patrimoine de l'enfant: la jouissance légale, J-Cl Code Civil art.371 à 387, fasc.20　邦文では，田中通裕「フランスの親権法」民商136巻 4 ・ 5 号465頁（以下同論文を引用するときは田中・親権法と略称する）が詳しい。なおフランスにおける親権の沿革については，德永幸子「親権法の変遷に見る親権概念―フランス，ドイツ，日本に焦点を当てて」活水論文集57巻（2014）123頁—127頁にまとめられている。安見ゆかり「フランスにおける育成扶助・親権委譲・親権喪失（retrait）について」青法53巻 2 号165頁（2011）も参照されたい。

2　田中・親権法472頁。

る夫婦間の国際的な争いに関わり「子の不法な国際的移動」に関する諸規定（第5節第1210-4条から第1210-9条）を定めている。これは，EU理事会規則および「子の奪取に関する民事面に関する条約」の国内手続である。

なおフランスでは，2013年に同性婚を認める法律が制定され (la loi n° 2013-404 du 17 mai 2013 ouvrant le mariage aux couples de personnes de même sexe : JO 18 mai 2013)，同性婚の家庭でも，子が異性婚の家庭と同様に，法律親の下で暮らせるように，民法典第371-4条を補完している。

さらに，同性婚の家族の子の利益を保護するために，判例および法令（たとえば民法典第6-1条，同性カップルに婚姻を開く2013年5月17日法律404号の適用および身分証書ならびに民事訴訟法典に関するいくつかの規定を改正する2013年5月24日デクレ429号など）が様々な点を調整している（男女間の現実的平等について，2014年8月4日法律873号第28条による民法典第373-2-2条第2項）。また近年は親権行使の問題について和解前置が義務付けられている。

婚姻が渉外的要素を有する場合について，上記の2013年5月17日法律が，法抵触に関する措置を民法典第202-1条および第202-2条に挿入した。これらによれば，少なくとも配偶者の一人がフランス人であるか，または民法典第74条の要件のもとでフランスに居住する場合，フランス法が適用されることになる。

第1節　親権の行使

第1179条

　家族事件裁判官の管轄に属する親権の行使に関する申立ては，本節に別段の定めがある場合を除き，本編第5章に定められた規定にしたがって，提起され，審理され，判決される。

第1179-1条

　民法典第373-2-8条[3]および第373-2-13条[4]の適用のために，共和国検

---

[3] 民法典第373-2-8条は，裁判官は親権の行使方法や子の養育および教育の分担に関して宣言するために，親または検察官の請求に基づき，事件を受理することができるという規定である。

事[5]は，第三者の単純申請によって事件を受理したときは，未成年者および家族の状況に関して有用と認める情報を収集することができる。

第1180条
　民法典第371-4条[6]および第373-3条第2項[7]を適用してされた申立ては，大審裁判所において適用される訴訟事件手続の規定に従う。申立ては，検察官の意見を聴いた後に判決される。

第1180-1条
　民法典第365条および第372条に定められた共同の申告書は，子の居住する地の大審裁判所主任書記に対して3通を提出し，または書留郵便により送付する。
　2　申告書には以下の書類を添付する。
　1号　子の出生証書，および，場合により，子の単純養子を言い渡す判決の完全な写し
　2号　両親のそれぞれについては，その出生証書の完全な写し，ならびにその氏名，出生地，出生日，写真および署名を含む公共機関が交付する公式文書の写し
　3　主任書記は，共同の申告書の各通に，その査証と日付を付す。主任書記は，第665条から第670-3条に定められた条件に従って，書留郵便によって両親のそれぞれに1通を送達し，その1通を書記課に保管する。

---

[4] 民法典第373-2-13条は，親権行使条項に関する認可された合意または判決に含まれた条項は，親または検察官の請求により，いつでも変更または補充できるというものである。

[5] 山脇・育成扶助8頁によれば，フランスでは，子の保護は原則的に共和国検事の管轄とされる。

[6] 民法典第371-4条は，子に直系尊属との身上関係を保持する権利を認めたもので，子の利益によってこの権利が妨げられるときは，家族事件裁判官が，子と親またはそれ以外の第三者との関係について，形態を定めるとの規定である。

[7] 民法典第373-3条第2項は，裁判官が，例外的に，子の利益によって特別に要請される場合には，とりわけ親の親権行使が剥奪されているときには，裁判官は第373-2-8条，第373-2-11条にしたがって，第三者に子を委ねる決定をすることができる旨を定める。

第1180-2条

民法典第373-2-9条第2項[8]の適用によって，子の居所を仮に定める命令には，この処分の期間に加えて，新たに居所について裁判する弁論の場所および日時を記載する。

第1180-3条

家族事件裁判官が，民法典第373-2-6条を適用して，両親の許可なしに未成年子が出国することを禁止する処分を言い渡し，または修正する場合は，家族事件裁判官の書記課は，ただちにこのことを共和国検事に通知し，検事はこの処分を捜索対象者ファイルに記載させ，または記載を修正させる。

2 離婚または別居の申請書に，両親の許可なしに未成年子が出国することを禁止する処分を含む執行中の保護命令の存在が記載されている場合は，家族事件裁判官の書記課は，ただちに共和国検事にこのことを通知する。共和国検事は，第1136-13条に定める条件が充足されていることを確認した後に，それによって，捜索対象者ファイルの，この処分の有効期間に関する記載を修正させる[9]。

第1180-4条

Ⅰ 民法典第373-2-6条の適用により，両親双方の許可を得ずに出国することを禁止した家族事件裁判官の処分の対象となる未成年子の出国は，本条Ⅱ，ⅢおよびⅣが定める方式に従って，両親それぞれの同意を得ることを条件とする。

Ⅱ 両親のそれぞれは，共同で，もしくは別々に，司法警察官の前で，ま

---

8 民法典第373-2-9条第2項は，子の身上監護に関する親権の1つとして，子の居所の形態について，一方の親の申立てにより，または両親が一致しない場合，裁判官は，期間を定めて，仮に交替居所を命じることができ，この期間終了時に，子の最終的な居所を，両親または一方の親の住所に定める旨の規定である。

9 第1136-13条は離婚・別居裁判の確定まで保護命令の効力が延長されるとの規定であり，本条はその期間の修正を捜索対象者ファイルに記載するとの趣旨である。なお，2010年7月9日法律は，民法典第373-2-6条を修正し，第3項において，未成年者が両親の許可なしにフランス領土を離れることの禁止処分を言い渡すことを認め，子の処分を捜索人名簿に載せることを規定したが，これは国際結婚破綻に伴う子の違法な奪取に対する一対策と考えられる。

たは司法警察官の監督のもとに司法警察職員の前で，出国が認められる期間および渡航先を明示して，子の出国の許可を申告する。この申告は，未成年子の出国が予定されている日の遅くとも5日前までに行われる。ただし，出国の予定が家族構成員の死亡を理由とし，または適法に正当化された例外的事情がある場合を除く。

 2 申告の際，司法警察官[10]または司法警察職員[11]は，申告者の身元および申告者が子の親であることを確認する。

 3 調書は，司法警察官または司法警察職員および申告者である両親の一方または双方が作成し，署名する。受領証は，申告者である親のそれぞれに交付される。

 4 司法警察官または司法警察職員は，情報提供のために，共和国検事に調書を送付する。共和国検事は，捜索対象者ファイルの管理者がファイルに許可の登録をするために，有用な情報をファイルの管理者に，遅滞なく伝達する。

 III 未成年子が両親と旅行するときは，IIの規定は適用されない。

 IV 未成年子が両親の一方のみと旅行する場合，IIに定められた手続は，出国の際に未成年子に同行する親の許可については，適用されない。他の親の許可は，未成年子が出国する前に，IIに定められた手続に従って得られる。

第1180-5条

　裁判官は，面会交流権[12]について仮に，または本案として裁判し，訪問権または子の引渡しが民法典第373-2-1条もしくは第373-2-9条の適用により指定された面会場所で行われるものとするときは，その処分の期間を定め，面会の頻度および面会期間を特定する。

 2 裁判官は，いつでも，職権で，当事者の共同もしくは一方の申立てに

---

10 原語は officier de police judiciaire。司法警察官という訳語は山口・辞典によったが，その意味は刑事訴訟法典第L.16条参照。市長なども含まれる。

11 原語は agent de police judiciaire。司法警察職員という訳語は山口・辞典によったが，その意味は刑事訴訟法典第L.20条参照。国家警察職員または憲兵隊職員を意味する。

12 原語は droits de visite et d'hébergement であり，日本法ではその双方を含んで面会交流権と呼んでいるのでこのように訳した。

より，または検察官の請求により，その裁判を修正し，または取り消す[13]ことができる。

　3　処分の実施が困難な場合には，面会場所を管理する者は，直ちに，裁判官にそのことを伝える。

第2節　育成扶助[14]

【前注】

　本節は，親権の行使が十分に果たされない場合に国家によって行われる，親権行使援助処分（育成処分）について定めたものである。

　育成扶助処分は，そもそも1958年12月23日第1301号オルドナンスに制度的萌芽が見出され，1970年6月4日法律による大幅な改正によって確立した制度で[15]，未開放の未成年者が，健康，安全もしくは精神上の危険にさらされている場合，または教育条件が重大に侵害されている場合に，民法典第375条から同法典第375-8条によって認められた子の身上監護の確保を目的とする[16]。これは子の利益を重視した，少年事件裁判官による処分で[17]，子の心情に配慮し，可能な限り子を現在の環境において健全に育成することを目的として，専門家による家族への指導など多様な内容を準備している。しかもこの処分は，適宜に命じ取り消すことができるという，非常に柔軟な処分である。

　育成扶助処分は，少年事件裁判官に対する父母の共同申請，父または母の

13　原語は rapporter であり，annuller ではない。

14　本制度は2007年3月5日法律によって改正されている。2007年にいたるまでの改正の歴史については J. Eschylle et M. Huyette, Autorité palentale, Assistance éducative, Champ d'application, Conditions, J-cl.Civil Art.371 à 387, Fasc.20, pp. 5-8 参照。育成扶助については J. Eschylle et M. Huyette, Autorité palentale, Assistance éducative, Modalités-effets Art.371 à 387, Fasc.21. も詳しい。邦文では山脇・育成扶助が詳しい。また田中通裕・親権法は，親権全般について網羅的に詳述している。民法典では第375条以下に定められている。

15　Blanc, p.698.

16　Eschylle et Huyette, Modalités. *op.cit.*, p.3. なお育成扶助期間は2年で更新することができる。民事訴訟法典第1199-1条2項および第1200-1条2項参照。

17　山脇・育成扶助8頁によれば，フランスでは，子の保護は原則的に共和国検事の管轄とされる。

申請，後見人（gardien ou tuteur）の申請，未成年者本人の申請，共和国検事の申立て，裁判官の職権による受理で開始される。処分は子供単位で行われ，親権行使援助の処分である（親権剥奪処分ではない）ことから，処分に抵触しない範囲において親の親権行使が認められる。したがって，たとえ子の利益の観点から，例外的に子を現在の環境から引き離して他方配偶者や信頼できる第三者等に委ねる場合であっても，親権への配慮が施されている。わが国の親権に関する諸制度と比較しても非常に興味深い制度であり，近年のわが国の実情に鑑みるとき，参考になるものと思われる。

第1181条

　育成扶助の処分は，場合により，両親のいずれか，未成年後見人の居住する地，または子を預かった者もしくは機関の所在地の少年事件裁判官[18]によって行われる。これらの者がいないときは，未成年者の居住する地の裁判官によって行われる。

　2　前項に定める者が居所を変更するとき，裁判官は，新たな居所の裁判官のために，理由を付した命令によることなく，自ら職務解除をする。

　3　社会福祉活動・家族法典第L.228-4条[19]に定めるように，県の変更の場合には，旧居所の県会議長および新居所の県会議長は，職務解除を通知される。

---

[18] 山脇・育成扶助8頁によると，少年事件裁判官とは，大審裁判所の裁判官であり，この裁判官が，30歳以上の男女2名の参審員と共に，少年裁判所を構成することになる。

[19] 社会福祉活動・家族法典第L.228-4条とは，第L.228-3条および本編第2章に定める子への社会救助給付（les prestations d'aide sociale à l'enfance）について，財政的に負担すべき県（départment）およびその手続を定める規定である。この社会福祉活動・家族法典第L.228-3条も，子への社会援助（l'aide sociale à l'enfance）の一環として，援助費用負担者および負担対象項目を定めた規定である。なお岡村美保子「家族に関する法律—Loi n° 86-1307 du 29 décembre 1986 relative à la famille」外国の立法27巻3（155）号（国立国会図書館調査立法考査局）140頁（以下同論稿からの引用は岡村・家族に関する法律と略称する）および清水・家族給付，岩村正彦「EC社会保障規則による家族給付の支給調整(1)(2)」法学53巻2号1頁，同56巻2号1頁（以下同論文からの引用は，岩村・調整(1)(2)と略称する）を参照すると，現行の社会福祉活動・家族法典に定める種々の家族給付は，従来は多様な形態の給付とともに社会保障法典に定められていたようである。

第1182条

　裁判官は，共和国検事に手続開始を通知する[20]。両親のそれぞれ，後見人，または子を預かった者もしくは機関が申立人でないとき，裁判官は，これらの者にもその旨を通知する。

　2　裁判官は，両親それぞれ，後見人，子を預かった者または機関の代表者および事理弁識能力ある未成年者を審問し，この事件係属の理由を知らせる。

　3　裁判官は，聴取が有用と思われる他のすべての者を審問する。

　4　両親，後見人，子を預かった者または機関の代表者，ならびに未成年者に対して送られた，手続開始通知および呼出状には，第1186条の規定に従って補佐人を選任し，または職権により自己に補佐人を選任するよう請求する当事者の権利を記載する。通知および呼出状によって，第1187条の規定に従い，事件記録を閲覧することができる旨を当事者に通知する。

第1183条

　裁判官は，職権で，または当事者もしくは検察官の申請に基づき，未成年者ならびにその両親の人格および生活条件に関するあらゆる情報収集処分を，特に社会的調査，医学的検査，精神・心理鑑定[21]または教育的調査・指導処分によって，命じることができる。

第1184条

　民法典第375-5条第1項[22]に定める仮の処分，および本法典第1183条に定める情報収集処分は，緊急性が特に理由付けられる場合を除いて，第1182条に定める両親のそれぞれ，後見人，子を預かった者または機関の代表者，および事理弁識能力のある未成年者の聴取をした場合にのみ行うことができる。

20　子の保護は原則的に共和国検事の管轄である。

21　社会的調査，医学的検査等の内容については，細谷泰暢「フランスにおける離婚訴訟の審理について」家裁月報54巻5号59頁（とりわけ80頁以下）に詳しい。

22　民法典第375-5条第1項によれば，処分手続期間中，裁判所は，預入または監視センターに未成年者を仮に留め，または同法典第375-3条規定の第三者への委託（confier）および同法典第375-4条規定の教育，再教育等の処分の一つを行うことができる。この処分に対しては控訴することができる。

2　〔子の〕預入れが，当事者の聴取を経ずに裁判官によって緊急に命じられたとき，裁判官は，その裁判から15日を超えない期間で定められた日にそれらの者を呼び出し，これをしない場合は，その未成年者は，それらの者の申立てに基づき，両親，後見人または子を預かった者もしくは機関に戻される。

　3　民法典第375-5条第2項[23]に従って，裁判官が，仮の預入れ処分を緊急に命じた共和国検事から事件を受理したときは，事件の受理から15日間を超えない期間内に当事者を呼び出して裁判し，これをしない場合は，未成年者は，当事者[24]の申立てに基づき，両親，後見人または子を預かった者もしくは機関に戻される。

　4　緊急の必要があるときは，民法典第375-5条第2項の規定に関わらず，未成年者が見つかった地の少年事件裁判官も仮の処分をすることができる。ただし，1か月の期間内に土地管轄権を有する裁判官のために自ら職務を解除しなければならない。

第1185条

　本案についての裁判は，仮の処分を命じる裁判から6か月の期間以内に行わなければならず，これをしない場合は，その子は，両親，後見人または子を預かった者もしくは機関の申立てに基づいて，これらの者に戻される。

　2　審理が前項に定める期間内に終結しない場合は，裁判官は，共和国検事の意見を聴いた後に，6か月を超えない範囲で，この期間を延長することができる。

第1186条

　事理弁識能力のある未成年者，両親，後見人または子を預かった者もしくは機関の代表者は，補佐人を選任し，または裁判官に対して，弁護士会会長

---

[23] 民法典第375-5条第2項は，緊急の場合，未成年者が発見された地の共和国検事に対して，管轄権を有する裁判官に8日以内に事件を受理させる負担の下で，仮の預入処分等の権限を認める規定である。

[24] 原語は leur である。民事訴訟法典第1184条との対比から，父・母・後見人または子を預かった者若しくは機関を指すものと思われる。

が職権でそれらの者のために補佐人を選任することを申し立てることができる。選任は，その申立てから8日以内になされなければならない。

　2　この権利は，関係人の最初の聴取のときに，それらの者に伝えられる。

第1187条
　　手続開始の通知の時から，聴取または弁論期日の前日まで，記録は，未成年者の弁護士，両親またはその一方の弁護士，後見人の弁護士，および子を預かった者または機関の弁護士が，書記課で閲覧することができる。弁護士は，専ら育成手続に利用する目的で，記録の書類の全部または一部の写しを自己に交付させることができる。弁護士は，このように入手した写しも複製も，自己の依頼人に交付することができない。

　2　記録は，また，両親，後見人，子を預かった者または機関の代表者および事理弁識能力ある未成年者の申立てに基づき，聴取または弁論期日の前日まで裁判官によって定められた日時に，これらの者が閲覧することができる。

　3　事理弁識能力ある未成年者による，この者に関する事件記録の閲覧は，両親，そのいずれか一方，または子の弁護士の立会いの下でのみ，行うことができる。両親が拒絶し，かつ関係人が弁護士を有しない場合は，裁判官は，未成年者を補佐するための弁護士の選任の申立てを弁護士会会長に受理させ，または，処分を命じられた育成機関に，この閲覧に同伴することを許可する。

　4　この閲覧が，未成年者，当事者または第三者に対して，深刻な身体的または精神的危険を引き起こすおそれがある場合で，弁護士が立ち会わないときには，裁判官は，理由を付した裁判によって，両親のいずれか，後見人，子を預かった者もしくは機関の代表者または未成年者による閲覧から，書類の全部または一部を除外することができる。

　5　記録は，本法典第1183条ならびに民法典第375-2条および第375-4条に定められた処分を命じられた機関も，同様の条件で，閲覧することができる。

　6　審理が終結したときは，事件記録は共和国検事に交付され，検事は，なすべき結果について書面による意見，または弁論期日に意見を表明する旨の表示を付して，15日以内にその事件記録を裁判官に返却する。

第1187-1条

　少年事件裁判官は，家族事件裁判官または後見裁判官に対し，それらの裁判官の下での訴訟手続の当事者が第1187条に基づき記録を閲覧する資格がある場合には，求められた書類を伝達する。その提出により，未成年者，当事者もしくは第三者に重大な肉体的または精神的危険を引き起こすおそれがある場合には，そのいくつかの書類を送付しないことができる。

　2　第1072-2条および第1221-2条に定める条件の下で，家族事件裁判官または後見裁判官は少年事件裁判官に対して，それぞれがした裁判の写しおよび少年事件裁判官が有用と認めるあらゆる書類を送付する。

第1188条

　弁論期日は，管轄区域内にある少年裁判所または小審裁判所の所在地において行うことができ，呼出状がこれを指定する。

　2　両親，後見人または子を預かった者もしくは機関は，および必要な場合は，未成年者も，少なくともその8日前までに呼び出される。当事者の補佐人にも通知される。

第1189条

　弁論期日において，裁判官は，未成年者，両親，後見人または子を預かった者もしくは機関，およびその聴取が有用と思われる他のすべての者を審問する。裁判官は，未成年者に対し，出席を免除し，または弁論の全部もしくは一部について退廷を命じることができる。

　2　当事者の補佐人は，その意見を審問される。

　3　事件は，検察官の意見を聴いた後に，評議部[25]において審理し，判決する。

第1190条

　裁判官の裁判は，8日以内に，両親，後見人または子を預かった者もしくは機関に対して，ならびに未成年者に補佐人が選任されていたときはその者

---

[25]　細谷・離婚訴訟63頁によれば，パリ大審裁判所における評議部は合議室で，通常法廷の脇にあり，非公開事件の弁論を行う。

に対しても，送達される。

  2　裁判の主文は，16歳以上の未成年者に対し，その者の状態によりこれを許さない場合でない限り，送達される。

  3　ただし，第1187条第4項を適用して閲覧からある書類を除外する裁判は，申立当事者に対してのみ，8日以内に送達される。

  4　いずれの場合においても，送達についての通知が共和国検事になされる。

第1191条

  裁判官の裁判に対しては，以下の者が控訴を提起することができる。

  ― 両親，そのいずれか一方，後見人または子を預かった者もしくは機関は，送達から15日の期間の満了まで。

  ― 未成年者自身は，送達から，または送達がないときは，その裁判を知った日から，15日の期間の満了まで。

  ― 検察官は，通知が届いた日から15日の期間の満了まで。

第1192条

  控訴は，第931条から第934条に定められた規定に従って行われる。

  2　裁判所書記は，両親，後見人，子を預かった者もしくは機関ならびに16歳以上の未成年者本人のうち自ら控訴しなかった者に対し，通常郵便で控訴を通知し，かつ，彼らに，後日控訴院に呼び出されることを通知する。

第1193条

  控訴は，少年事件裁判官の下で適用される手続に従って，控訴院の少年事件担当部が専ら評議部において[26]，審理し判決する。

  2　控訴院は，少年事件裁判官が民法典第375-5条の規定を適用して行った仮の預入れの裁判に対する控訴については，その申立てから起算して3か月以内に裁判する。

26　par priorité　評議部にかかるものと理解していたが，旧法典第888-12条では d'urgence という文言だった。それを新法で今の言葉に代えたという説明が Blanc の注釈にある。

第9章 親　権（第1191条―第1199条）

第1194条
　控訴院の裁判は，第1190条の規定に準じて送達される。

第1195条
　呼出しおよび送達は，書記課により，配達証明付書留郵便および通常郵便によりなされる。ただし裁判官は，それらが，場合により書記課の責任において執行士の行為によって，または行政的方法によって行うよう定めることができる。
　２　日付および署名が付された受領書との引換えによる判決謄本[27]の交付は，送達に相当する。

第1196条[28]
　破毀申立ては，検察官に許される[29]。

第1197条
　両親が負担すべき裁判の費用全額を支払えないときは，裁判官は，その負担額を定める。

第1198条
　裁判官は，民法典第375-3条および第375-5条の適用により行われる預入れ処分の対象となる未成年者を訪問し，または訪問させることができる。

第1199条
　裁判官は，未成年者が任意に，または裁判によって預け入れられた地の裁判官に，民法典第375-2条[30]および第375-4条に定められた処分のいずれかを行って，かつその適用を見守るために，自己の権限を委託することができ

27　原語は expédition である。
28　廃止された１項は，「破毀申立ての場合，当事者はコンセイユ・デタおよび破毀院付き弁護士の代理を免除される」と定めていた。
29　本法典第605条に基づき，当事者は当然に破毀申立てが可能と思われる。
30　民法典第375-2条は，第三者への預入れ処分を定める規定である。預入れ処分の前身は，懲戒権の拘束処分であったとされる。

る。

第1199-1条

処分の実施を任された組織または機関は，処分を命じた，または権限の依託を受けた少年事件裁判官に対し，裁判によって定められた期間ごとに，またはこの定めがなければ毎年，未成年者の状況と成長についての報告書を送付する。

2　2年を超える期間の預入れの場合も前項と同様とする。この報告書の送付がない場合には，少年事件裁判官は，預け入れられた未成年者の状態の結果を確認するために，弁論期日に当事者を呼び出す。

第1199-2条

民法典第375-7条第4項[31]最終文の適用による面会場所の選定は，少年事件裁判官に事前通知する。

第1200条

育成扶助の適用においては，未成年者およびその家族の宗教的または哲学的信条に配慮しなければならない。

第1200-1条

育成扶助の処分は，民法典第375条第3項[32]にしたがって，本節に定められた条件において，少年事件裁判官によって更新される。

2　2年を超える期間の預入の場合には，少年事件裁判官は，同様の条件において，少なくとも3年ごとに，当事者を弁論期日に呼び出す。

31　民法典第375-7条第4項は，子どもの預入れが必要な場合に，両親が通信，訪問，宿泊の権利を失わず，裁判官がその行使方法や仮の停止を定めるとともに，子どもが預け入れられた施設等が指名する第三者の立会いの下でのみ訪問権を行使できると決定することができるとしている。本条はこれを受けて，面会場所を第三者が定める場合に，少年事件裁判官に事前に通知することを定めたものである。

32　民法典第375条第3項は，機関（service）または機構（institution）により行われる育成扶助処分が問題となるときには，2年を超えることができないが，理由を付した裁判により，更新されることができる旨を定める。育成扶助処分の効果については J. Eschylle et M. Huyette, Modalité, *op.cit.* pp.19-21参照。

第2節の2　家計管理援助に関する裁判上の処分[33]

【前注】

　本節は，子の養育援助の財政的支援に関する規定である。2007年に民法典が第375-9-1条以下を新設したことに対応し，民事訴訟法典にも2008年12月30日1486号デクレによって第1200-2条以下が新設された。

　民法典第375-9-1条は，社会福祉活動・家族法典第L.262-9条所定の者に対する支援および同法典第L.222-3条等に定められた財政支援が，十分機能していない場合に，少年事件裁判官が，裁判所による処分として家族給付受給代行者を選任し，この者に給付金を運用させて子の養育・健康・教育上の要請にこたえることを目指す制度である。本節はこの裁判上の処分に関する手続について定めている。

第1200-2条

　未成年者に権利が認められている家族給付の受給者または受取人[34]が居住する地の少年事件裁判官は，民法典第375-9-1条[35]に定める家計管理援助に関する裁判上の処分を命ずる権限を有する。

　2　家族給付の受給者または受取人が居所地を変更するときは，第1181条第2項および第3項の規定が適用される。

第1200-3条

　少年事件裁判官は，以下の者によって事件を受理することができる。
　1号　未成年者の法定代理人の一人
　2号　未成年者が権利を認められた家族給付の受給者または受取人
　3号　共和国検事
　4号　民法典第375-9-2条[36]の規定の適用により，家族給付の債務者であ

33　フランスの各種家族給付は，従来非常に多様で複雑に競合していたところ，その後，整理されたものという。また従来は，家族に関する給付も社会保障法典におさめられていたようである。岡村美保子・家族に関する法律，清水・家族給付，岩村・支給調整が詳しい。なお家計管理については民法典第375-9-1条以下参照。

34　家族給付の種類によっては，受給者は幼少児，受取人は母の場合のごとく受給者と受取人が分離する場合が存在する。

る機構とともに，未成年者が権利を認められた家族給付の受給者もしくは受取人の居住する市町村の首長，またはこの未成年者の居住する市町村の首長

　2　少年事件裁判官は，例外的に職権で事件を受理することができる。

　3　県議会議長は，共和国検事に，社会的家族的経済支援[37]が十分でない，あらゆる状態を知らせる。共和国検事は，このような状況が，民法典第375-9-1条の適用範囲に入ることを確認する。

第1200-4条

少年事件裁判官は，以下の者のうち申立人でない者に対し，手続の開始を通知する。

　1号　未成年者の法定代理人
　2号　未成年者が権利を認められた家族給付の受給者または受取人
　3号　共和国検事
　4号　家族給付の債務者たる機構

35　民法典第375-9-1条は「①家族給付または社会福祉活動・家族法典第L.262-9条に記載された，母子家庭・父子家庭等（personnes isolées isorée とみなされる者について第L.262-9条第3項参照）に用いられる生活保護給付が，住居費（logement），生活費（entretien　社会保障法領域では『養育』と訳されることが多い），衛生費（santé）および子の教育費（éducation）に用いられない場合で，かつ社会福祉活動・家族法典第L.222-3条に定められた社会的家族的経済支援（l'accompagnement en économie sociale et familiale）が十分でないと思われる場合，少年事件裁判官は，資格を認められた自然人または法人である『家族給付の受給代行者（une personne physique ou morale qualifiée, dite "délégué aux prestations familiales")』に，それらの全部または一部を振り込むよう命じることができる。」旨定めるものである（以下略）。

　なお社会福祉活動・家族法典第L.262-9条は，受給者の状況により第L.262-2条に定められた金額は一定期間の増額があり得る旨およびその条件を定めたものであり，同じく同法典第L.222-3条は多様な援助の形態を定めた規定である。

36　民法典第375-9-2条第1項は，家族の権利義務に関する委員会（conseil pour les droits et devoirs des familles）の構成員である市長または代理人が，第375-9-1条の適用によって，家族の問題点を少年事件裁判官に示すために，家族給付の債務者である機構とともに，少年事件裁判官に事件を受理させることができる，という旨を定めるものである。また専門家（coordonnateur）による家族給付受給代行についても定める。なお民法典第375-9-2条第1項にいう，家族の権利義務に関する委員会とは，市町村に作られる，少年非行を主として取り扱う委員会をいう。

37　原語は l'accompagnement en économie sociale et familiale である。

第9章 親　権（第1200-4条―第1200-6条）　　93

　　5号　家族給付の受給者または受取人の居住する地の県会議長
　2　この通知は，家族給付の受給者または受取人に，第1200-5条の規定にしたがって，弁護士を選任する権利または職権で自己に弁護士が選任されることを請求する権利を通知する。同様にこの者らに第1200-6条の規定にしたがって記録を閲覧することができる旨を通知する。
　3　裁判官は，すべての有用情報を集めた後に，少なくとも弁論期日の8日前までに，家族給付の受給者および受取人を呼び出し，かつ，弁護士を指定または選任したことを裁判官に通知されたときに，指定され選任された弁護士にそのことを通知する。
　4　受給者または受取人は，それぞれ呼出状で手続開始の通知におけると同じ文言で，弁論期日において弁護士に補佐される権利および記録を閲覧する権利を通知される。
　5　少年事件裁判官は，また，裁判官にとってその聴取[38]が有用と思われるすべての者を弁論期日に呼び出すことができる。

第1200-5条
　家族給付の受給者または受取人は，弁護士を選任し，または弁護士会長が職権で自己に弁護士を選任することを，裁判官に請求することができる。その請求された選任は，請求から8日以内に，行われなければならない。
　2　弁護士によって補佐される権利は，第一回弁論のときに，関係者に改めて伝えられる。

第1200-6条
　手続開始の通知のときから，かつ弁論期日の前日まで，弁護士は，専ら家計管理援助に関する裁判上の処分手続に使用する目的で，書記課で記録を閲覧することができ，記録について全部または一部[39]の写しを交付させることができる。弁護士は，このように取得した写し，またはこれらの書類の複製を依頼者に交付できない。

38　原語は audience である。audience は弁論期日と訳すことが多いが，ここでは「聴取」とする。
39　原語は tout ou partie des pièces du dossier である。

2　弁論期日の前日まで，記録は，また，給付金の受給者または受取人によって，その申立てに基づき，直接閲覧されることができる。この閲覧は，裁判官に指定された日時にされる。弁護士がいないとき，裁判官は，理由を付した裁判によって，その閲覧が，当事者または第三者の私生活への過度の侵害をもたらす書類の全部または一部を，記録から除外することができる。
　3　記録は，裁判官によって選任された家族給付の受給代行者によって，前項に定められた条件において，閲覧されることができる。
　4　閲覧からいくつかの書類を排除する裁判は，その請求をした者に対して，8日以内に送達される。共和国検事は，この送達を通知される。

第1200-7条
　あらゆる弁論期日の前に，記録は共和国検事に送付され，共和国検事は，弁論期日の少なくとも8日前に，付与すべき結果についての書面による意見を裁判官に知らせ，かつ，弁論期日でこの意見を申述するつもりかどうか裁判官に示す。裁判官が検察官によって事件を受理したときは，共和国検事は，第1回弁論期日前に，意見付与のための通知をする必要はない。

第1200-8条
　事件は，評議部で審理され，判決される。
　2　弁論期日は，呼出状で指示した管轄区域にある少年裁判官のいる裁判所の所在地[40]または小審裁判所の所在地で行うことができる。
　3　弁論期日において，裁判官は，家族給付の受給者または受取人を聴取[41]し，その受理の理由を知らせる。裁判官は，その審問が有用と認められるすべての者を聴取する。給付の受給者または受取人の弁護士は，その意見を聴取される。

40　原語は au siège du tribunal pour enfants である。
41　entendre は第1182条では「審問」と訳しているが，本項では audience が「弁論期日」と「審問」の双方の意味で用いられていることから，後者と区別するために entendre を「聴取」と訳しわけている。

第9章 親　権（第1200-7条—第1200-13条）

第1200-9条

　少年事件裁判官は，育成扶助に関する他の裁判とは別の裁判によって，家計管理援助に関する裁判上の処分について言い渡す。
　2　家計管理援助に関する裁判上の処分は，以下の者によって，いつでも修正され取り消されることができる。
　1号　裁判官の職権により
　2号　共和国検事の請求により
　3号　第1200-3条第1号，第2号および第4号の適用により，裁判官に事件を受理させた者の請求により
　4号　家族給付の受給代行者の請求により

第1200-10条

　少年事件裁判官の裁判は，当事者に対して8日以内に送達され，かつ，訴訟のいかなる段階においても，家族給付の受給代行者が選任されたときは，この者，およびこの給付の債務者たる機構に送達される。
　2　送達の通知は，共和国検事にも行われる。

第1200-11条

　少年事件裁判官の裁判に対しては，家族給付の当事者および受給代行者が，その送達または通知の送付から15日以内に，控訴を提起することができる。
　2　控訴は，第931条から第934条に定められた規則に従って提起される。書記は，通常郵便によって，自ら控訴しなかった当事者に控訴を通知し，かつ，これらの者が後に控訴院に呼び出されることを通知する。

第1200-12条

　第1193条，第1195条および第1196条の規定は，家計の管理援助に関する裁判上の処分に適用される。

第1200-13条

　控訴院の裁判は，第1200-10条にしたがって送達される。

第3節　親権の委譲[42]，親権の全部および一部の剥奪

【前注】
　本節は，親権行使者変更に関する手続を定める。
フランスでは親権は公序に属し，原則として移転を認められないが，本章に定める委譲または剥奪は，例外的に親権行使者の変更を認める制度で，1970年に民法典第367条以下に規定された。
　このうち親権の委譲とは，親権の一部または全部につき，父母の合意により任意的にまたは親権行使を妨げる事情の存在を理由として裁判により強制的に，親権を第三者たる自然人または機関に親権を委ねる場合である[43]。
　また親権剥奪とは，1889年7月24日法律（「虐待され，精神的に遺棄された子の保護に関する法律」[44]）の失権制度（déchéance）を起源とするもので，従来親の懈怠に対する制裁的意味合いを有していたが，1970年6月4日法律により子の保護を目的とする処分とされ，1996年7月5日法律によって，déchéance から retrait という表現へと置き換えられたものである[45]。これは民事または刑事判決により，父または母が，子の身上に関して犯した軽罪の当事者，共同正犯，または共犯者として有罪判決を受けた場合，または不行跡などによって親権行使権限を禁じられた場合に採られ[46]，その内容については民法典第378条，同第378-1条から第381条に定められている。なお剥奪は，大審裁判所の権限に属するもので，申立権者は，検察官，家族構成員，子の後見人とされる。

42　原語は délégation である。委譲については民法典第3節第376条以下，剥奪については民法典第4節第378条参照。委譲については C. Neirinck, Autorité parentale, Délégation, J-Cl.Code civil Art.371 à 387, fasc.30, 剥奪については C. Neirinck, Autorité parentale, Retrait, J-Cl.Code civil Art.371 à 387, fasc.40. なお C.Neirinck, Retrait, *op. cit.*, pp. 3-4 によれば，剥奪は，子の保護処分として，遺棄の宣言，親権剥奪（retrait）国の後見子の処分と並ぶものである。
43　一般法上の délégation については，C. Neirick, Délégation, p. 4．
44　田中・親族法481頁の訳に従う。
45　C. Neirick, Retrait, p. 1., 田中・親族法481頁。
46　C. Neirick, ibid., 田中・親族法482頁。

第1202条

　親権の全部または一部の剥奪の申立ては，その訴権が行使された直系尊属が居住する地の大審裁判所に行われる。

　２　親権委譲の申立ては，未成年者が居住する地の家族事件裁判官に行われる。

第1203条

　裁判所または裁判官は申請によって事件を受理する[47]。当事者は弁護士の関与を免除される。申請は，共和国検事に提出することもでき，共和国検事は裁判所または裁判官にこれを送付しなければならない。

第1204条

　申立てが，親権の全部または一部の剥奪を目的とし，かつその申立てが検察官，家族構成員，または子の後見人からなされているときは，申請は，書記によって，その訴権を行使された直系尊属に対して，送達される。

第1205条

　裁判所または裁判官は，職権によっても，あらゆる有用な調査，とりわけ第1183条に定められた情報収集処分を行い，または行わせることができる。このために，裁判所または裁判官は，少年事件裁判官に委託することができる。

　２　一人または複数の子に対して育成扶助の手続が行われたときには，その記録は，裁判所または裁判官に伝達される。

第1206条

　共和国検事は，未成年者の家族の状況およびその両親の人間性に関して有用と認める情報を収集する。

47　原語は être saisi である。

第1207条
　訴訟手続の進行中，裁判所または裁判官は，親権の行使に関するあらゆる仮の処分を命じることができる。

第1208条
　裁判所または裁判官は，両親，後見人，子を預かった者もしくは機関の代表者，およびこの者の聴取が，裁判所または裁判官にとって有用と思われるあらゆる者を審問[48]する。
　2　事件は，評議部で審理され，判決される。弁論[49]は検察官の前で行われる。

第1209条
　状況に応じて，少年事件担当裁判官の権限と義務を，裁判所または家族事件裁判官が引き受ける場合には，第1186条，第1187条第1項，第1188条第2項，第1190条第1項および第4項，第1191条および第1193条第1項，第1194条から第1197条の規定が，親権の代行または全面的もしくは部分的剥奪に関する手続に適用される。

第1210条
　代行または剥奪された親権回復の申立ては，これらの権利を付与された者が居住する地の裁判所または裁判官に，申請によって行われる。申立ては，書記によって，この〔代わって親権を与えられた〕者に送達される。さらに，それは親権代行の申立てを規律する規定にしたがう。

　　第4節　特別管理人[50]に関する諸規定

【前注】
　本節は1999年9月16日818号デクレで制定されたものである。

48　原語はauditionである。ここでは聴取entendreとの訳し分けをしている。
49　原語はdébatである。
50　代理人と利益相反の場合に選任される。

第9章 親　権（第1207条―第1210-3条）

　フランスでは未成年者の民事行為は法定代理人が代理するのが原則であるが（民法第389-3条第1項），法定代理人の利益が未成年者の利益と反する場合が存在する。そこで，法定代理人の利益と未成年者の利益が相反する場合には，後見裁判官，または後見裁判官がいないときには訴訟を受理した裁判官が，子の利益を代理する特別代理人を，検察官，未成年者の請求，または職権によって選任することになる（民法第388-2条，申立権者につき民法第393-3条第2項）。本章は，その選任手続について定めたものである。

第1210-1条

　民法典第388-2条[51]および第389-3条[52]の規定の適用により，裁判所が，特別管理人の選任[53]を行うときで，裁判所が子の利益のためにこの管理人を，未成年者の家族または近親者の間から選任することができないときは，裁判所は，刑事訴訟法典第R.53条[54]に定められたリストに表示されている者から，特別管理人を選任することができる。

第1210-2条

　特別管理人の選任は，15日の期間内に，未成年者の法定代理人によって，控訴により争うことができる。この控訴は執行を停止しない。
　2　控訴は，非訟事件として提起され，審理され，判決される。

第1210-3条

　司法省における国家の文民公務員[55]の出張について定められた条件で計算された，出張費用の償還に加えて，特別管理人が刑事訴訟法典第53条[56]のリ

51　民法典第388-2条は，裁判所の手続において，法定代理人と子の利益が相反する場合に，特別管理人を選任すべきことを定めている。
52　民法典第389-3条は，法定代理人による代理の原則，および特別管理人請求権者などについて定めている。なお，2016年の民法典改正により条文が動いている。
53　原語は désignation である。
54　刑事訴訟法典第R.53条は　控訴院の各管轄区域において，4年ごとに特別管理人リストが作成され，毎年更新される旨，およびこのリストが控訴院書記課または大審裁判所で公開管理され，地域でも公告され得る旨を定める。
55　原語は personnels civils de l'état である。
56　正しくは第R.53条である。

ストに示されているときには，その管理人の資格で選任された各人に手当てが支払われる。

2 欠勤手当は，刑事訴訟法典第R.53-8条[57]に定められた条件で，外的原因で，職務を行使できなかった特別管理人に対して，行われた事務[58]を示す報告書に基づいて支払われる。

3 手当の額は，国璽尚書である司法大臣と予算担当大臣の共同のアレテによって定められる。

4 この報酬に要した費用は，その負担を命じられた当事者から，国庫によって，刑事罰金に関して規定された手続にしたがって，その担保のもとに，徴収される。費用負担の命令が欠けているときは，費用は特別管理人を指定した裁判官が指示した当事者から徴収される。

第5節　子の不法な国際的移動[59]

【前注】

本節は，離婚した両親が複数の国で別々に居住しており，かつ一方が16歳未満の未解放の子を，養育親の下から実力で連れ去る場合，つまり子の奪取の場合を規制するための手続を定めている。従来，EU加盟諸国間には，この点に関して欧州監護条約が存在していたが，ハーグ国際私法会議が「国際的な子の奪取の民事面に関する1980年10月25日の国際規約」[60]を採択し，こ

57　刑事訴訟法典第R.53-8条は，特別管理人について職務遂行の3か月以内に，第706-50条に定められた職務行使方法等の報告書を提出すべき義務を定める。

58　原語は les diligences である。

59　B. Sturlese, Autorité palentale, Soustraction internationale de mineurs et droit conventionnel de l'entraide judiciaire civile, J-Cl.Droit international privé Français, Code civil Art.371 à 387, fasc.60.

60　この条約の内容については西谷祐子「国境を越えた子の奪取をめぐる諸問題」家族——ジェンダーと自由と法（東北大学出版会，2006）413頁および同論文430頁注3掲載の諸論文に詳しく紹介されている。英文名は The Hague Convention of 25 October 1980 on the Civil Aspects of International Child Abduction. またフランスにおけるハーグ条約の具体的運用については，法務省HPに掲載された西谷裕子「ハーグ条約（子の返還手続関係）部会参考資料(5)『国際的な子の奪取の民事上の側面に関する条約』の調査研究報告書」（http://www.moj.go.jp/content/000076994.pdf）(2015/6/13)・650頁-660頁が詳しい。

の条約をフランスが批准したことから，現在のフランスでは，本条約および婚姻事件および親の責任に関する裁判管轄ならびに裁判の承認・執行に関する2003年11月27日理事会規則（CE）2003年2201号が，この領域での基本法となっている。

「国際的な子の奪取の民事面に関する1980年10月25日の国際規約」は，締約国間で不法に子の奪取が行われた場合に，いずれの親元での育成が子の利益に適うかについての実質審理を行わずに，直ちに養育親の下に子を連れ戻すことを認めるもので，締約各国は，この問題を専門に取り扱う中央当局を設置して，事務を執り行っている。

わが国では，国際的に不法な子の奪取が行われた場合に，かつては原則として家事審判による実質的審理または例外的に地裁による人身保護請求を経ねばならなかったことから，条約締結の必要性が説かれていたが，その後，2013年5月に「国際的な子の奪取の民事上の側面に関する条約」が国会で承認され，同年6月に国内実施法である「国際的な子の奪取の民事上の側面に関する条約の実施に関する法律」が成立し，2014年4月から施行されている。

第1210-4条

子の不法な国際的移動に関する国際機関および共同体の規定[61]を根拠として生じる訴権は，司法組織法典第L.211-12条の適用により土地管轄を有する大審裁判所の家族事件裁判官に行われる。

第1210-5条

国際的な子の奪取の民事面に関する1980年10月25日の国際規約の適用による，子の連れ戻しを目的とする請求は，レフェレの形式で，提起され，審理され，裁判される。

第1210-6条

連れ戻しを命じる裁判に任意の履行がないとき，裁判を執行させる目的で公権力に直接に訴えるための1991年7月9日法律650号第12-1条の適用にお

---

61 婚姻事件および親の責任に関する裁判管轄ならびに裁判の承認・執行に関する2003年11月27日理事会規則（CE）2003年2201号のことと思われる。

いて管轄を有する共和国検事は，その管轄区域内において子が見つかり，司法組織法典第L211-12条の適用により特別に指定された大審裁判所に所属する共和国検事とする。裁判所は，必要な場合，判決を執行させるために公権力に請求するという意図を，その管轄区域内で子が見つかった大審裁判所付共和国検事に通知し，かつ有用な全ての情報，とりわけ裁判の執行により生じる可能性のある危険に関する情報を，この者に集めることができる。

第1210-7条

　連れ戻しの執行を担当する共和国検事は，連れ戻しを命じる裁判を通知されたときから，この裁判の対象である子が見つかった家の者の審問を行い，または行わせることができる。

第1210-8条

　連れ戻しを命じる裁判について事件の状況に最も適した執行方式を決定するために，その執行を担当する共和国検事は，以下の権限を有する。

　― 合意に基づいて裁判の履行を進めることを促進し，子の連れ戻し方法を決定するために，あらゆる有資格者と協力すること

　― 連れ戻しを命じる裁判の対象である子の金銭的，家族的，社会的状況を確認することを資格を有するすべての者に要請すること

　― 子に対して共和国検事が必要と考えるあらゆる医学的，精神医学的，心理学的検査を行わせること

第1210-9条[62]

　外国で下された連れ戻しを認めない裁判[63]およびその付随書類は，婚姻事件（家族事件から変更）および親の責任に関する裁判管轄ならびに裁判の承認・執行に関する2003年11月27日理事会規則（CE）2003年2201号第11条第6項[64]を適用して，フランス中央当局に送付され，第1210-4条に定められ

62　Décret n° 2012-98 du 27 janvier 2012 - art.1 により新設とあるが，従前の第1210-6条から移動したものである。

63　親の暴力など子の福祉の観点から例外的に取戻しが認められない場合もある。1980年ハーグ国際規約第13条参照。

た大審裁判所付検察官に伝達され，検察官は申請書により，事件を家族事件裁判官に受理させる。

2　本法典第100条および第101条にもかかわらず，同一の訴訟または検察官から伝えられたところの関連する訴訟を受理した他の家族事件裁判官は，前項の裁判官のために自ら職務解除する。

（安見ゆかり）

64　理事会規則第11条第6項（ブリュッセル2規則）。1980年ハーグ国際規約第13条によって，子の取戻しを認めない裁判が下されたときは，この裁判所は，直ちに，直接または中央権力の介入によって，取戻しを認めない裁判所の裁判の写しと，適切な書類，とりわけ口頭弁論でなされた報告（compte rendu）を，子が日常の居所を有していた，構成国の管轄ある裁判所または国家の中央当局に，国家法の規定に照らして違法な預け入れまたは違法な取戻し不許可の前に直ちに，送付しなければならない。

第10章　未成年者および成年者の法的保護

【前注】
(1)　本章の概要・変遷
(ア)　本章の概要

　「未成年者および成年者の法的保護（protection juridique）」は，概していえば，日本の未成年後見・成年後見制度（制限行為能力者制度）に相当する[1]。成年者の「法的保護措置（mesure de protection juridique）」には，「裁判上の〔一時的〕保護（sauvegarde de justice）」[2]「保佐（curatelle）」「後見（tutelle）」「将来保護の委任（mandat de protection future）」があり，最後のものは日本の任意後見に相当する。前三者は「裁判上の〔保護〕処分（mesure〔de protection〕judiciaire）」[3]とされ，日本の法定（成年）後見に相当する。本章で「成年者の法的保護」として扱うものは，これらの法的保護措置のみである。この他，成年者を保護するための制度としては，社会保障給付に関する「裁判上の支援処分（mesure d'accompagnement judiciaire）」もあるが，本法典では次章（第11章）に定められている。一方，未成年者の「法的保護措置」に当たるのは，「法定管理（administration légale）」「後見」と考えられる[4]が，本章は後者を中心に「裁判上の処分」に当たるもののみを扱う。

1　日本の未成年後見・成年後見に相当するようなフランスの制度については，従来「保護（protection）」の語が用いられてきた。「法的保護」の語は，本文後述の2007年3月5日法律が新たに用いたものとされる。Th. Fossier, J-cl., Civil Code, Art. 388 à 515, Fasc. 10, Tutelles : Présentation du nouveau droit des personnes protégées, Guide de lecture de la loi n° 2007-308 du 5 mars 2007 et du décret de procédure civile, 2008（以下 Fossier, Fasc. 10, préc. と略記）n° 4.

2　sauvegarde de justice の訳語は多様で，たとえば「裁判所の保護」（稲本洋之助『フランスの家族法』（東京大学出版会，1985）137頁），「司法的救済」（清水恵介「フランス新成年後見法」日本法学75巻2号（2009）492頁。同・494頁注7も参照）等がある。この制度は，文字通りセーフガード的なもののようであり，期間が1年以内で更新も1回に限られること（民法第439条第1項）等から，本研究会では「裁判上の〔一時的〕保護」と訳している。

3　mesure の語は，本研究会では，裁判官等が命じるものについては「処分」と訳すことにしている。そのため，mesure judiciaire は「裁判上の処分」，「将来保護の委任」を含む概念である mesure de protection juridique は「法的保護措置」と訳している。

第10章　未成年者および成年者の法的保護（前注）

　民法典では，第1巻第10編から第12編が，未成年者・成年者の保護に関係する（「法的保護」以外のものも含む）。これらの民法典の規定は，「成年者の法的保護の改正に関する」2007年3月5日法律308号により，成年者の保護を中心に，全面的に改められており，「将来保護の委任」もこの改正で創設された[5]。なお，日本の成年後見制度はフランス法系の立法例に属すといわれ[6]，1999年の日本法の改正の際にもフランスの制度が参照されたといわれる[7]が，当然ながら，参照されたのは2007年の改正前の制度である。

　〔追記〕未成年者・成年者の保護に関する民法典の規定は，2015年2月16日法律177号およびこの法律に基づく2015年10月15日オルドナンス1288号により大幅な改正が加えられている。本書の内容は2015年1月を基準とすること等から，本章の注でもこの改正には言及しないが，主要な改正点のみ，ここで触れておく（以下の記述は上記オルドナンスの立法資料〔提案理由・報告書〕参照）。主要な改正点は，①未成年者の法定管理に関する規定を全面改正し，第1巻第10編から第9編（親権）に移したこと，②第1巻第11編第2章に第6節を新設し，成年者の法的保護措置として新たに「家族授権（habilitation familiale）」を導入したことである。①の法定管理の改正は，概していえば，単純法定管理と裁判所監督下の法定管理（後述(3)(イ)）を廃止して，両親が共同で親権を行使する場合と一方の親のみが親権を行使する場合を区別しないこととし，裁判所の関与も制限する。なお，条文の位置に鑑み，法定管理を親権に結び付け，後見とは切り離す考え方をとるものと解される。②の家族授権は，近親者の中から選ばれた者に対し，裁判により，要保護者を

4　「法的保護措置」の語について，民法典は，成年者に用いており（同法典第1巻第11編第2章〔第425条以下〕参照），未成年者に用いる例は殆どない（同第511条はこの例）。

5　2007年3月5日法律に関しては，清水・前掲491頁以下に概説および関連条文の訳があり，本翻訳に際してもとくに参考にした。また，今尾真「フランス成年者保護制度にみる補助活用への示唆」実践成年後見27号（2008）26頁以下，小林和子「後見に関する2007年3月5日の法律308号」（立法紹介）日仏法学25号（2009）229頁以下参照。改正前の制度については，稲本・前掲106頁以下，大村敦志「人」北村・200年150頁以下，須永醇編『被保護成年者制度の研究』（勁草書房，1996）179頁以下〔須永〕等。

6　須永編・前掲179頁。

7　大村・前掲152頁，小林昭彦＝大門匡編著『新成年後見制度の解説』（金融財政事情研究会，2000）8頁。

代理し又はその名において一定の行為をする権限を付与するもので（民法第494-1条），裁判官は，授権の裁判をした後は，一定の場合を除き，関与しない。家族授権は，裁判上の委任（mandat judiciaire）とされるが，裁判上の処分にはあたらないと思われる。

(ｲ) 沿革

民事訴訟法典は，かつては，未成年者の保護の手続と成年者の保護の手続を別々の章で定めていたが，2008年の改正により，これらを統合して本章とした。敷衍すると，未成年者の保護に関しては，1964年12月14日法律1230号による民法典の改正に基づいて，1965年4月5日デクレ263号により手続規定が設けられたが，基本的には，このデクレの規定が，旧民事訴訟法典を経て（第882条から第886-2条），1981年5月12日デクレ500号より民事訴訟法典に導入され，同法典旧第10章（「未成年後見」）となった[8]。成年者の保護に関しては，1968年1月3日法律5号による民法典の改正に基づいて，1968年10月2日デクレ855号により手続規定が設けられたが，基本的には，このデクレの規定が，旧民事訴訟法典を経て（第890条から第896-3条），前記1981年デクレにより民事訴訟法典に導入され，同法典旧第11章（「成年者の保護制度」）となった[9]。その後，前記2007年3月5日法律による民法典等の改正を受けて，2008年12月5日デクレ1276号は，民事訴訟法典の旧第10章と旧第11章を全面的に改め，統合して現第10章（本章）とした[10]。

(ｳ) 最近の改正

本章の規定は，その後も度々部分的に改正されている[11]。このうち比較的

---

[8] Blanc, p. 709 ; M. Douchy-Oudot, J-cl., Procédure civile, Fasc. 937, Administration légale et tutelle des mineurs : Dispositions générales, Dispositions particulières aux pupilles de l'État, 2009（以下 Douchy-Oudot, Fasc. 937, préc. と略記）n° 1.

[9] Blanc, p. 717 ; M. Douchy-Oudot, J-cl., Procédure civile, Fasc. 940, Procédures particulières : Régimes de protection des majeurs, 2009（以下 Douchy-Oudot, Fasc. 940, préc. と略記）n° 1.

[10] 2008年12月5日デクレに関し，Th. Fossier, Protection juridique des mineurs et des majeurs : A propos du décret du 5 décembre 2008 modifiant le Code de procédure civile, JCP 2008, act. 732（以下 Fossier, JCP, préc. と略記）。

[11] 本文後述の改正の他，2008年12月22日デクレ1485号による第1256条の改正，2009年4月10日デクレ398号による第1221-1条・第1221-2条の改正，2011年11月8日デクレ1470号による第1254-1条の新設等がある。

第10章　未成年者および成年者の法的保護（前注）

大きな改正は，2009年12月23日デクレ1628号によるものである。同デクレは，「法の簡素化および明確化ならびに手続の負担軽減に関する」2009年5月12日法律526号（以下，2009年簡素化法という）13条による司法組織法典第L. 211-5条の改正により，後見裁判官の裁判および親族会（conseil de famille）の決議に対する不服申立事件が大審裁判所から控訴院に移管されたことに伴い，後見裁判官の裁判および親族会の決議に対する不服申立方法を「控訴」に改めた（本章第1節第4小節の全面改正）[12]。

なお，2009年簡素化法第13条は，ガンシャール教授を長とする委員会の報告書（ガンシャール報告書）に基づくもので，次のような司法組織法典の改正も含む[13]。すなわち，未成年者および成年者の保護に関する事件は，従来，小審裁判所の後見裁判官の管轄に属していたが，未成年者の保護に関しては，大審裁判所の家族事件裁判官に移管し，家族事件裁判官が後見裁判官の職務を行うこととする（司法組織法典第L. 213-3-1条）[14]。一方，成年者の保護に関しては，従来どおり，小審裁判所の後見裁判官の管轄とする（同第L. 221-9条）[15]が，控訴院で（後見裁判官の裁判および親族会の決議に対する控訴について）成年者の法的保護に関する裁判をする場合には，控訴院長により選任された「成年者保護担当裁判官（délégué à la protection des majeurs）」が，

---

[12] 2009年12月23日デクレに関し，Th. Verheyde, Appel contre les décisions du juge des tutelles et les délibérations du conseil de famille : A propos du décret du 23 décembre 2009, JCP 2010, 39（以下 Verheyde, JCP, préc. と略記）。同デクレは，2008年12月5日デクレによる改正の手直しも含む。

[13] 本文の以下の記述につき，Publication de la loi de simplification du droit, D 2009, 1332.「ガンシャール報告書」（Commission sur la répartition des contentieux présidée par S. Guinchard, L'ambition raisonnée d'une justice apaisée, La documentation française, 2008）は，司法大臣の諮問を受けて，2008年に提出された司法制度改革に関する報告書で，65の提案をする。
　2009年簡素化法第13条がガンシャール報告書に基づくことについては，立法資料（国民議会の報告書 Rapport nº 1145 de Étienne Blanc，の法案第9条の説明）参照。

[14] 未成年者の保護につき家族事件裁判官に移管する理由は，立法資料（前掲注13）によれば，家族事件裁判官が，親権の行使に関する事項と共に，未成年子の財産の法定管理および後見に関する事項を扱うことにより，未成年者の状況を総合的に勘案することができるようにするためであり，ガンシャール報告書（第5提案）によれば，家族事件裁判官につき管轄を拡大して家族関係事件の拠点とすることの一環である。

[15] 成年者の保護につき小審裁判所の管轄とする理由は，ガンシャール報告書（第5提案）によれば，小審裁判所が要保護者の身近なものであるためとされる。

裁判長または報告裁判官となるとする（同第L. 312-6-1条）。これは，各控訴院で選任される「少年保護担当裁判官（délégué à la protection de l'enfance）」（同第L. 312-6条）に倣うものである。

(2) 本章の構成

本章は，成年者の法的保護の手続を中心に定めている。未成年者・成年者の各法的保護の手続は，後見裁判官が担当し，親族会が関係することから，共通点が少なくない。このため，立法者は，両手続を一つの章にまとめ，共通規定を設けることにしたものと推測される。しかし，本章において両手続に共通する規定は多くはなく，第1節の一部のみにとどまる。2007年の民法典改正により，未成年者・成年者の保護の仕組みの違いは，一段と大きくなっていることに鑑みると，2つの手続を併せて定めることにはいささか無理があるようにも思われなくはない。殊に，未成年者に関する手続の規律がかなりわかりにくくなっている[16]。参考までに，本章の目次を掲げておく。

第1節　裁判上の処分に関する規定
　第1小節　一般規定（第1211条—第1216条）
　第2小節　後見裁判官の下における手続
　　第1款　申立て（第1217条—第1219条）
　　第2款　申立ての審理（第1220条—第1221-2条）
　　第3款　記録の閲覧および写しの交付（第1222条—第1224条）
　　第4款　検察官に対する記録の伝達（第1225条）
　　第5款　後見裁判官の裁判（第1226条—第1229条）
　　第6款　送達（第1230条—第1231条）
　　第7款　裁判の執行（第1233条）
　第3小節　親族会
　　第1款　未成年者および成年者に共通の規定（第1234条—第1235条）
　　第2款　未成年者に関する規定（第1236条）
　　第3款　成年者に関する規定（第1237条—第1238条）
　第4小節　控訴（第1239条—第1247条）
　第5小節　裁判上の〔一時的〕保護（第1248条—第1252-1条）

16　同旨，Douchy-Oudot, Fasc. 937, préc., n° 25.

第6小節　保佐および後見
　　第1款　未成年者および成年者に共通の規定（第1253条―第1254-1条）
　　第2款　成年者に関する規定（第1255条―第1257条）
　第2節　将来保護の委任に関する規定（第1258条―第1260条）
　第3節　国の被後見子に適用される規定（第1261条―第1261-1条）
(3)　未成年者の法的保護
(ア)　手続
　前述(2)のように，本章の未成年者に関する規定は少なく，かつ散在しており，本章の規定からみる限り，未成年者の法的保護の手続はわかりにくい。手続に関しては，次の点を指摘するにとどめる。未成年者に関する本章の規定は，基本的には，後見についての後見裁判官の裁判・親族会の決議に関する手続を定めるものである。前述(1)(ウ)のように，未成年者の保護に関しては，家族事件裁判官が，後見裁判官の職務を行う。2009年4月10日デクレ398号により，後見裁判官・少年事件裁判官の間で，同一の未成年者についての裁判資料の共有を図る規定が導入されている[17]。未成年者の審問に関しては，民法典第388-1条に詳しい定めがある[18]。また，民法典は，手続において未成年者と法定代理人の利益が相反する場合には，裁判官が，未成年者を代理するための特別管理人（administrateur ad hoc）を選任する旨の規定も設けている（民法典第388-2条。なお本法典第1210-1条以下参照）。
(イ)　法定管理・後見
　次に，民法典の規定に基づき，未成年者の保護の概略を述べておく。未成年者とは18歳未満のものをいう（民法典第388条）。未成年者は，婚姻により当然に，または16歳以上で一定の要件を満たすと，解放（émancipation）され（民法典第413-1条以下），民事上，成年者と同様の能力が認められる（民法典第413-6条第1項。なお第2項）。解放されていない未成年者の保護の制

17　第1221-1条・第1221-2条。2009年4月10日デクレは，家族事件裁判官を含む三種の裁判官の間の裁判資料の伝達に関するもので，ガンシャール報告書（第7提案）に基づくと考えられる（N. Fricero, Procédure civile, D. 2010, pan. 170）。同デクレにより第1072-1条・第1072-2条・第1187-1条も新設された。
18　民法典第388-1条につき第1236条の注参照。

度としては,「法定管理」と「後見」がある。

法定管理は,親権とは区別される財産管理の制度で,親権者が法定管理人となり(民法典第389条),法定管理人が未成年者を代理する(民法典第389-3条)。法定管理には2つの種類がある。両親が共同で親権を行使する場合は「単純法定管理(administration légale pure et simple)」となる(民法典第389-1条)。両親の一方の死亡・親権行使禁止等の場合は「裁判所監督下の法定管理(administration légale sous contrôle judiciaire)」となり,後見裁判官の監督の下に置かれる(民法典第389-2条)。この場合のみならず単純法定管理でも,一定の行為については後見裁判官の許可を要する(民法典第389-5条・第389-6条)。父母双方の死亡・親権行使禁止等の場合には後見が開始され(民法典第390条・第391条),後見人が未成年者を代理する(民法典第408条)。後見の機関は,後見人の他,後見監督人・親族会・後見裁判官である[19]。こうした基本的な仕組みは,1964年の民法典の改正により形成されたもので,2007年の改正でも変更されていない(2015年の法定管理の全面改正に関し,前述(1)(ア)参照)。

なお,親族会は,後見裁判官が主宰し(民法典第400条),4名以上の者(後見人および後見監督人を含み,後見裁判官は含まない)から構成される。この構成員は,未成年者の父母の血族・姻族・未成年者の利益を表明するすべての者から,後見裁判官が選任する(民法典第399条)。

(ウ) 国の被後見子

国の被後見子(pupille de l'État)は,児童社会扶助機関に委ねられている孤児等で,遺棄の宣言による場合や両親の親権の全部剥奪の場合も含まれ,その資格要件は社会福祉活動・家族法典第L. 224-4条に定められている。上述の一般的な未成年後見とは異なり,国の被後見子についての後見の機関は,後見人の職務を行う「県における国の代表者(représentant de l'Etat dans le département)」[20]すなわち県知事および親族会のみで,後見裁判官・

---

[19] 2007年の改正で,民法典の後見の組織に関する規定(第394条以下)から後見裁判官の規定が削除されたが,後見の機関であることに変わりないとされる。P. Salvage-Geres, J-cl., Civil Code, Art. 389 à 393, Fasc. 10, Minorité, Cas d'ouverture des différents régimes, 2009, n° 36.

[20] 滝沢・第4版153頁参照。同頁では,「県地方長官」の訳が当てられている。

後見監督人は含まない（同第 L. 224-1 条）。また，国の被後見子の親族会には，県会（conseil départemental）・県知事が選任した者等が含まれる（同第 L. 224-2 条）。

（大濱しのぶ）

(4) 成年者の法的保護

(ア) 法的保護措置（mesures de protection juridique）

　成年者の法的保護の制度は，日本の成年後見制度に相当し，2007年3月5日法律308号による民法典等の改正（2007年改正）により全面的に改められたものである。成年者[21]の「法的保護措置」は，日本の法定後見に相当する「裁判上の〔保護〕処分」と，2007年改正により創設された，日本の任意後見に相当する「将来保護の委任」に大別され，前者には「裁判上の〔一時的〕保護」「保佐」「後見」がある（前述(1)(ア)）。また，成年者の法的保護措置については，小審裁判所の後見裁判官の管轄に属する（前述(1)(ウ)）。以下では，民法典の規定に基づいて，成年者の法的保護の概要を述べる。

　成年者の法的保護措置に共通することとして，民法典（以下，民法と表示する）第425条第1項は，「精神的能力または意思表示を妨げる性質の身体的能力についての，医学的に確認された減退（altération）のために，自己の利益を単独ではかる（pourvoir seule）ことができないすべての者」が法的保護措置を享受することができると定める。また，同条第2項は，法的保護措置は，原則として，財産的利益の保護のみならず身上の保護も目的とする旨を定める。

(イ) 裁判上の〔保護〕処分（mesure〔de protection〕judiciaire）

(a) 通　　則

　裁判上の〔保護〕処分について，民法第428条は，必要がある場合に，かつ，代理・夫婦の権利義務・夫婦財産制の原則の適用，より強制的でない他の裁判上の保護処分，または将来保護の委任により，成年者の利益を十分にはかることができない場合に限り，裁判官が命じることができるとする（同

21　成年者とは18歳以上の者を指す（民法典第414条）。成年者の法的保護措置は，解放された未成年者についても可能である（民法典第429条第1項〔なお第2項も参照〕・同法典第477条第1項）。

条第1項。必要性・補充性)。また，人的能力（facultés personnelles）の減退の程度に比例するものとする（同条第2項。比例性)[22]。

　裁判上の〔保護〕処分の開始を申し立てることができる者は，要保護者自身，共同生活が解消された場合を除き，配偶者，民事連帯契約を締結したパートナー，内縁配偶者，血族，姻族，成年者と緊密かつ安定的な関係を維持している者，法的保護措置を実施する者（民法第430条第1項)，共和国検事である（同条第2項)。2007年改正により，裁判官が職権で処分の開始を命じることは否定されている[23]。この申立てには，共和国検事により作成された名簿に登載されている医師が作成した，成年者の能力の減退などに関する詳細な診断書を添付しなければならない（民法第431条第1項)。裁判官は，原則として，当該成年者を審問することを要する（民法第432条第1項)。ただし，前記診断書を作成した医師の意見に基づき，その審問が当該成年者の健康を害する場合，またはその者が意思を表明することができる状況にない場合には，当該成年者の審問を要しない旨の裁判をすることができる（同条第2項)。

(b)　各種の〔保護〕処分

　裁判上の〔保護〕処分にあたる3種類の処分は，次のようである。「裁判上の〔一時的〕保護」は，民法第425条に定める事由の一つにより，一時的な保護または特定の行為のために代理を必要とする者を対象とする（民法第433条)。この処分の開始は裁判によるほか（民法第433条)，医師の共和国検事に対する申述による場合もある（民法第434条)[24]。「保佐」は，民法第425条に定める事由の一つにより，自ら行為をすることができないのではないが，民事生活上の重要な行為について継続的に援助または監督されることが必要である者を対象とする（民法第440条第1項)。「後見」は，民法第425条に定め

---

[22] 必要性，補充性，比例性の原則については，Alain Delfosse et Nathalie Baillon-Wirtz, La réforme du droit des majeurs protégés, Litec, 2009, n° 77 et s. を参照。

[23] 2007年3月5日法律308号は，裁判所が手続を開始し，訴訟記録について調べ，そして裁判をする以上，ヨーロッパ人権条約に反すると判断されうるとする国会における議論に従い，裁判官の職権による開始可能性を取り除いた（Delfosse et Baillon-Wirtz, op. cit., n° 67）。

[24] 裁判による場合に関しては本法典第1249条の脚注，医師の申述による場合に関しては同第1248条の脚注を参照。

る事由の一つにより，民事生活上の行為において，継続的に代理されなければならない者を対象とする（民法第440条第3項）。

また，民法第428条の定める必要性・補充性・比例性の原則の趣旨に鑑み，保佐に付すのは，裁判上の〔一時的〕保護では十分に保護することができないことが証明された場合に限られる（民法第440条第2項）。同様に，後見に付すのは，裁判上の〔一時的〕保護，保佐では十分に保護できないことが証明された場合に限られる（民法第440条第4項）。

各処分には期間の制限がある。裁判上の〔一時的〕保護は，1年を超えることはできない。ただし，1回に限り更新することができる（民法第439条第1項）。保佐，後見についても，2007年改正で，5年以下の期間を付すこととなった（民法第441条）[25]が，更新すること[26]ができ（民法第442条第1項），更新の回数に制限はない。

(c) 保護機関

裁判上の〔一時的〕保護の場合には，被保護者は，原則として，法的能力を制限されない（民法第435条第1項本文）ため，保護機関は必要的ではない。被保護者が財産管理の任務を委任していた場合には，この委任の効力は存続し，委任がない場合は，事務管理の規定が適用される（民法第436条第1項・第2項）。また，裁判官は，当該成年者の財産管理により必要になった特定の行為を行うために，「特別の受任者（mandataire spécial）」を選任することができる（民法第437条第2項）。この場合には被保護者は当該行為をすることができない（民法第435条第1項但書）。特別の受任者の職務の範囲は2007

---

[25] 2007年の改正前においては，保佐および後見の処分には，最大の期間は設けられていなかったが，2007年の改正により，後見裁判官は，5年を超えることなく，保佐および後見の処分の期間を定めることとなった。これらの保護処分は，できる限り，期間を制限し，周期的な見直しの対象とするべきであるという，1999年2月23日に採択されたヨーロッパ評議会の勧告（99）4号第14原則の延長線上におかれる（一環をなす）ものである（Delfosse et Baillon-Wirtz, *op. cit.*, n°s 190-191）。

[26] 保佐および後見の処分は更新することができるが，後見裁判官に対して，最初の審問のときから医師の詳細な診断書により当該成年者の状態の改善の見込みがありそうもない，つまり不治であると診断することができたにもかかわらず，少なくとも一度は当該関係人とその付された処分などについて再検討するよう義務付けているため，この更新の手続は，負担が大きいものであるとされている（Delfosse et Baillon-Wirtz, *op. cit.*, n° 192）。

年改正により拡大され，処分行為，身上の保護も含めることもできる[27]（民法第437条第2項・第438条）。その選任は保佐人，後見人の場合と同様である（民法第437条第2項）。

　保佐の場合の保護機関は保佐人，後見の場合の保護機関は後見人で，複数でもよい（民法第447条第2項）。保佐監督人，後見監督人が選任される場合もある（民法第454条。特別保佐人，特別後見人につき民法第455条を参照）。これらの保護機関は，裁判官が選任する（民法第447条第1項・第454条第1項）。ただし，裁判官は親族会を伴う後見を組織することができ，この場合には，裁判官は親族会の構成員を選任し，親族会が後見人，後見監督人を選任する（民法第456条）。

　保佐人，後見人の選任の仕組みは，段階的である。被保護者があらかじめ選任していた場合には，原則として，この者を保佐人，後見人に選任しなければならない（民法第448条第1項。なお第2項も参照）。こうした事前の選任がない場合には，配偶者等から選任し，それがない場合には親族等から選任し（民法第449条），それもない場合には，社会福祉活動・家族法典第L. 471-2条に定める名簿に登録された「成年者保護のための裁判上の受任者（mandataire judiciaire à la protection des majeurs　MJPM）」が選任される（民法第450条。なお同第451条も参照）[28]。これは2007年改正で創設された専門職で，上記名簿は県知事が作成する。有償であり，被保護者が費用の一部または全部を負担するが，被保護者が支払えない場合には地方公共団体が負担する（民法第419条，社会福祉活動・家族法典第L. 471-5条）[29]。

---

[27] 2007年3月5日法律308号は，処分行為につき特別の委任の適用範囲を拡張した。その結果，特別の受任者は管理行為あるいは処分行為として，たとえば，老人ホームに入った者のために住居の賃貸借契約の解除，それを維持するために費用が不可欠となる不動産の売却，あるいは，相続の承認のような資産の管理運営に必要とされる行為をすることができることとなった（Delfosse et Baillon-Wirtz, *op. cit.*, n° 180）。また，身上の保護の職務を託される場合には，民法第457-1条から同第463条までの規定を尊重した上で当該行為をすることとされている（Delfosse et Baillon-Wirtz, *op. cit.*, n° 181）。

[28] 2007年3月5日法律308号は，保護機関の選任方法を見直し，成年者またはその両親によるあらかじめの選任がない場合に，後見裁判官は，民法第449条から同第451条までの規定における新たに設けられた条件のもとで，保佐人または後見人を任命することとされた（Delfosse et Baillon-Wirtz, *op. cit.*, n°s 220-222）。このことについては，本法典第1255条の脚注も参照。

㈦　将来保護の委任

　将来保護の委任は，後見の対象となっていない成年者の委任によって，民法第425条に定める事由の一つにより，その者が単独で自己の利益をはかることがもはやできない場合に，代理する責任を負わせるというものである（民法第477条第1項。なお第3項も参照）。当該成年者が保佐に付されている場合には，保佐人の同意を得なければ，将来保護の委任を締結することはできない（民法第477条第2項）。委任は，公証人証書または私署証書により締結される（民法第477条第3項）。自然人のほか，社会福祉活動・家族法典第L. 471-2条に定められた成年者保護のための裁判上の受任者の名簿に登録された法人も，受任者になることができる（民法第480条第1項）。将来保護の委任は，委任者が単独でその利益をはかることができない旨が証明されたときに効力を生じる（民法第481条）[30]。

（田村真弓）

第1節　裁判上の〔保護〕処分に関する規定

第1小節　一般規定

第1211条[31]

　土地管轄権を有する後見裁判官は，要保護者[32]もしくは被保護者の常居所

29　この制度の詳細については，Delfosse et Baillon-Wirtz, *op. cit.*, n° 46 et s., n° 54, n° 229 et s., n° 774 et s.を参照。また，フランス司法省の被保護成年者に関するサイトPortail des majeurs protégés（http://www.tutelles.gouv.fr/index.php）の La réforme de A à Zの mandataire judiciaire à la protection des majeursの項目，今岡・前掲32頁を参照。

30　将来保護の委任に関し，Delfosse et Baillon-Wirtz, *op. cit.*, n° 637 et s., 本章第2節の各規定の脚注を参照。

31　後見裁判官の土地管轄については，要保護者または被保護者の住所地とするものと居住する地とするものがあったが，このたびの改正で常居所地に統一された。本条は，2000年1月13日の成年者保護に関するハーグ条約と一致する規定となっている（Thierry Fossier, Protection juridique des mineurs et des majeurs : À propos du décret du 5 décembre 2008 modifiant le code de procédure civile, JCP 2008, act. 732, p. 3）。

32　原語は la personne à protégerである。これは，保護処分を受けていない者を指すことから，要保護者と訳した。

地[33]または後見人の住所地の裁判官とする。

第1212条

後見裁判官および共和国検事は，民法典第416条[34]に定める成年者を医師に診断させることができる。

第1213条

利害関係人の申立てにより，または職権で，特に民法典第217条[35]，および第219条[36]，第397条第2項[37]，第417条[38]，第459条第4項[39]，第459-2条[40]，

---

[33] 原語は la résidence habituelle である。これは常居所地と訳した。常居所という用語は，例えば，日本の仲裁法第12条第1項，第4項に見られる。本条における常居所地は，住所地をも含む概念と捉えられている。

[34] 民法典第416条は，後見裁判官および共和国検事は，その管轄区域において保護処分に関する一般的な監督を行う旨，言い渡されまたは求められた保護処分の種類にかかわらず，被保護者および保護の申立ての対象となる者を訪問しまたは訪問させることができる旨などについて規定している。

[35] 民法典第217条は，裁判所は，夫婦の一方がその意思を表明することができない場合などにおいては，その他方に対して，配偶者の協力または同意を必要とする行為を，単独で行うことを許可することができる旨などを規定している。

[36] 民法典第219条は，夫婦の一方がその意思を表明することができない場合には，夫婦の他方は，夫婦財産制から生じる権限の行使においてその者を代理するための授権を裁判所によりされることができる旨などを規定している。

[37] 民法典第397条第2項は，後見裁判官は，親族会の他の構成員に関する障害，〔資格などの〕剥奪および交代について裁判する旨を規定している。

[38] 民法典第417条は，後見裁判官は，保護を担当する者に対し命令を出し，これに従わない者には本法典に定める民事罰金を言い渡すことができる旨，職務遂行において明白な違反があった場合，保護を担当する者を審問または呼び出した後に，職務を解任することができる旨，同一の条件で，共和国検事に対し，社会福祉活動・家族法典第L.471-2条に定める名簿から成年者保護のための裁判上の受任者の除名を促すよう求めることができる旨を規定している。

[39] 民法典第459条第4項は，成年者の保護を担当する者は，成年者自身の行動が利害関係人を振り回す弊害を終結させるために必要最小限度の保護処分を実施することができ，そのことを遅滞なく裁判官または構成されている場合には親族会に通知する旨を規定している。

[40] 民法典第459-2条は，被保護者がその居住する地を選択し，あらゆる第三者と人的関係を自由に維持し，第三者により訪問される権利および必要であれば，宿泊所を提供される権利を有し，問題があれば，裁判官または構成されている場合には親族会が決定する旨を規定している。

第469条第2項[41]，第3項[42]，第483条第4号[43]または第484条[44]が適用される場合には，後見裁判官は申請の審理を対審的弁論に付す[45]よう命じることができる。

第1214条

保護処分の開始，変更，解除に関するあらゆる手続においては，要保護成年者または被保護成年者は，弁護士を選任し，または事件を受理した裁判所に対し，弁護士会会長が，職権でこの者に弁護士を指定するよう申し立てることができる[46]。その指定は，申立てから8日以内に行わなければならない。

2　利害関係人には，この権利を呼出状において通知する。

第1215条

成年者保護のための裁判上の受任者により行われる保護処分の対象となった成年者が死亡した場合には，この受任者は，知れている相続人が不存在であるとき，相続財産の整理のために死者の公証人にこの件を受理させ，また

41　民法典第469条第2項は，保佐人は，被保佐人がその利益を著しく損なうと認めるとき，特定の行為を単独で遂行しまたは後見の開始を求めるために，裁判官に事件を係属させることができる旨を規定している。

42　民法典第469条第3項は，保佐人の協力を必要とする行為について，保佐人が保佐を拒絶する場合，被保佐人は単独でその行為を遂行する許可を裁判官に申し立てることができる旨を規定している。

43　民法典第483条第4号は，将来の保護委任の履行が委任者の利益に侵害をもたらす性質のものであるなどの場合に，あらゆる利害関係人の申立てにより，後見裁判官が言い渡す委任の取消しが将来の保護委任の終了事由とされる旨を規定している。

44　民法典第484条は，あらゆる利害関係人は，委任の実施を確認するなどのために，裁判官に事件を係属させることができる旨を規定している。

45　本条は，裁判官による審問を明確に義務付け，対審と被保護成年者などの防御権を保障しようとしており，これは，改正前の判例によるこれらへの配慮の重要性の指摘を考慮に入れたものであるが，特に重大な結果を生じる可能性のあるいくつかの問題について，対審的な弁論を行う可能性をつくったに過ぎないものであり，その不十分さが指摘されている（Fossier, JCP, préc., pp. 3-4）。

46　本条は被保護者または要保護者の防御権に関する規定である。後見などに関する改正法の起草委員会においては，当該成年者にとって必要であれば，職権で弁護士を選任し，現実にその者の保佐を受けない限り，いかなる保護の開始もすることができないとする趣旨のことも検討されていたという指摘がされている（Fossier, JCP, préc., p. 4）。

は，死者に公証人がいないとき，県公証人会会長にその指定をするよう求めることができる。

　2　相続財産の整理を担当する公証人が被保護成年者の相続人を特定するに至らないときは，成年者保護のための裁判上の受任者[47]は，そのために後見裁判官による許可を得て，または公証人は，相続および無償譲与を改正する2006年6月23日法律〔728号〕第36条[48]の要件のもとで，相続人捜索の委任状を交付することができる。

第1216条

　民法典第388-3条[49]および第417条に定める民事罰金は，3000ユーロを超えることができない。この民事罰金を言い渡す裁判に対しては，不服申立てをすることができない。

　　第2小節　後見裁判官の下における手続

　　　第1款　　申立て

第1217条

　民法典第390条[50]，第391条[51]，第442条[52]および第485条[53]に定める場合を

---

[47]　原語は un mandataire judiciaire à la protection des majeurs で，成年者保護のための裁判上の受任者と訳した。この詳細については，本章前注(イ)②を参照。

[48]　2006年6月23日法律〔728号〕第36条は，相続人の不存在または相続権主張者不存在における相続以外の場合においては，相続人の捜索のための任務を付与されていない者は，相続人の捜索を委ねられ，またはその捜索に協力することはできない旨，相続人捜索の委任を受けていない者に対して，その捜索の報酬を支払ってはならない旨などを定める。

[49]　民法典第388-3条は，後見裁判官および共和国検事は，その管轄区域の法定管理および後見に関して一般的な監督を行う旨，法定管理人，後見人およびその他の後見の機関は，後見裁判官らの呼出しに応じ，要求された情報を伝達する義務を負う旨，裁判官は，法定管理人などに命令を出し，これに従わない場合は同法典に定める民事罰金を課すことができる旨を規定している。

[50]　民法典第390条は，父および母が死亡し，または親権の行使が禁じられた場合〔の子〕，さらに親子関係が法律上確立されていない子に対しても，後見が開始される旨などを規定している。

除き，裁判官は第一審裁判所書記課に提出または送付された申請書によって事件を受理する。

第1218条
　成年者の保護処分開始のための申請書は，次のものを含めることとし，これに反するときは不受理とする。
　　1号　民法典第431条[54]に定める詳細な診断書[55]
　　2号　要保護者の特定および同法典第428条[56]に照らして，この保護を必要とする事実の陳述

第1218-1条
　本法典第1218条に定める申請書には，また，民法典第430条第1項[57]に列挙された要保護成年者の関係人[58]および，その主治医を申請者が知っている

51　民法典第391条は，裁判所の監督のもとにおける法定管理の場合には，後見裁判官は，職権または血族などの申立てにより，緊急の場合を除き，法定管理人の意見を聞き，または呼び出した後に，後見の開始を決定することができる旨，後見が開始される場合には，後見裁判官により親族会が招集される旨などを規定している。

52　民法典第442条は，保佐および後見の期間は，原則として〔同法典第441条と〕同一の〔5年を超えない〕期間で更新することができる旨，例外的に同法典第425条に定める事項に該当する場合は一定の条件のもとで，より長い期間で更新することができる旨，これらの保護処分を担当する者の意見を聞いた後，その処分の終了，変更，別の処分への置き換えができる旨，保護処分の裁判が出される過程および方式，保護処分を強化するための条件などを規定している。

53　民法典第485条は，将来保護の委任を終了させた裁判官は，一定の条件のもとで法的保護処分を開始することができる旨などが規定されている。

54　民法典第431条は，裁判上の保護処分開始の申立てには，共和国検事が作成した目録により選ばれた医師の詳細な診断書が添付される旨，診断書の費用に関する旨を規定している。

55　診断書は，裁判上の〔一時的〕保護，保佐，後見，将来保護の委任のうち，どの措置がとられる場合でも必要とされる（Delfosse et Baillon-Wirtz, op. cit., n° 69）。医師の詳細な診断書に関しては，Delfosse et Baillon-Wirtz, op. cit., n° 69 et s. を参照。

56　民法典第428条は，保護措置は，一定の規則などの適用により，より強制的でない他の裁判上の保護処分または将来保護の委任により，その者の利益を十分にはかることができない場合に限り裁判官により命じられる旨，その措置は，当事者の個人の能力（facultés personnelles）の減退の程度に応じて均衡させ，かつ個別化される旨などが規定されている。

場合には，その氏名を記載する。申請者は，可能な限り，成年者の家族，家計，財産の状況に関する資料を明示する。

　2　書記は，共和国検事が申請者である場合を除き，開始された手続を共和国検事に通知する。

第1219条

　民法典第431条に定める詳細な診断書[59]〔の内容〕は，次のとおりとする。
　1号　要保護成年者または被保護成年者の能力の減退を正確に記載する。
　2号　この減退の予見可能な変化に関するあらゆる情報資料を裁判官に提供する。
　3号　財産および一身上の民事生活上の行為における成年者の補佐または代理の必要性，ならびに投票権の行使に関して，この減退から生じる結果を明記する。
　2　診断書には，成年者に対する審問がその健康を損なうおそれがあるか，または成年者がその意思を表明する状態にないかを記載する[60]。
　3　診断書は，医師が共和国検事または後見裁判官にのみ宛てたものに封をして申請者に交付する。

57　民法典第430条第１項は，要保護者，共同生活が解消された場合を除き，配偶者，民事連帯契約を締結したパートナー，内縁配偶者，血族，姻族，その成年者と緊密かつ安定的な関係を維持している者，法的保護措置を実施する者が，裁判上の保護処分の開始を申し立てることができる旨を定めている。

58　原語は，les personnes appartenant à l'entourage du majeur à protéger である。ここでは，関係人と訳した。

59　医師の詳細な診断書の内容としては，たとえば，病気の診断，病気の見通し，民事生活上の見通し，場合により保護措置を改める提案があげられている（Fossier, JCP, préc., p. 4）。これについては，Delfosse et Baillon-Wirtz, *op. cit.*, n°69 et s. も参照。

60　本項は，民法典第432条において，裁判官は，要保護者を審問するか，または呼び出したうえで保護開始についての裁判をする旨，ただし，その審問が関係人の健康を損なう場合，または関係人が意思を表明できない場合には，同法典第431条における医師の意見などに基づき，審問を行う必要がない旨が規定されていることを受けたものである。

第10章　未成年者および成年者の法的保護（第1219条―第1220-2条）

第2款　申立ての審理

第1220条

　後見裁判官は，要保護者もしくは被保護者を審問する義務がある場合，またはそれが有用であると認める場合はいつでも，控訴院の管轄のすべての範囲内および自らの職務を行う管轄区域に隣接する県に赴くことができる。不服申立ての場合[61]には，同様の規定は控訴院の裁判官に適用される。

第1220-1条

　前条の者に対する審問は，裁判所の所在地，その者の常居所地，治療・収容施設，またはその他のあらゆる適当な場所で行うことができる。
　2　審問は公開しない。
　3　裁判官は，適当と認めるときは，主治医またはその他の者を立ち合わせてこの審問を行うことができる。
　4　共和国検事および，要保護者または被保護者の弁護士がいる場合には[62]その者に審問の期日および場所を通知する。
　5　審問については，調書を作成する。

第1220-2条

　民法典第432条第2項[63]の適用による要保護成年者または被保護成年者に対する審問を行う必要はない旨の裁判官による裁判は，申請者および成年者に弁護士がいる場合にはその者に送達する[64]。
　2　同じ裁判により，裁判官は，開始された手続を成年者に対し，その状

61　不服申立てについては，本法典第1239条以下（後掲第4小節）を参照。
62　原語は le cas échéant であり，直訳すると「場合により」となるが，これは「弁護士が付いている場合には」という意味であるため，このように訳した。後掲第1220-2条第1項にも同じ表現があり，これについても本条本項に倣って訳した。
63　民法典第432条第2項は，理由を付した特別の裁判により，かつ同法典第431条に定める医師の意見に基づき，当該成年者に対する審問がその者の健康を損なう性質のものである場合，または当該関係人がその意思を表明することができる状態にない場合，裁判官はその者の審問を行う必要がないとの裁判をすることができる旨を規定している。
64　審問を行わない場合について，Delfosse et Baillon-Wirtz, *op. cit.*, n°75を参照。

態に適した方法で教示するよう〔申請者等に〕命じる。

　3　この裁判の執行は，記録に記載する。

第1220-3条[65]

　後見裁判官は，審問が関係人[66]の健康を損なうおそれがある場合または関係人がその意思を表明する状態にない場合を除き，その者を審問しまたは呼び出した後でなければ，被保護成年者に関連し，かつその身上の保護に関係のある申請について裁判することはできない。

第1220-4条

　裁判官は，適当と認める場合，民法典第430条[67]に列挙された者の審問を行う。この審問は，保護処分を行うよう申し立てた者によって求められた場合には，当然に行う。

第1221条

　裁判官は，職権で，または当事者もしくは検察官の申請により，あらゆる証拠調べを命じることができる。裁判官は，特に，その選任する者に社会的調査または確認を行わせることができる。

第1221-1条

　未成年者の状況について審理する後見裁判官は，育成扶助手続が開始されたか否かを少年事件裁判官に確認し，進行中の事件記録の書類の写しを，第1187-1条に定められた方式に従って送付するよう少年事件裁判官に求めることができる。

65　本条は，裁判官が，財産ではなく当該関係人の身上の保護に関する申請を受理した場合を想定しているようである（Fossier, *op. cit.*, p. 4）。

66　原語は，l'intéressé である。ここでは，要保護成年者（利益当事者）を意味するため，関係人と訳した。

67　民法典第430条第1項に挙げられた者については，本法典第1218-1条の脚注を参照。第2項には，保護処分開始の申立てをすることができる者として共和国検事が挙げられている。

第1221-2条

　未成年者に対して育成扶助手続が開始された旨が通知されたときから，後見裁判官は，少年事件裁判官の求めに応じて少年事件裁判官が有用であると認めるあらゆる書類の写しを送付する。

第3款　記録の閲覧および写しの交付[68]

第1222条

　記録は，開始の裁判が言渡されるまで，または保護処分の変更が求められた場合はそれについて裁判されるまで，申請者が書記課で閲覧することができる。記録はまた，民法典第430条に列挙された者の一人が正当な利害関係を証明する場合には，その者は同様の条件で，かつ事件を受理した裁判所の許可に基づいて閲覧することができる。

　2　前項の者が弁護士を選任した場合には，その弁護士は同一の権限を有する。

第1222-1条

　手続中いつでも，記録は，書面による申立てにより，執務上の必要以外の制限を受けることなく，要保護成年者または被保護成年者，場合によりその弁護士およびその保護を担当する一人または複数の者が，記録を保管する裁判所の書記課で閲覧することができる。

　2　記録閲覧の申立てが成年者による場合，裁判官は，閲覧がその者に重大な精神上の損害をもたらすおそれがあるときには，理由を付した命令を関係人に送達して，書類の全部または一部を閲覧から除外することができる。

---

[68] 後見などの領域において，秘密厳守の実務は，被保護成年者の精神的な状況からみると全面的に批判することも適当ではないが，ヨーロッパ人権条約には明らかに反するものであるということから，司法行政上の処分として記録の閲覧と複写の交付に関する規定が設けられた。これは2008年の民事訴訟法典の改正の中でも最も注目に値するものの一つであるにもかかわらず，不当に低い評価がされているとの指摘がある（Fossier, JCP, préc., pp. 4-5）。

第1222-2条
　後見に付された事理弁識能力を有する未成年者，その両親，およびその後見人による記録の閲覧は，第1187条第2項，第3項および第4項に定める条件のもとでのみすることができる。

第1223条
　要保護成年者または被保護成年者の弁護士は，記録にある書類の全部または一部の写しの交付を受けることができる。弁護士は，そのように取得した写しまたはそれらの複製を依頼人または第三者に伝達することはできない。

第1223-1条[69]
　管理計算書の伝達に関する民法典第510条[70]に規定する場合を除き，後見裁判官は，保護に付す判決の言渡し後，正当な利害関係の証明により，被保護成年者またはその保護処分を担当する者に，記録の中の一通または複数通の書類の写しの交付を許可することができる。

第1223-2条
　親族会の決議の写しおよび保護処分に関する裁判所の裁判の写しは，当事者ならびにその決議および裁判によって当該後見の責任を負わされた者に対してのみ交付することができる。
　2　正当な利害関係を証明する者は，同様に，後見裁判官の許可を得てその抄本を取得することができる。

第1224条
　第1222条，第1223-1条および第1223-2条に定める裁判官による裁判は，司法行政上の処分とする。

---

[69] 本条は，立法者が意図的に，被保護者の権利を中心におき，できる限り関係する情報を手に入れることができるようにしたものである（Fossier, JCP, préc., pp. 4-5）。

[70] 民法典第510条は，後見人は，毎年，有用なすべての証拠書類を添付した管理計算書を作成する旨，後見人は管理計算の秘密を保持する義務を負う旨，その引渡しまたは伝達を求めることのできる者やそのための条件，方法などを規定している。

第10章　未成年者および成年者の法的保護（第1222-2条―第1228条）

第4款　検察官に対する記録の伝達

第1225条

　成年者の保護処分開始を目的とする申請についての判決のための弁論に指定された期日より少なくとも1か月前に，記録は共和国検事に送付される。

　2　前項の期日の遅くとも15日前に，共和国検事は，場合により，保護の時期および方法に関するその意見またはその主張書面を添付して，記録を書記課に返送する。

　3　裁判官は，緊急の場合には，これらの期間を短縮することができる。

第5款　後見裁判官の裁判

第1226条

　弁論期日において，裁判官は，保護処分の開始を申請する者，民法典第432条第2項の規定を裁判官が適用する場合を除き，要保護成年者，および場合により，検察官を審問する。

　2　当事者が弁護士を選任している場合には，その弁護士はその意見について審問される。

　3　事件は，評議部で，審理され，判決される。

第1227条

　成年者の保護処分開始を目的とする申請は，後見裁判官がその申請を受理したときから1年内にその処分を言い渡さない場合には，失効する。

第1228条

　民法典第442条が適用される場合，裁判官は本法典第1220条から第1220-2条までに定める条件で，被保護者を審問するかまたは呼び出し，保護処分を担当する者の意見を聴いた後，裁判する。その裁判は，同法典第1230条から第1231条までに定める条件の下で送達される。

　2　ただし，民法典第442条第4項の適用により〔本人の〕保護体制を強化する必要がある場合，本法典第1218条，第1220-3条から第1221条まで，

第1225条および第1226条の規定に従い，さらに手続が進められる。

第1229条

　第1213条の適用により対審的な弁論を命じる場合を除き，裁判官は，被保護成年者またはその保護を担当する者が保護処分の開始後に提出した申請書について，情報資料の収集，補足書面の提出，証拠調べによることまたはその他のあらゆる調査を必要としない限り，それを受理してから3か月内に裁判する[71]。この場合，裁判官は申請者にその旨を告知し，裁判をする予定の期日を通知する。

第6款　送　達

第1230条

　裁判官によるあらゆる裁判は，書記課の責任において，申請者，保護を担当する者または法定管理人，および保護処分から生じる権利または義務について変更を受ける者すべてに対して送達する。

　2　さらに，前項の裁判は，民法典第389-5条第2項[72]の場合には〔単純法定管理〕行為に同意しない親に対し，および同法典第502条[73]の場合には後見監督人に対しても送達する。

第1230-1条

　成年者の保護処分の開始の申立てについて裁判する判決は，被保護者自身にも送達される。共和国検事に対しては，その通知を行う。

　2　ただし，裁判官は，その通知が被保護成年者の健康を損なうおそれが

---

[71] 後見裁判官は，裁判上の保護処分開始の申立ては多数あるところ，それらのすべてに応じていない，あるいは，それらに応じるまでに非常に時間がかかっていることを認識していたとされ，そのことが，本条の創設の理由の一つとなっているとの指摘がある（Fossier, JCP, préc., p. 4 ）。

[72] 民法典第389-5条第2項は，両親の間に合意がない場合，〔単純法定管理における〕行為は，後見裁判官により許可されなければならない旨を規定している。

[73] 民法典第502条は，親族会または親族会が構成されていない場合には裁判官が，単独で遂行することができない行為のために後見人が求める許可について判断する旨などを規定している。

ある場合には，特別に理由を付した裁判により，その者に対する保護処分の開始を言い渡す判決を送達しない旨を定めることができる。この場合，その送達は，その者が弁護士を選任している場合にはその弁護士に対して行い，および，裁判官がこの送達を受けるのに最も適していると認める者に対しても行う。

　3　判決は，裁判官が有用であると認める場合，法律が不服申立てをする資格を付与する者のうち，裁判官が指定する者に送達することができる。

第1231条

　書記課の責任においてすべき送達は，配達証明付書留郵便で行う。ただし，裁判官は，執行士の行為により送達をする旨を定めることができる。

　2　裁判官の裁判または親族会の決議の公証を得た写しについて，書記課が日付および署名が付された受領証と引換えにする交付は，不服申立ての方法およびその濫用に課せられる制裁を利害関係人に通知する場合には，送達に相当する。

第7款　裁判の執行

第1233条

　成年者に関する保佐または後見の処分の開始，制度または期間の変更，または解除をもたらす裁判の抄本は，本編第3章に定める方式に従い，身分目録に保存し，出生証書の余白記載により公示するために，あらゆる手段を用いて，被保護者の出生地を管轄する大審裁判所の書記課に送付する。

　2　後見裁判官が裁判をしたとき，その送付は小審裁判所の書記課が不服申立ての期間満了から15日以内に行う。

　3　控訴院が裁判をしたとき，その送付はこの裁判所の書記課がその判決から15日内に行う。

　4　保護処分が定められた期間満了により終了した場合，その通知は，利害関係人の申立てにより，同じ目的で，事件を受理した小審裁判所の書記課が，あらゆる手段を用いて，被保護者の出生地を管轄する大審裁判所の書記課に対して行う。

第3小節　親族会[74]

第1款　未成年者および成年者に共通の規定

第1234条

親族会は後見裁判官により招集される。

2　その会議は次の者が求める場合，当然行う。

1号　2名以上の構成員
2号　後見人または後見監督人
3号　満16歳以上の未成年者自身
4号　被保護成年者[75]

3　親族会はまた，16歳未満かつ事理弁識能力がある未成年者の申立てによっても，裁判官による特別に理由を付した反対の裁判がない限り，招集される。

第1234-1条

呼出状は，会議の日の少なくとも8日前までに送付される。

第1234-2条

親族会の構成員[76]は，自ら会議に出席しなければならない。正当な事由なしに出席しなかった者は，民法典第396条[77]の規定の適用により，その後見

74　親族会（le conseil de famille）は，被保護者の表明する感情など民法典第456条第2項に列挙された事項を考慮に入れて，後見裁判官が指名した者により構成され，後見に付された被保護成年者の「一般的な生活条件の規律，後見人による後見事務の監督，重要な処分行為の許可など後見制度の中枢の役割を果たす」ものである（山口・辞典113頁参照）。

75　被保護成年者が親族会の会議を求めることができる旨は，2008年12月5日デクレ1276号第1条によるものである（Delfosse et Baillon-Wirtz, *op. cit.*, n° 264）。

76　当該関係人が後見に付される期間の親族会の構成員は，後見裁判官が指名する。この指名は，被保護者の表明する感情，その日常の関係など，民法典第456条が定める条件を考慮して指名される（Delfosse et Baillon-Wirtz, *op. cit.*, n° 258）。また，親族会は，後見人または後見監督人などの後見の処分を実施する責任を負う者を選任する任務を負っている（Delfosse et Baillon-Wirtz, *op. cit.*, n° 260）。

の責任を解除されたものとみなすことができる[78]。

第1234-3条
　親族会は，その構成員の少なくとも半数が出席していなければ決議をすることができない。この人数に達しない場合には裁判官は会議を延期し，または緊急の場合には自ら裁判をすることができる。

第1234-4条
　後見裁判官が，親族会は会議の開催を必要とせず決議をすることができると認める場合，すべての有用な説明資料を添付して，決議に相当する文書を親族会の各構成員に伝達する。
　2　各構成員は，裁判官によって付与された期間内に，かつ裁判官によって付与された方法に従って投票を行う。この投票が行われない場合には，民法典第396条の規定の適用により，その後見の責任を解除されたものとみなすことができる。

第1234-5条
　親族会のあらゆる決議は，表明された投票の単純過半数をもって行なわれる。

第1234-6条
　親族会の会議は公開しない。親族会の構成員は，第三者に対して守秘義務を負う。

第1234-7条
　未成年者または被保護成年者は，裁判官がこれらの者の利益に反すると認

77　民法典第396条は，後見人は，不適格，怠慢などの理由により，後見の責任を解除されることがある旨，状況の重要な変化により，後見の責任を負う者を解任することができる旨などを規定している。
78　本条は，親族会の構成員が代理される可能性をなくし，構成員自身の出席を強く促す趣旨のあらわれである（Fossier, JCP, préc., p. 5）。

める場合を除き，ただ意見を述べるだけの資格でのみ，親族会の会議に出席することができる。

第1235条
　親族会の決議には理由を付す。決議が全員一致によるものでない場合は常に，各構成員の意見を調書に記載する。

第2款　未成年者に関する規定

第1236条
　未成年者に関する親族会の会議に先立ち，裁判官は，未成年者に事理弁識能力がある場合，民法典第388-1条[79]に定める条件のもとで，その審問を行い，または行わせる。

第3款　成年者に関する規定

第1237条
　民法典第457条[80]の規定に従い，親族会が裁判官の出席なしに会議を開き決議をする[81]ことを許可する裁判官による裁判は，司法行政上の処分とする。親族会の構成員に対しては，書記課がその裁判を通知する。

第1237-1条
　前条の〔裁判官が出席しない〕親族会の会議の後，出席した各構成員は行われた決議に署名する。

79　民法典第388-1条は，事理弁識能力のある未成年者は，裁判官または場合によりそのために裁判官に選任された者により審問される旨，その審問は，未成年者が事実上それを要求するときに行われる旨，その審問は，未成年者単独で，または弁護士もしくはその選任した者とともに行われる旨などを規定している。

80　民法典第457条は，親族会が後見人または後見監督人として成年者保護のための裁判上の受任者を選任した場合には，裁判官の出席なしに親族会の会議を開催することができる旨，裁判官の出席のない親族会議の長の職務などについて規定している。

81　後見裁判官の関与のない親族会の運用，機能などについては，Delfosse et Baillon-Wirtz, *op. cit.*, n° 270 et s. を参照。

2　〔会議の終了から〕8日以内に，親族会の議長は決議を書記課に提出し，または配達証明付書留郵便で送付する。

第1238条

前2条の方法で行われた決議に対する裁判官による異議は，不服申立てのできない命令により，その提出または受領から15日以内に表明する。

2　親族会のすべての構成員も同様に，決議から15日以内に，裁判官に対する申請によってその決議に異議を述べることができる。

3　いずれの場合においても，裁判官は，同一の命令により，同じ議題について新たな決議をするために，裁判官が主宰し，親族会を1か月以内に招集し会議を開く。

4　この場合には，第1234-1条から第1235条まで，および第1239条が適用される。

(田村真弓)

第4小節　控　　訴[82]

第1239条

反対の規定がある場合を除き，後見裁判官の裁判および親族会の決議に対しては，控訴をすることができる。

2　第1239-1条から第1239-3条までの規定にかかわらず，民法典第430条に列挙された者は，手続に参加していなかった場合であっても，控訴をすることができる。

3　控訴期間は，15日とする。

4　当事者は，弁護士を選任することを要しない[83]。

第1239-1条

民法典第389-5条および第507条に定める協議による分割においては[84]，

82　本小節は，2009年12月23日デクレ1628号により，題名を含めて全面改正されている。後見裁判官の裁判および親族会の決議についての不服申立ては，かつては大審裁判所に対してするものであったが，控訴院に対する控訴に改められた。本章前注(1)(ウ)参照。

親族会の決議または後見裁判官の裁判に対し，法定管理人または後見人，親族会の構成員およびその他の分割に利害関係を有する当事者は，控訴をすることができる。

第1239-2条
　成年者に対する保護処分の開始を拒絶する判決に対しては，申請人に限り，控訴をすることができる。

第1239-3条
　第1239-1条に定める規定にかかわらず，親族会の決議に対しては，そのすべての構成員および後見裁判官は，決議の時の意見がいかなるものであったとしても，控訴をすることができる。

第1240条
　検察官は，行われた決議または下された裁判についてされた通知の受領から15日の期間満了まで，控訴を提起することができる。

83　本条第1項の「反対の規定」としては，とくに第1224条が挙げられる。Verheyde, JCP, préc. p.6．同条は，記録の閲覧または写しの交付に関する後見裁判官の許可の裁判を司法行政上の処分とする旨の規定であるが，司法行政上の処分については不服申立てが許されない（第537条）。
　　本条第2項の「民法典第430条に列挙された者」とは，裁判上の処分開始の申立権者である（本章前注(4)(イ)(a)参照）。
　　本条に定める控訴は，一般の控訴と同様に，執行停止の効力を有すると解される。すなわち，本条第3項の定める控訴期間および控訴期間内の控訴は，裁判の執行を停止する（第539条）。ただし，仮執行を付すことができる（第515条）と解される。Verheyde, JCP, préc., p.8．
　　本条第4項は，控訴院付きの弁護士と代訴士の統合（控訴院付き代訴士の廃止）に関する2012年5月3日デクレ634号により改正されている（代訴士の文言削除）。なお，控訴院の手続は，原則として弁護士による代理が強制される（第899条1項）が，本小節の規定は，代理強制のない場合の控訴院の手続の一般規定（第931条以下）に類似する。Verheyde, JCP, préc., p.7．
84　民法典第389-5条（第3項）は，未成年者の財産の協議分割につき後見裁判官の許可，その分割清算書（état liquidatif）につき後見裁判官の承認を要する旨を定める。同第507条（第1項・第2項）は，被保護者の財産の協議分割につき親族会または裁判官の許可，その分割清算書につき親族会または裁判官の承認を要する旨を定める。

第1241条

成年者に対する保護処分についての判決[85]に対する控訴期間は，次の各号に定める時から進行を始める。

1号　被保護成年者については，第1230-1条に定める送達

2号　判決の送達を受けるべき者については，この送達

3号　その他の者については，判決

第1241-1条

後見裁判官の命令に対する控訴期間は，次の各号に定める時から進行を始める。

1号　命令の送達を受けるべき者については，この送達

2号　その他の者については，命令

第1241-2条

親族会の決議に対する控訴期間は，この決議から進行を始める。ただし，第1234-4条の場合には，親族会の構成員については，決議の送達を受けた日からしか進行を始めない[86]。

第1242条

控訴は，第一審裁判所書記課に対し[87]，申立てを行い，または〔申立書を〕配達証明付書留郵便により送付して提起する。

85　本条と第1241-1条を比較すると，後見裁判官の裁判には，判決（jugement）の場合と命令（ordonnance）の場合があることがわかるが，判決によるべき場合と命令によるべき場合の区別の基準は明らかではない。第1230-1条・第1239-2条等によると，成年者の保護処分の開始または開始の拒絶の裁判は，判決によることが前提とされている。一方，未成年後見の開始の裁判は，命令によるようである。Th. Verheyde, J-cl., Civil Code Formulaire, Fasc. 820, Mineurs, Tutelle des mineurs, Ouverture et fonctionnement, 2009, Formule 5．

86　本条の原文は全体で一文である。第1234-4条は，会議を省略する場合である。

87　「第一審裁判所」とは，成年者の処分の場合は小審裁判所，未成年者の処分の場合は大審裁判所である。本章前注(1)(ウ)参照。控訴の申立て（déclaration）は控訴院の書記課にするというのが近年の法改正の一般的な傾向である（第932条・第1192条第1項・第1262-7条第2項）が，本条は異なる。Verheyde, JCP, préc., p. 7．

2　書記は，控訴をその日付を付して登録する。書記は，申立ての受領証を交付し，または通常郵便により送付する。
3　書記は，記録の写しを遅滞なく控訴院に送付する。

第1242-1条
後見裁判官は，控訴を提起する場合には，その不服申立ての理由を示した覚書を記録に添付する[88]。

第1243条
控訴人は，その控訴を保護処分の開始以外の裁判の項目の一つに限定する場合には，これを明示する。

第1244条
控訴院書記は，次の各号に掲げる者を〔その定めに従い〕，弁論のための期日[89]に呼び出す。
1号　申請人が弁護士を選任している場合には，その弁護士。この呼出しは，何らかの方法による。
2号　控訴人および裁判または決議の送達を受けた者。この呼出しは，配達証明付書留郵便による。場合により，これらの者の弁護士[90]。
2　裁判または決議の送達を受けた者は，控訴院において参加する権利を有する。

第1244-1条
呼出状は，弁論のための期日の指定後，少なくとも〔期日の〕15日前までに，配達証明付書留郵便により送付する。呼出状の写しは，関係人に通常郵便により送付する[91]。

88　「覚書」の原語は note である。後見裁判官が控訴する場合以外は，控訴理由書の提出は強制されないと解される。Verheyde, JCP, préc., p. 7.
89　本条と次条にある「弁論のための期日」の原語は audience prévue pour les débats である。
90　第2号の弁護士の呼出しの方法は明示されていないが，第1号と同様に解しうる。Verheyde, JCP, préc., p. 7.

2　この呼出状は，裁判上の呼出しに相当する[92]。

第1245条

控訴は，評議部で，審理され，判決される。

2　手続は，口頭で行う。

3　当事者の申立て，または書面に示されている申立てに当事者が言及したことは，記録に留め，または調書に記載する。

4　弁論期日においては，控訴院は，控訴人，民法典第432条第2項の規定を控訴院が適用する場合を除き，要保護成年者または被保護成年者，および場合により，検察官を審問する。

5　当事者が弁護士を選任している場合には，弁護士はその意見について審問される[93]。

第1245-1条

事件について第1回弁論期日に判決をしない場合には，書記は，呼び出した者で，後の弁論期日を口頭で通知しなかったものに対しては，これを通知する。

第1246条

控訴院は，職権でも，後見裁判官の裁判または親族会の決議に代えて新たな裁判をすることができる。

91　本項前段の呼出状の名宛人は，第1244条第1項第2号の「控訴人および裁判または決議の送達を受けた者」であろう。また，Verheyde, JCP, préc., p.7 は，本項後段の「関係人」は前段の呼出状の名宛人と一致し，かつ，後段の通常郵便による写しの送付も，弁論期日の15日前までにしなければならないと解するようである。このように解すると，本項は旧第937条1項（代理強制のない場合の控訴院の手続の一般規定）によく似たものとなる。もっとも，第937条第1項は，2015年3月11日デクレ282号により改正され，配達証明付書留郵便による呼出しは被控訴人のみとされ，通常郵便による二重の呼出しは廃止されている。本条についても改正または解釈の問題が生じる可能性があろう。

92　「呼出状」の原語は convocation，「裁判上の呼出し」は citation であり，本項は第937条第2項と同文である。本項の趣旨は明らかではなく，訳文は第937条第2項の法曹会訳に倣った。法曹会訳の同項の注では，「単なる推測であるが，……執行吏の介在する citation と同一に取り扱われるということではないか」とある。

2　控訴院における弁論の終結まで，後見裁判官および親族会は，被保護者の権利および利益を保全するのに必要なあらゆる裁判または決議をする権限を有する。第一審裁判所書記課は，この裁判または決議の写しを直ちに控訴院書記課に送付する[94]。

第1246-1条

控訴院の裁判は，書記課の責任において送達する[95]。

2　記録は，判決の公証を得た写しを添付して，遅滞なく第一審裁判所書記課に送付する。

第1247条

後見裁判官の裁判または親族会の決議に対して提起された控訴が排斥された場合には，裁判官以外で，控訴を提起した者に対しては，費用および損害賠償の支払いを命じることができる[96]。

---

[93] 控訴院では，成年者の法的保護に関しては，「成年者保護担当裁判官」が裁判長または報告裁判官となる。本章前注(1)(ウ)参照。

本条第3項の「申立て」の原語は prétentions，第4項の「弁論期日」は audience である。民法典第432条2項については，本章前注(4)(イ)(a)参照。

[94] 本条第1項は，実質的には，控訴の対象となった判断の「変更」が可能なことを示すものと考えられる。なお Blanc, p.715参照（本条第1項に相当する，2008年12月5日デクレによる改正〔2008年改正〕前の旧第1228条に関し，同条の不服申立て〔控訴ではない〕と控訴の類似性を指摘する）。本条第1項については「職権でも」可能とする点に留意を要しよう。

本条第2項前段の「保全」の原語は préservation である。本条第2項は2008年改正の新設規定で，Fossier, JCP, préc., p. 4 は「第一審裁判官に『保全的（conservatoires）』権限を残す」ものという。

[95] 本項の送達の方法は明らかでない。Verheyde, JCP, préc., p. 7 は，第1231条第1項の準用を認める。

[96] 本条は，濫控訴に関する民事罰金を定める第559条と類似の趣旨と思われる。なお Blanc, p. 715参照（本条に相当する，2008年改正前の旧第1226条に関し，第32-1条の原則に従うものとする）。

第10章　未成年者および成年者の法的保護（第1246-1条—第1250条）

第5小節　裁判上の〔一時的〕保護[97]

第1248条

　公衆衛生法典第L.3211-6条に定める裁判上の〔一時的〕保護のための申述〔書〕は，治療地の共和国検事に送付する。この共和国検事は，場合により，これを被保護成年者の常居所地の共和国検事に通知する[98]。

第1249条

　後見裁判官が民法典第433条の適用により成年者を裁判上の〔一時的〕保護に付す裁判は，申請人および被保護成年者に送達し，共和国検事に送付する。この共和国検事は，場合により，これを関係人の常居所地または治療地の共和国検事に通知する[99]。

　2　この付置に対しては，不服を申し立てることができない[100]。

第1250条

　第1230条および第1230-1条に定める者は，後見裁判官が，民法典第437条

97　この制度に関し，本章前注(1)(ア)および(4)参照。
98　裁判上の〔一時的〕保護に付す手続は，後見裁判官の裁判による場合（民法典第433条）と，（裁判ではなく）共和国検事に対する申述（déclaration）による場合（民法典第434条）がある。後者は，公衆衛生法典（code de la santé publique）第L.3211-6条に基づくもので，同条によると，民法典第425条が定める事由（成年者の法的保護措置の要件。本章前注(4)(ア)参照）により患者を保護する必要があると判断した医師は，治療地の共和国検事にその旨の申述をすることができ，この申述は，これと一致する精神科医の意見を伴うときは，患者を裁判上の〔一時的〕保護に付す効果を生じる（同条第1項）。一定の施設内で看護を受ける者について，医師が上記のように判断した場合にはこの申述をしなければならず，その場合は，精神科医の意見を伴わずに，上記の効果を生じる（同条第2項）。
　　本条前段は，公衆衛生法典第L.3211-6条の申述の方式について定める趣旨であろうか。後段は，被保護成年者の治療地と常居所地が異なる場合に関するものと思われる。
99　本項前段の「共和国検事」は，裁判をした後見裁判官の管轄区域の共和国検事を指すものと思われる。本項に相当する，2008年改正前の旧第1238条は，その旨明定する。現行法下の根拠規定としては民法典416条が挙げられようか。同条は，後見裁判官および共和国検事は，その管轄区域内において成年者の保護措置に関する一般的な監督権を行使する旨定める。本項後段の「関係人」は，被保護成年者を指すのであろう。

第2項の適用により特別の受任者を選任し，またはこの受任者の権限を後に変更する裁判に対しては，不服を申し立てることができる[101]。

第1251条

公衆衛生法典第L.3211-6条に定める裁判上の〔一時的〕保護のための申述または第1249条に定める後見裁判官の裁判を受領した共和国検事は，このために特別に備えられた事件簿にこれを記載する。

2　保護を終了させるための申述，保護を終了する後見裁判官の裁判および抹消は，当初の記載の余白に記入する。

3　更新の申述は，その日付を付して事件簿に記入する[102]。

100　後見裁判官が裁判上の〔一時的〕保護に付す裁判をする場合としては，成年者の能力の減退の程度からみてこの処分が最も適切なものと判断する場合（民法典第433条第1項）の他，保佐または後見の手続の係属中に，その間の暫定的な処分として，この裁判をする場合があり（同条第2項。Douchy-Oudot, Fasc. 940, préc., n° 103），後者が実務の伝統とされる（Y. Favier, J-cl., Civil Code, Art. 433 à 439, Fasc. unique, Majeurs protégés, Sauvegarde de justice, 2008, n° 17）。いずれの場合でも，この裁判は仮の（provisoire）性格を有するとされる（Favier, op. et loc. cit.）。本項は，このような仮の裁判に不服申立てを認める必要はないとの考え方によるのではないかと思われる。同旨，Blanc, p. 720（ただし，2008年改正前の旧第1239条に関する）。

もっとも，裁判上の〔一時的〕保護に付す場合には，特別の受任者が選任されることが多いようであり（Favier, op. cit., n° 2），この選任の裁判に対しては不服を申し立てることができる（第1250条）。なお，公衆衛生法典第L. 3211-6条に定める裁判上の〔一時的〕保護のための申述（第1248条参照）に対する不服申立ての可否については，明文の規定はなく，一般に肯定されているようである。Favier, op. cit., n° 26.

101　「第1230条および第1230-1条に定める者」とは，裁判上の〔一時的〕保護に付す裁判の送達または通知を受けた者，本条の不服申立ては控訴と解される（第1239条第1項）。

「特別の受任者」については，本章前注(4)(イ)(c)参照。その選任は補充的であることから，選任する裁判には理由を付すことが必要と解されている。Favier, op. cit., n°s 66-68.

「特別の受任者」の原語はmandataire spécialである。訳語の上では，第1259-5条の（将来保護の委任の場合の）「特別受任者」と酷似するが，両者は異なる概念で，後者の原語はmandataire ad hocである。これらの訳語についてはなお検討を要しよう。

102　本条は，裁判上の〔一時的〕保護の公示について定める。保護の終了・更新等に関しては，民法典第439条参照。

第1251-1条

次の各号に掲げる者は，第1251条第1項に定める裁判上の〔一時的〕保護のための申述または第1249条に定める後見裁判官の裁判の写しを共和国検事から取得することができる。

1号　司法機関

2号　民法典第430条に従い，保護処分の開始を申し立てるための資格を有する者

3号　職務の行使に関する証書において申述の有用性を証明する弁護士，公証人および執行士[103]

第1252条

裁判上の〔一時的〕保護に付された成年者の財産が危険にさらされるおそれがある場合には，共和国検事または後見裁判官は，あらゆる保全的処分を行い，特に封印の貼付を求め，または命じることができる。異議があるときは，執行士は，後見裁判官または共和国検事にこれを通知する。

2　この処分によって生じた費用は，刑事訴訟法典第R. 93条第3号に定める裁判の費用に準じて扱う[104]。

第1252-1条

財産の内容が封印の貼付に適さないと認められる場合には，共和国検事または後見裁判官は，すべての執行士，警視，憲兵隊長または市長に対し，動産の明細目録を作成し，また，場所が占用されていないときは，その閉鎖を確実に行い，その鍵を保管するよう求めることができる[105]。

2　鍵は，被保護成年者がその場所に帰るときは，受領証と引換えに返還する。鍵は，共和国検事または後見裁判官の許可を得た場合に限り，その被保護成年者以外の者に交付することができる。

103　民法典第430条については，本章前注(4)(イ)(a)参照。本条第3号の「証書」の原語はacte である。なお，本条第3号は，2012年5月3日デクレ634号に改正されている（代訴士の文言削除）。

第6小節　保佐および後見[106]

第1款　未成年者および成年者に共通の規定

第1253条

　民法典第503条に定める財産目録の作業の実施には，健康状態または年齢が許すときは被保護者，場合によりその弁護士，および財産目録が公務担当者または裁判所補佐職によって作成されるものではないときは，被保護者の使用人または保護処分を実施する者以外の成年の証人2人が立ち会う。

　2　この財産目録には，作り付けでない家具の明細，不動産および1500ユーロを超える換価価値を有する動産の評価〔額〕，現金の表示ならびに銀行口座，投資およびその他の有価証券の明細を記載する。

　3　財産目録には，立ち会った者が日付を付して署名する[107]。

104　本条および第1252-1条は，裁判上の〔一時的〕保護に付された成年者についての保全処分に関して定める。このような保全処分は，2008年改正前は保佐・後見にも認められており（旧第1233条・第1234条），適用範囲は縮小されている。保全処分を命じるのは，共和国検事・後見裁判官で，沿革的には前者の権限とされていたようである（Favier, op. cit., n° 84）。本条第1項の後段は，2011年9月1日デクレ1043号（相続開始後の保全処分等に関する。第1304条以下参照）により追加された。

　本条第2項の趣旨は，保全処分の費用について，刑事裁判の費用に準じて国庫が支払い，成年者に資力があれば，国庫はその者から取り立てることができるとするもののようである（Favier, op. cit., n° 86）。もっとも，刑事訴訟法典第R. 93条等は，裁判の費用に関する2013年8月26日デクレ770号により改正されている。本条2項は，同条第3号の費用に準じる旨定めるが，上記改正に伴い，同条第1項第2号（民法典第1巻第10編および第11編の規定の適用により命じられる成年者および未成年者の法的保護措置）の費用に準じると改めるべきではないかという疑問がある。なお，刑事訴訟法典第R. 91条，第R. 217条も参照。

105　「警視」の原語は commissaire de police，「憲兵隊長」は commandant de la brigade de gendarmerie，「明細目録」は état descriptif である。

106　これらの制度に関し，本章前注(3)(イ)および(4)参照。

107　民法典第503条第1項は，後見開始から3か月以内に，後見人は，後見監督人が選任されている場合にはその立会いにより，被保護者の財産目録（inventaire）を作成し，裁判官に送付する旨定める。本条は，その財産目録の作成手続に関するもので，将来保護の委任にも適用（準用）される（第1260条）。本条第1項の「公務担当者または裁判所補佐職」の原語は officier public ou ministériel，第2項の「作り付けでない家具」は meubles meublants，「評価（額）」は estimation，「投資」は placements である。

第10章　未成年者および成年者の法的保護（第1253条—第1255条）

第1254条

　管理計算書の検査および承認についての各年の任務が終了する時には，この任務を負う者がその管理計算書の写しを裁判所の記録に添付する[108]。

第1254-1条

　民法典第511条の適用については，被保護者の資力が許し，主任書記が有用と認めるときは，主任書記は，被保護者の費用で，計算書の検査の任務について執行士の補佐を求めることができる。このことは，被保護者および保護処分を行うために選任された者に対して，何らかの方法で通知する。これらの者は，この裁判を後見裁判官に求めることができ，後見裁判官は，申請に基づき，命令で裁判する。この裁判に対しては，不服を申し立てることができない。執行士は，被保護者の記録に含まれる計算書に関する書類全部について，その記録を保管する裁判所の書記課で，執務上の必要以外の制限を受けることなく，閲覧し，この任務の遂行に必要な写しを保持することができるが，第三者に伝達することはできない[109]。

第2款　成年者に関する規定

第1255条

　民法典第448条に定める保佐人または後見人の事前の指定は，公証人の前

---

[108] 「管理計算書」の原語は compte de gestion,「検査」は vérification である。民法典によれば，後見人は，毎年，管理計算書を作成しなければならない（民法典第510条第1項。なお同第512条）。その承認の任務を負う者は，場合により異なり，原則として，未成年者の法的保護措置に関しては大審裁判所の主任書記，成年者の法的保護措置に関しては小審裁判所の主任書記であるが，後見監督人・親族会・技術者（technicien）の場合もある（民法典第511条・第513条）。

[109] 本条は，2011年11月8日デクレ1407号により新設された。民法典第511条第3項後段は，主任書記（第1254条の注参照）が，民事訴訟法典に定める要件に基づき，後見人の作成した管理計算書の監査の任務について補佐を受けることができる旨を定める。本条は，この規定に基づき，執行士による補佐を認める。この補佐（委任）につき，主任書記は，被保護者の資力がこれを許すか否かを裁量的に判断する。被保護者または保護を担当する者の異議がある場合は，後見裁判官が裁判をする。Huissiers de justice : vérification des comptes du tutelle, Procédures n° 12, Décembre 2011, alerte 61.

で申述する場合，または関係する成年者が自筆で全文を書き，日付を付し，署名した証書による場合に限り，することができる[110]。

第1256条

　民法典第431条に定める診断書並びに同法典第426条および第432条に定める医師の意見を共和国検事が求め，または後見裁判官が命じる場合には，刑事訴訟法典第R. 93条第3号に定める要件に基づいて費用を負担し，その費用の取立ては，刑事罰金に関して定められた手続および担保の下で行う[111]。

第1257条

　保佐に付された成年者が補充的許可を申し立てるときは，後見裁判官は，保佐人を審問し，または呼び出した後に限り，裁判をすることができる[112]。

---

[110] 「事前の指定」の原語は désignation anticipée である。民法典第448条第1項は，保佐・後見に付される場合に備えて，保佐人・後見人になる者を予め指定していたときには，指定された者が職務を拒む等の場合を除き，裁判官はこの指定に拘束され，争いがある場合には裁判による旨定める。同条第2項は，親が，自らの死後または子の世話ができなくなったときに備えて，子（未成年子・成年子）の保佐人・後見人になる者を予め指定していた場合についても，同様とする。本条は，こうした事前の指定の方式について定める。なお，保佐人・後見人の選任の仕組みに関し，本章前注(4)(イ)(c)参照。

[111] 本条は，本章の他の規定とは異なり，「成年者の法的保護の裁判上の処分に関し作成される診断書および医師の意見の料金に関する」2008年12月22日デクレ1485号により改正されたものである。民法典第431条に定める診断書は，裁判上の処分の開始の申立ての際に添付するもので，共和国検事が作成した名簿に基づいて選ばれた医師が作成する（料金は160ユーロ，刑事訴訟法典第R. 217-1条）。民法典第426条に定める意見は，被保護者の財産を処分する一定の場合に，同第432条に定める意見は，裁判上の処分の開始について裁判する際，被保護者の審問を要しない旨を決定する場合に，それぞれ必要とされる（料金はともに25ユーロ，刑事訴訟法典第R. 217-1条）。刑事訴訟法典第R. 93条第3号については第1252条の注参照。

[112] 後見の場合に裁判官または親族会の許可を要する行為については，被保佐人は，原則として，保佐人の協力が必要である（民法典第467条第1項）。保佐人がこの協力を拒む場合には，被保佐人は，単独でその行為をする許可を裁判官に求めることができる（民法典第469条第3項）。本条の「補充的許可（autorisation supplétive）」は，この許可を指す。Douchy-Oudot, Fasc. 940, préc., n° 145.

第10章　未成年者および成年者の法的保護（第1256条—第1258-1条）

第2節　将来保護の委任に関する規定[113]

第1258条

　民法典第477条第1項の適用により設定された将来保護の委任の実施のために，受任者は，委任者が居住する地を管轄する小審裁判所の書記課に，委任者を伴って，自ら出頭する．ただし，診断書により，委任者がその健康状態により裁判所に出頭できないことが証明された場合は，この限りでない．
　2　受任者は，次の各号に掲げるものを書記に提出する．
　1号　委任状の原本またはその認証謄本で委任者および受任者が署名したもの
　2号　民法典第431条に定める名簿に登録された医師が作成し，同法典第425条に定める状況の一つが委任者に該当することを証明する旨の，2か月以内の日付が付された診断書
　3号　受任者および委任者のそれぞれに関する身分証明書
　4号　委任者の常居所証明書[114]

第1258-1条

　民法典第477条第3項の適用により設定された将来保護の委任の実施のために，受任者は，委任の受益者が居住する地を管轄する小審裁判所の書記課に，委任の受益者を伴って，自ら出頭する．ただし，診断書により，委任の受益者がその健康状態により裁判所に出頭できないことが証明された場合は，この限りでない．
　2　受任者は，次の各号に掲げるものを書記に提出する．
　1号　委任状の認証謄本で委任者および受任者が署名したもの
　2号　委任者の死亡証明書，または民法典第431条に定める名簿に登録された医師が作成し，同法典第425条に定める状況の一つが委任者に該当することを証明する旨の，2か月以内の日付が付された診断書
　3号　民法典第431条に定める名簿に登録された医師が作成し，同法典第

---

[113] この制度に関し，本章前注(1)(ｱ)および(4)(ｳ)参照．日本の任意後見にあたる制度で，2007年の民法典改正により創設された．本節の規定は，この民法典改正を受けて本法典を改正した2008年12月5日デクレ1276号により，新たに設けられた規定である．

425条に定める状況の一つが，委任の受益者として指定された委任者の成年子に該当することを証明する旨の，2か月以内の日付が付された診断書
　　4号　受任者および委任の受益者のそれぞれに関する身分証明書
　　5号　委任の受益者の常居所証明書[115]

第1258-2条

　書記は，さらに，提出された書類に基づき，次の各号に定める事項を審査する。

114　将来保護の委任の実施に関して，民法典第481条は次のように定める。「委任者が自己の利益を単独ではかる（pourvoir）ことがもはやできないことが証明されたときは，委任は効力を生じる。委任者は，民事訴訟法典が定める要件に基づいて，その旨の送達を受ける」（同条第1項）。「このためには，受任者は，小審裁判所書記課に，委任状，および第431条に定める名簿に基づいて選ばれた医師が作成し，第425条に定める状況の一つが委任者に該当することを証明する診断書を提出する。書記は，委任状に検印を押し，その効力の発生の日付を付して，受任者に返還する」（同条第2項）。
　　本条から第1258-4条までの規定は，民法典第481条の内容を具体化し，かつ，書記の権限を制限する等の実質的な修正を加えたものとみられる。将来保護の委任の実施について書記の権限とすることには強い批判があったといわれる（Douchy-Oudot, Fasc. 940, préc., n°173；Fossier, JCP, préc., p.5）。本条および第1258-1条は，一連の手続のうち，受任者が小審裁判所書記課に委任状等を提出する手続について定める。民法典第481条と比較すると，本条は提出書類を増加・明定し，受任者の出頭を義務付け，委任者の出頭も原則的に必要としており，学説は好意的である（Fossier, JCP, préc., p.5）。
　　ところで，民法典第477条は，ⓐ委任者自らのための委任を原則としつつ（同条第1項），例外的に，ⓑ他人のための委任を認める。ⓑは親が子（未成年子・成年子）のためにするものに限定され，受任者の選任は，親の死亡または親が子の世話をすることができなくなった日から効力を生じる（同条第3項）。ⓑは公正証書によらねばならないが，ⓐは私署証書でもよい（同条第4項）。私署証書による場合については民法典第492条以下。その書式に関し2007年11月30日デクレ1702号がある。本条はⓐの場合，第1258-1条はⓑの場合に関するものである。
　　本条第1項の原文は全体で一文である。第2項第1号の「認証謄本」の原語はcopie authentique，同項第2号の「民法典第431条に定める名簿」は，共和国検事により作成されるもの，「同法典第425条に定める状況」は，成年者の法的保護措置の要件にあたるもので，本章前注(4)(ア)参照。

115　本条に関し，第1258条の注参照。本条は，親（委任者）が子（委任の受益者）のためにする委任の場合である。本条は第1258条と類似するが，主な相違点は，「委任者」に代えて「委任の受益者」を管轄・出頭・提出書類に関する基準とすることである。

第10章　未成年者および成年者の法的保護（第1258-2条—第1258-4条）

　1号　委任設定日に，委任者および受任者が成年者または解放された未成年者であったこと
　2号　受任者の行為を監督する方法が明確に定められていること
　3号　民法典第492条の適用により弁護士が委任状を作成した場合には，その弁護士が委任状に副署していること
　4号　委任者が委任状において保佐に付されている旨を示した場合には，保佐人が委任状に副署していること
　5号　受任者が法人である場合には，社会福祉活動・家族法典第L.471-2条に定める名簿に登録されていることを証明していること[116]

第1258-3条

　すべての必要な要件を具備している場合には，書記は，委任状の各頁に略署した後，証書の末尾に，これは書記課に提出された日から効力を生じる旨を付記し，検印を押し，提出された書類とともに受任者に返還する。
　2　書記は，要件を具備しないと判断する場合には，委任状に検印を押さずに，これに伴う書類とともに受任者に返還する。
　3　前項の場合には，受任者は，申請により，裁判官に事件を受理させることができる。裁判官は，弁論を経ないで裁判し，その裁判に対しては，控訴をすることができない。裁判官が必要な要件を具備すると判断する場合には，書記は，受任者の申立てにより，第1項に従って手続を行う[117]。

第1258-4条

　委任者または委任の受益者で，裁判所書記の前に出頭しなかった者に対し

116　本条は，将来保護の委任の実施に関する書記による審査について，提出書類（前2条）に基づくものとし，審査すべき事項を明定する。この審査は形式的なものとされる。Douchy-Oudot, Fasc. 940, préc., n° 175 ; Ph. Potentier, J-cl., Civil Code, Art. 477 à 494, Fasc. unique, Mandat de protection future, 2009, n° 106.
　本条第3号は，委任状を弁護士が作成した場合について定めるが，このような私署証書による委任が許されることに関し，第1258条の注参照。第4号に関し，民法典第477条第2項参照。第3号・第4号の「副署している」の原語は contresigné である。
　第5号は，民法典第480条第1項に関するもので，「社会福祉活動・家族法典第L.471-2条に定める名簿」とは「成年者保護のための裁判上の受任者」の名簿を指す。本章前注(4)(イ)(c)参照。

ては，受任者が，配達証明付書留郵便により将来保護の委任の効力の発生を通知する[118]。

第1259条

　被保護者の人的能力の回復は，民法典第431条に定める名簿から選ばれた医師で，委任の受益者，委任者またはその受任者から依頼を受けた者が作成し，同法典425条に定める状況の一つに，被保護者がもはや該当しないことを証明する旨の，2か月以内の日付が付された診断書によって，確認する。

　2　委任の受益者，委任者または受任者は，この診断書に基づいて委任の終了の確認を得るため，いつでも小審裁判所書記課に出頭することができる。

　3　第1項に定める要件を具備している場合には，書記は，委任状に，これは書記課に提出された日に終了する旨を付記し，検印を押し，提出された診断書とともに出頭した者に返還する。

　4　書記は，要件を具備しないと判断する場合には，委任状に検印を押さずに，提出された診断書とともに出頭した者に返還する。

　5　この場合には，委任者の受益者，委任者または受任者は，申請により，裁判官に事件を受理させることができる。裁判官は，弁論を経ないで裁判し，その裁判に対しては，控訴をすることができない。裁判官が要件を具備すると判断する場合には，書記は，委任の受益者，委任者または受任者の申立てにより，第3項に従って手続を行う[119]。

117　本条第1項の「略署した」の原語は paraphé，「検印」は visa である。「これは」の原語は celui-ci で，acte を指すか mandat を指すか必ずしも明らかでないが，いずれにせよ，同項によれば，委任の効力発生時は，委任状が書記課に提出された日となる。なお，民法典第481条第1項（第1258条の注）参照。
　第3項は，将来保護の委任の実施について書記の権限とすることに対する批判に配慮したものと考えられる。第1258条の注参照。

118　民法典第481条第1項後段は「委任者は，民事訴訟法典が定める要件に基づいて，その旨〔訳注：将来保護の委任の効力発生について〕の送達を受ける（en reçoit notification）」と定める。この規定に関しては，親が子のためにする委任の場合（民法典第477条第3項）には，委任者よりも，委任の受益者に対する送達が必要であるとの批判がある（Potentier, *op. cit.*, n° 115）。本条は，このような批判に配慮したものと考えられる。

第1259-1条

　委任の受益者，委任者または受任者で書記の前に出頭しなかった者に対しては，出頭した者が，配達証明付書留郵便により委任の執行の終了を通知する[120]。

第1259-2条

　裁判官は，裁判上の〔一時的〕保護処分の開始の裁判において，またはこの開始後に委任の存在が判明した場合には，その処分の進行中にする裁判により，将来保護の委任の効力を停止することができる。

　2　書記は，受任者および裁判上の〔一時的〕保護に付された者に対して，この停止を通常郵便で通知する。

　3　裁判上の〔一時的〕保護処分が終了した場合には，裁判官が将来保護の委任を取り消し，または法的保護措置を開始する場合を除き，将来保護の委任は，当然にその効力を回復する。書記は，受任者および裁判上の〔一時的〕保護の付置が終了した者に対して，何らかの方法によりこれを通知する[121]。

119　本条第1項の「依頼され」の原語は saisi である。
　　民法典第483条第1項第1号は，将来保護の委任の終了事由の一つとして，「第481条に定める方式において，委任者または受任者の請求により確認された関係人の人的能力の回復」を挙げる。本条および第1259-1条はこれを受けたもので，第1258条から第1258-4条までの手続（民法第481条を受けたもの）と基本的な仕組みは同様である。本条は，民法典第483条第1項第1号と異なり，申立人に委任の受益者も加えている。親が子のためにする委任の場合（民法第477条第3項）を考慮したものと考えられる。

120　本条につき，第1259条の注参照。

121　将来保護の委任は，原則的には，裁判上の処分（裁判上の〔一時的〕保護・保佐・後見）に優先する。すなわち，将来保護の委任により，成年者の利益を十分に守ることができる場合には，裁判上の〔一時的〕保護を命じることはできない（民法典第428条第1項。Favier, *op. cit.*, n° 8）。しかし，民法典第483条第2項は，裁判上の〔一時的〕保護の間に，将来保護の委任の効力を停止することができるとする（なお，民法典第485条第2項は，将来保護の委任と法的保護措置の併存も認める。第1259-5条の注参照）。本条はこれを受けてその手続を定める。
　　本条第3項は，裁判上の〔一時的〕保護の終了により，原則として，将来保護の委任の効力が復活する旨を定める。その例外とされる将来保護の委任の取消し・法的保護措置（保佐・後見）の開始は，将来保護の委任の終了事由である（民法典第483条第1項第2号・第4号）。

第1259-3条

民法典第479条，第480条，第484条または第493条に基づく裁判官による事件の受理は，書記課に対する申請書の提出または送付により行う。申請書には，委任者または委任の受益者が委任者でないときはその者および受任者の氏名および住所を記載する。

2　土地管轄を有する裁判官は，委任者または委任の受益者が委任者でないときはその者の常居所の裁判官とする。

3　申請から15日以内に，書記課は，委任者または委任の受益者が委任者でないときはその者および受任者に対し，弁論期日の呼出状を配達証明付書留郵便で送付し，これには申請書の写しを添付する。

4　ただし，申請書からは，委任者もしくは委任の受益者が委任者でないときはその者または受任者の最後の住所しか知れない場合には，書記課は，申請人に対して執行士送達をするよう促す。

5　書記課はまた，通常郵便により，または口頭で，欄外署名と引換えに，申請人を呼び出す。

6　当事者は，自ら防御する。当事者は，弁護士に補佐または代理をさせることができる。

7　手続は，口頭で行う。

8　第1231条および第1239条の規定は，これに適用する[122]。

第1259-4条

裁判官が将来保護の委任を終了させた場合には，その裁判は，配達証明付書留郵便により受任者および委任者または委任の受益者に送達する[123]。

第1259-5条

民法典第485条および第493条の適用により，将来保護の受任者または特別受任者に対し，委任に含まれない行為の遂行を許可する裁判官の裁判に対しては，委任者または委任の受益者が委任者でないときはその者，受任者，委任の執行の監督を担当する者およびこの裁判により権利または負担を変更される者に限り，不服を申し立てることができる[124]。

第1260条

第1253条の規定は，将来保護の委任に適用する。

122　民法典第479条は住所選択・訪問権等に関する争い（同第459-2条第3項参照），同第480条第3項は受任者の職務の免除に関する許可，同第484条は委任の実施，執行の条件方法に関する争い，同第493条は私署証書による委任の場合の一定の行為（許可に服する行為・委任により定められなかった行為）の遂行に関して，後見裁判官の判断に委ねている。

　本条第5項は，2015年3月11日デクレ282号により次のように改正されている。「書記課は，何らかの方法により，弁論の場所および日時を申請人に通知する」。

　本条第8項は，裁判上の処分に関する一部の規定の適用（準用）を認める。第1231条は送達，第1239条は控訴に関するものである。

　なお，2009年12月23日デクレは控訴に関する改正を主な目的とするが，2008年12月5日デクレによる改正の再修正も含むもので，本条の第1項から第4項までの「または（もしくは）委任の受益者が委任者でないときはその者」の文言も，上記2009年デクレにより追加された（第1259-5条も同様）。この修正は，親が子のためにする委任（他人のための委任。民法典第477条第3項）の場合には「委任者」ではなく「委任の受益者」を基準とすべきであるとの考え方によるものであろう。なおVerheyde, JCP, préc., p. 8.

　本条第1項の「事件の受理」の原語はsaisine，第6項の「補佐」はassisterである。補佐は，当事者に対する助言・防御の提出ができ，前者は義務であるが，後者は義務ではない（第412条）。

123　第1259-3条の適用がある裁判については，同条第8項により第1231条（第1項但書）が適用されるため，裁判官は執行士送達を命じることができる。Douchy-Oudot, Fasc. 940, préc., n° 186は本条の裁判についても同様に解するようである。

124　本条の「特別受任者」の原語はmandataire ad hocである。この訳語に関し，第1250条の注参照。

　民法典第485条第2項の前段は，将来保護の委任の実施では，その適用範囲のために，被保護者の利益を十分に保護することができない場合には，裁判官は，補充的な法的保護措置を開始することができ，場合により，これを将来保護の受任者に委ねることもできるとする。すなわち，将来保護の委任と他の法的保護措置の併存を認める（Favier, op. cit., n°s 43 et 168）。同項の後段は，同様に，裁判官は，将来保護の受任者または特別受任者に対し，将来保護の委任に含まれない一定の行為の遂行を許可することもできるとする。民法典第493条については第1259-3条の注参照。

　第1259-3条第8項により第1239条（第2項）が適用される場合には，不服申立（控訴）権者の範囲は広い。民法典第493条に基づく手続の場合には，第1259-3条の適用があるが，不服申立権者については，その特則として，本条が適用されるということであろう。

第3節　国の被後見子に適用される規定

第1261条

第1242条の規定にかかわらず，国の被後見子の親族会の決議に対する不服申立ては，弁護士が署名した申請書を控訴院書記課に提出し，または配達証明付書留郵便により送付して提起する。

　2　第1244条から第1245-1条に定める手続は，これに適用する[125]。

第1261-1条

社会福祉活動・家族法典第L.224-4条および第L.224-8条に定める国の被後見子の資格認定のアレテに対する不服に関する申立ては，アレテが発せられた地を管轄する大審裁判所に対して行う。

　2　第1159条，第1160条，第1161条第1項および第1162条は，申立ておよび訴訟手続について適用する。

　3　判決は，公開の法廷で言い渡す。判決は，書記が，申立人，後見人および県会議長に送達する。

　4　不服申立方法は，第1163条の規定に従う[126]。

（大濱しのぶ）

---

[125]　国の被後見子につき本章前注(3)(ウ)参照。
　社会福祉活動・家族法典第L.224-3条は「国の被後見子の親族会のいかなる性質の決定及び決議も，一般法上の後見制度に適用される不服申立方法に服する」と定める。本条第1項は，この不服申立手続では，国の被後見子が弁護士により代理されねばならないことを前提にすると解される。Douchy-Oudot, Fasc. 937, précit., n° 54. 本条には，2012年12月24日デクレ1443号による改正が加えられている。第1項については，申請書の提出先が大審裁判所から控訴院の書記課に改められており，第2項については，適用される規定に第1245-1条が追加されている。

126　社会福祉活動・家族法典第L. 224-4条は，国の被後見子の資格要件を列挙し，同第L. 224-8条は次のように定める。
　「国の被後見子の資格の認定に対しては，不服を申し立てることができる。この不服申立ては，県会議長のアレテの日から30日の期間内に，大審裁判所に対して，裁判上の遺棄の宣言または親権の全部の剥奪がない場合には，血族（parents）により，〔または〕子の姻族，もしくは，とくに法律上または事実上その監護を確保したことから，子と関係があることを証明するすべての者で，その負担（charge）の引受けを求めるものにより，提起する（訳注：第1項の原文は全体で一文である）。
　2　裁判所は，この申立てが子の利益に適うと判断する場合には，申立人に対し，この者が後見の設定を申請する条件で子の監護を委ね，または親権を委譲し，認定のアレテの取消しを言い渡す。
　3　裁判所は，不服申立てを排斥する場合には，申立人に対し，子の利益において，裁判所が定める条件による訪問権の行使を許可することができる。」
　同条を受け，本条は，管轄裁判所等について定めると共に，第1159条（訴訟事件手続による），第1160条（申立ては申請による等），第1161条第1項（評議部による審理・弁護士関与は任意），第1162条（親権委譲の裁判ができる），第1163条（控訴に関する）の適用を認める。これらの規定は遺棄の宣言に関するものであるから，本条の手続は遺棄の宣言の手続に準じたものといえる。Douchy-Oudot, Fasc. 937, préc., n° 55.

第11章　裁判上の支援処分

【前注】
　(1)　裁判上の支援処分（MAJ）の概要

　㋐　本章が扱う「裁判上の支援処分（mesure d'accompagnement judiciaire）」[1]（以下 MAJ という）は，社会保障給付の管理が困難な成年者の保護を図るために，裁判官が選任した者にその管理を委ねるものである。前章（第10章）が扱う成年者の法的保護措置（mesure de protection juridique）[2] とは区別されるが，これと同様，成年者の保護を図る制度であり，民法典第495条以下に基本的な規定がある。また，社会保障給付に関するものであるから，社会福祉活動・家族法典第 L. 271-1 条以下等にも関連規定がある。

　MAJ の前身は，社会保障法典旧第 L. 167-1 条以下に定められていた「成人社会保障給付後見」（tutelle aux prestations sociales adultes TPSA）[3] であるが，2007年3月5日法律308号は，成年者の保護を図る制度を全面的に改正し，TPSA も大きく改め，名称も変更し，民法典に導入した[4]。本章は，前章と共に，この2007年の改正を受けた2008年12月5日デクレ1276号により設けられたものである。

　㋑　MAJ の対象となりうる社会保障給付は，社会福祉活動・家族法典（以

1　この制度に関して，清水恵介「フランス新成年後見法」日本法学75巻2号491頁以下（2009）の概説および条文訳参照。また，以下の記述については，Y. Favier, J.-cl., Civil Code, Art. 495 à 495-9, Fasc. unique, Majeurs protégés, Mesures d'accompagnement judiciaire, 2009 ; M. Douchy-Oudot, J-cl., Procédure civile, Fasc. 940, Procédures particulières, Régimes de protection des majeurs, 2009, n° 200 s.

2　本編第10章前注参照。成年者の法的保護措置は，日本の成年後見に相当し，裁判上の〔一時的〕保護（sauvegarde de justice）・保佐・後見・将来保護の委任がある。2015年10月15日オルドナンス1288号により家族授権が新設された。
　　なお，mesure の語について，本研究会では，裁判官等が命じるものは「処分」と訳し，mesure de protection juridique は，将来保護の委任を含みうる概念であるため，「法的保護措置」と訳している。上記前注の脚注3参照。

3　TPSA について，嵩さやか「フランスにおける社会福祉サービスと契約への規制」岩村正彦編『福祉サービス契約の法的研究』（信山社，2007）165頁以下。

4　Favier, op. cit., n° 3 は，TPSA と比較した場合の MAJ の特徴として，民法典に導入したこと，個別的社会福祉支援措置（MASP）の不奏効の場合に限り実施できること，成年者の法的保護措置と併用できないこと，共和国検事の申立てによらねばならないことを挙げる。各特徴に関しては後述する。

下，社家と略記）第D. 271-2条に列挙されており，このうちから裁判官が選択する（民法典第495-4条1項・社家第D. 272-1条）。原則として，第D. 271-2条1号から17号までのもの（概していえば住宅手当・高齢者手当・身障者手当等のようなもの）から選択するが，同条18号から29号までのもの（社会保障法典第L. 511-1条に定める家族給付（prestations familiales）に当たるもの等）に拡張することもできる（社家第R. 272-2条）。ただし，民法典第375-9-1条に基づき，少年事件裁判官が命じた家計管理援助に関する裁判上の処分（民訴第1200-2条以下参照）の対象となった家族給付等は，除外される（民法典第495-5条）。

㋒ MAJは，原則として，無能力をもたらすものではない（民法典第495-3条）が，MAJの対象とされた社会保障給付については，当該成年者は，直接的に受領し管理することはできなくなる。すなわち，裁判官は，MAJを実施する者を「成年者保護のための裁判上の受任者（mandataire judiciaire à la protection des majeurs MJPM）」から選任する（民法典第495-6条）。この者が，公的資金を受領する資格を有する機関において，当該成年者の名で開設された口座で，MAJの対象とされた社会保障給付を受領し，当該成年者の意見および家族の状況を考慮してこれを管理する。また，当該成年者に対し，社会保障給付の自立的管理の要件を回復するための教育的活動も行う（民法典第495-7条）。なお，「成年者保護のための裁判上の受任者」は，前記2007年3月5日法律により創設された専門職で，県における国の代表者（県知事）が作成・管理する名簿に登録され（社家第L. 471-2条），MAJの他，各種の法的保護措置の実施を委ねられる場合もある（社家第L. 471-1条）[5]。

(2) MAJの開始要件・個別的社会福祉支援措置（MASP）との関係

㋐ 民法典第495条1項は，MAJの開始に関し，次のように定める。「成年者のために社会福祉活動・家族法典第L. 271-1条から第L. 271-5条までの規定を適用して実施された措置では，その者が社会保障給付を十分に管理することができず，その健康または安全が危険にさらされている（compromise）場合には，後見裁判官は，関係人の財産（ressources）の管理における自立を回復するための裁判上の支援処分を命じることができる」。この

---

5 本編第10章前注⑷㋑(c)参照。

「社会福祉活動・家族法典第L. 271-1条から第L. 271-5条までの規定を適用して実施された措置」とは,「個別的社会福祉支援措置 (mesure d'accompagnement social personnalisé)」(以下MASPという) と呼ばれるもので, MAJはMASPの不奏効の場合に限って開始することができる, ということになる (MAJの補充性)。

(イ) MASPは, 社会保障給付受給者と県の契約によるもので, 県会議長が県を代表する (社家第L. 271-1条2項)。社会保障給付の管理に関する援助および個別的社会福祉支援 (accompagnement social individualisé) を含むとされる (社家第L. 271-1条1項)。対象となりうる社会保障給付は, MAJの場合と同様, 社家第D. 271-2条に列挙されたものである。MASPの対象となる者は, 社会保障給付の受給者で, 財産の管理が困難なために, 健康または安全が「脅かされている (menacée)」成年者であり (社家第L. 271-1条1項), たとえば, 繰り返し賃料を滞納し, 住居の明渡執行に至るようなケースが挙げられる[6]。MASP契約の受益者たる成年者は, 県に対し, 賃料・賃借人負担費用 (charges locatives) の支払いに優先的に充当するために, 社会保障給付の一部または全部を代わって受領し管理することを許可することができる (社家第L. 271-2条2項)。また, MASP契約の拒絶 (refus) または契約条項の不遵守の場合には, 県会議長は, 小審裁判所裁判官に対し, 社会保障給付が賃料・賃借人負担費用の額まで賃貸人に直接支払われるよう求めることができる (社家第L. 271-5条)。

(ウ) MAJの開始に関しては, 更に次のような制限がある。まず, 夫婦の権利義務・夫婦財産制に関する規定の適用により, 配偶者が社会保障給付を十分に管理することができる場合には, MAJを発令することができない (民第495条2項)。また, 法的保護措置の併用も禁止される。すなわち, 成年者が法的保護措置を受けている場合にはMAJを発令することはできないし, 法的保護措置が発令されると, MAJは当然に終了する (民法典第495-1条)[7]。

(3) MAJの手続の概要

MAJの手続は, 成年者の法的保護措置と同様, (小審裁判所の) 後見裁判官の管轄に属する (司法組織法典第L. 221-9条1号・民訴第1262-1条)。MAJ

---

6 Favier, *op. cit.*, n° 10.

第11章　裁判上の支援処分（前注）　　155

の手続の基本的な枠組みは，民法典および社会福祉活動・家族法典が定めているので，これを概観しておく。

　㋐　県会議長は，MASP の不奏効の場合には（前述(2)㋐参照），この対象者についての，社会的・金銭的状況の評価および MASP に関する個別的活動の総括（bilan des actions personnalisées）を含む報告書を，この者の医学的状況に関する情報を添付して，共和国検事に送付する（社家第 L. 271-6 条 1 項）。共和国検事は，これらの資料を調査し，裁判上の〔一時的〕保護・保佐・後見または MAJ の開始要件を具備すると判断する場合には，後見裁判官に当該処分の開始を申し立て，県会議長にこの旨通知する（同条2項）。

　㋑　MAJ の開始の申立権者は，共和国検事に限定され，後見裁判官が職権で命じることもできない（民法典第495-2条1項）[8]。後見裁判官は，MAJ を命じる場合には，対象となる社会保障給付を特定し（民法典第495-4条1項。前述(1)㋑参照），MAJ の実施を委ねる「成年者保護のための裁判上の受任者」を選任し（民法典第495-6条。前述(1)㋒参照），2年を超えない範囲で，処分の期間を定める（民法典第495-8条）。なお，この期間については，被保護者・受任者・共和国検事の申立てにより，更新することができるが，この裁判には理由を付すことを要し，かつ，通算して4年を超えることはできない（同条）。

　後見裁判官は，MAJ の実施において生じうる問題についても裁判する。職権で，または被保護者・受任者・共和国検事の申立てにより，処分の範囲を変更し，またはこれを終了させることができる（民法典第495-4条2項）。MAJ の開始・変更・終了の裁判をする場合には，対象となる者を審問し，または呼び出すことを要する（民法典第495-2条2項・第495-4条2項）。

---

[7] 成年者の法的保護措置には，複数のものがある（前掲脚注2）。民法典第495-1条の文理によれば，すべての法的保護措置と MAJ の併用が禁止されると解しうる。しかし，裁判上の〔一時的〕保護との併用については肯定する見解もある。Th. Fossier, J-cl., Civil Code, Art. 388 à 515, Fasc. 10, Tutelles, Présentation du nouveau droit des personnes protégées, Guide de lecture de la loi n° 2007-308 du 5 mars 2007 et du décret de procédure civile, 2008, n° 36. 反対, Favier, op. cit., n° 3. また，将来保護の委任と MAJ の併用の許否についても明らかではない。

[8] Favier, op. cit., n° 36.

第1262条

　共和国検事は，社会福祉活動・家族法典第L. 271-6条に定める報告書を受領した後，後見裁判官に事件を受理させるときは，直ちにこれを何らかの方法で県会議長に通知する。共和国検事がこの事件受理を相当でないと判断する場合も，同様とする[9]。

第1262-1条

　土地管轄を有する後見裁判官は，社会保障給付の受給者の常居所地の裁判官とする。

第1262-2条

　後見裁判官は，第1262条に定める報告書を添付した共和国検事の申請により事件を受理する[10]。
　2　裁判官は，あらゆる有用な情報を収集する。書記は，配達証明付書留郵便により，給付の受給者および裁判官が聴取を有用と認める者を弁論期日に呼び出す。
　3　給付の受給者は，裁判官が裁判をするまで，書面による申立てにより，執務上の必要以外の制限を受けることなく，書記課で記録を閲覧することができる[11]。

第1262-3条

　弁論は，公開しない。
　2　第三者は，正当な利害関係を証明し，後見裁判官の許可を得た場合に限り，下された裁判の写しを取得することができる[12]。

　9　裁判上の支援処分（MAJ）は，個別的社会福祉支援措置（MASP）の不奏効の場合に，県会議長から報告書の送付を受けた共和国検事が申し立てる。本条は，こうした手続に関するものである。本章前注(3)(ア)参照。
　10　MAJの申立権者は共和国検事のみである。本章前注(3)(イ)参照。
　11　本項は，第1222-1条第1項（成年者の法的保護に関する）に類似する。
　12　本項は，第1223-2条第2項に類似する。

第11章　裁判上の支援処分（第1262条―第1262-7条）

第1262-4条
　裁判官は，申請〔書〕の提出から1か月以内に裁判する[13]。
　2　その裁判に対しては，異議を申し立てることができない。

第1262-5条
　裁判は，給付の受給者，および場合により選任された成年者保護のための裁判上の受任者に送達する。
　2　この裁判は，共和国検事，県会議長，および場合により支払機関に通知する[14]。

第1262-6条
　裁判官が民法典第495-4条第2項を適用して裁判する場合には，本法典第1262-3条から第1262-5条を適用する[15]。

第1262-7条
　控訴は，給付の受給者および共和国検事がすることができる。
　2　控訴は，代理強制を伴わない手続により，提起され，審理され，判決される[16]。
　3　控訴期間は，15日とする。
　4　控訴審判決は，給付の受給者，および場合により選任された成年者保護のための裁判上の受任者に，送達する。この裁判は，共和国検事，県会議

---

[13] MAJを命じる裁判について，本章前注(3)(イ)参照。
[14] 本条第1項および第2項の「場合により」とは，MAJの申立てが認められた場合を指すものと思われる。本章前注(1)(ウ)および(3)(イ)参照。
[15] 民法典第495-4条第2項は，MAJの実施において生じる問題について裁判する場合に関するもので，裁判官は，申立てによりまたは職権で，処分の範囲を変更し，またはこれを終了させることができる。申立権者・審問の必要に関し，本章前注(3)(イ)参照。
　　本条は，MAJの変更・終了の手続について，その開始の手続（第1262-3条から第1262-5条までの規定）と同様とする趣旨と考えられる。
[16] 控訴について第931条以下（代理強制を伴わない場合の控訴院の手続に関する規定）が適用されると解される。なお，成年者の法的保護に関しては，2009年12月23日デクレ1628号により，不服申立てが控訴に改められた（第1239条以下）が，MAJの場合は，当初から控訴とされており，上記デクレによる改正は経ていない。

長，および場合により支払機関に通知する[17]。

第1262-8条

　後見裁判官は，法的保護措置を言い渡した場合には，これを何らかの方法で，裁判上の支援処分を実施する成年者保護のための裁判上の受任者に通知する[18]。

第1263条

　第1215条の規定は，裁判上の支援処分に適用する[19]。

（大濱しのぶ）

17　本項は第1262-5条と同旨である。すなわち，裁判の送達・通知の範囲は，第1審の場合も控訴審の場合も同様とする趣旨と考えられる。
18　民法典第495-1条第2項は，法的保護措置の言渡しにより，MAJ は当然に終了する旨定める（本章前注(2)(ウ)参照）。本条は，これを受けた規定と考えられる。
19　第1215条は，成年者保護のための裁判上の受任者が実施する法的保護措置（のうちの裁判上の処分）について，その対象たる成年者が死亡した場合の，相続財産の整理に関する手続を定めるものである。

第12章　差別事件に関する訴権[1]

【前注】

　(ｱ)　本章は,「差別対策の分野における共同体法に適合させるための諸規定に関する2008年5月27日法律496号に基づく非営利社団による訴権（actions en justice）の行使に関する」2008年8月20日デクレ799号により新設され，1か条のみから成る。なお，同デクレは，行政訴訟に関しても，本章の規定と同じ内容の規定を新設する（行政裁判法典第R. 779-9条）。

　(ｲ)　前記2008年5月27日法律は，平等待遇に関する5つのEU指令を国内法化するためのもので，差別の定義等について定め，証明責任の転換に関する規定も含む[2]。この5つのEU指令とは，①2000年6月29日理事会指令（2000/43/CE。人種・民族的出自による差別禁止に関する），②2000年11月27日理事会指令（2000/78/CE。労働関係の平等待遇のための一般的枠組みの創設に関する），③2002年9月23日欧州議会および理事会指令（2002/73/CE。76/207/CEE理事会指令を改正するもので，労働関係の性差別禁止に関する），④2004年12月13日理事会指令（2004/113/CE。物・サービス分野の性差別禁止に関する）および⑤2006年7月5日欧州議会および理事会指令（2006/54/CE。労働関係の性差別禁止に関する）である[3]。

　これらのEU指令には，各構成国は，国内法が定める基準に従い，指令の遵守を確保するための正当な利益を有する団体が，被害を主張する者（plaignant）の承認を得て，その者に代わり[4]またはその者を補助するために，指令に基づく義務を遵守させるための司法手続および行政手続またはそのいずれかの手続を開始することができるようにすべき旨の規定がある[5]。本章の

1　原語は Les actions en matière de discriminations である。
2　2008年5月27日法律につき，鈴木尊紘「フランスにおける差別禁止法及び差別防止機構法制」外国の立法242号44頁以下（2009）。
3　指令①－④およびそのドイツにおける国内法化に関し，齋藤純子「ドイツにおけるEU平等待遇指令の国内法化と一般平等待遇法の制定」外国の立法230号91頁以下（2006）。
4　指令①②④は pour le compte…du plaignant，指令③⑤は au nom…du plaignant という。一方，各指令の英語版は，一貫して on behalf …of the complainant という。この点にも鑑み，本文では，被害を主張する者「に代わり」と説明している。なお各指令の該当条文については後掲注5。

規定は，行政裁判法典の同様の規定と共に，こうしたEU指令の規定を国内法化するためのものと考えられる。

(ウ) 本章の規定は，非営利社団（association）[6]による訴権の行使に関するものでもある。非営利社団は，自由に設立することができるが，法的能力を取得するためには，一定の方式に従って届出（déclaration）をすることが必要である（1901年7月1日法律第2条・第5条・第6条）。適法に届出をした非営利社団は，特別の許可を要しないで，訴訟を提起することができる（同法第6条）。すなわち，当事者能力は認められるが，集団的利益を保護するための訴訟についての訴権は一般的には認められていないとされ，当事者適格・訴えの利益あるいは代理に関わる問題として論じられている[7]。もっとも，個別立法によりこの種の訴権が認められている場合も多い。

本章の規定は，労働法典旧第L. 122-45-1条第2項[8]（現第L. 1134-3条に相当）と同趣旨で，代行訴訟（action de substitution ; action substitutive）の一種とされる[9]。この労働法典の規定に関しては，ⓐ代行訴訟とみる立場と，ⓑ非営利社団の固有の訴訟とみる立場がある[10]。本章の規定に関しても，同様の見解の対立がありえよう[11]。また，本章の規定は，非営利社団が訴権を行使するためには，届出から5年経過したことを要するとしている。この

---

5 指令①7条2項，指令②9条2項，指令③1条により改正された76/207/CEE理事会指令6条3項，指令④8条3項，指令⑤17条2項。

6 「アソシアシオン」と訳される場合もある。これについては，山本桂一「フランスにおける営利組合と非営利社団」同『フランス企業法序説』（東京大学出版会，1969）69頁以下，大村敦志『フランスの社交と法』（有斐閣，2002）172頁以下，高村学人『アソシアシオンへの自由』（勁草書房，2007）等。

7 この点に関し，S. Guinchard (dir.), Droit et pratique de la procédure civile, 6e éd., Dalloz, 2009, n° 102. 150 et s., par M. Bandrac. こうした問題に関する詳細な研究として，荻村慎一郎「フランスにおける団体訴訟と訴訟要件」法協121巻6号（2004）781頁以下。

8 この規定は，指令①②を国内法化する2001年11月16日法律1066号により設けられたものである。

9 L. Cadiet (dir.), Droit judiciaire privé, JCP 2008 I 206, n° 1 par Y.-M. Serinet. なお，P. Chevalier, J-cl., Procédure civile, Fasc. 105, Parties à l'instance, 2002, n° 47.「代行訴訟」の意味は明らかではないが，概していえば，他人の利益についてその者に代わって訴権を行使する場合のようであり，日本法では訴訟担当として説明する場合に類似するようにも思われる。

10 Chevalier, *op. et loc. cit.*

点も上記労働法典の規定と同じで，同規定の5年の要件については，過剰な制限として欧州委員会から批判を受けたとされる[12]。本章の規定についても問題になろう。

第1263-1条

　5年以上前に適法に届出をした非営利社団[13]で，定款に差別対策を掲げるものは，差別の被害者のために，2008年5月27日法律496号に基づく訴権を行使することができる。
　2　非営利社団は，次の各号に掲げる情報を関係人[14]に提供した後に，その者の書面による同意を得たことを証明しなければならない。
　1号　行使しようとする訴権の性質および目的
　2号　訴訟は，非営利社団が追行し[15]，この社団が自ら不服申立方法を行使することができること
　3号　関係人は，いつでも，非営利社団が開始した訴訟手続に参加し，またはこれを終了させることができること

（大濱しのぶ）

11　なお，斎藤・前掲99頁によると，ドイツでは，指令①‐④の国内法化で，「一定規模…以上の反差別団体に対して，弁護士訴訟が法定されていない裁判手続に，不利益待遇を受けた者の補佐人として参加することを認める」規定が設けられたということである。
12　L. Péru-Pirotte, La lutte contre les discriminations, loi n° 2008-496 du 27 mai 2008, JCP S 2008, 1314, note 36. また，前記2008年5月27日法律の立法資料（国民議会第1読会の議事録 http://www.assemblee-nationale.fr/13/cri/2007-2008/20080122.asp における修正案50号等に関する審議）参照。
13　本章前注(ウ)参照。
14　差別の被害者を指すものと解される。
15　訴訟の原語は action であり，追行の原語は conduite である。

第2編　物

【前注】
　第2編は，物に関する訴訟手続を定める。実体法上の様々な規定に対応する手続が定められているが，主要なものとしては占有訴権，被後見人に属する財産の売却，執行手続外での競売と金銭分配，滌除の手続などがある。

第1章　占有訴権[1]

【前注】
　占有訴権は，民法典第2278条以下の占有保護規定に基づくものであり，訴権自体は民法典に規定されている。本章は，その手続面に関する若干の細則をおいたものである。

〔追記〕　占有訴権に関しては，2015年2月16日法律177号[2]により民法の規定が廃止されてしまったが，その後も民事訴訟法典の規定は廃止も改正もされていない。本章に引用する民法典の規定は上記法律による改正前の規定である。

第1264条
　行政財産に関する規則を遵守する場合を除き，占有訴権[3]は，少なくとも1年前から平穏に占有または所持している者に，その侵害から1年の間，認められる。ただし，占有回復訴権[4]は，暴力行為による侵害者に対する場合には，占有を奪われた被害者の占有または所持が1年未満であったとしても，行使することができる。

1　占有訴権の管轄は，2005年1月26日法律第47号により，裁判所組織法典旧第L.312-7条が大審裁判所の専属管轄と定めた。それ以前は小審裁判所の管轄に属していた。なお，レフェレ裁判官に管轄を認めた裁判例として，Cass.plén., 28 juin 1996, Bull.civ. n°6, D.1996.497, concl.Weber, note Coulon., etc.

2　Loi n° 2015-177 du 16 février 2015 relative à la modernisation et la simplification du droit et des procédure dans les domaines de la justice et des affaires intérieures.

第1265条

占有の保護と本権[5]とは併合されない。

2 ただし、裁判官は占有の保護要件が満たされているかどうかを確かめるために、権原を審査することができる。

3 証拠調べは、本権について行うことができない。

第1266条

本権に基づく訴えを提起した者は、占有に基づく訴えを受理されない。

第1267条

占有訴訟の被告は、その侵害を終了した後でなければ、本権に基づいて訴えることができない[6]。

（町村泰貴）

---

3 民法典第2278条「占有は、その本権に関わりなく、それに影響を及ぼし、または脅威となる侵害に対して保護される。
　占有の保護は、所持者についても、所持者の権利をもたらした者以外の者に対する関係で認められる。」
　第2279条「占有訴権は、平穏に占有または所持している者に対して、民事訴訟法典に規定された要件の下で認められる。」
　これらの条文は、2008年6月17日法律561号第2条により、第2282条および第2283条から上記の条文番号へと移されている。

4 フランス法辞典には侵奪占有回復訴権とあり、かつての réintégrande に代わる新名称で、我が国の占有回収の訴えに相当すると解説されている。
　その他、フランス法辞典にある占有訴権関係の用語として、占有妨害排除訴権（占有保持の訴え）が complainte、占有妨害予防訴権（占有保全の訴え）が dénonciation de nouvel oevre がある。

5 原語は fond du droit.

6 旧民訴法典では，以下のような内容であった。
　旧第27条「占有訴権の被告は，占有訴訟の審理が終結した後でなければ，不動産物権確認訴権に基づく申立てをすることができない。同人が敗訴した succombé 場合は，その者に対して言い渡された有責判決を完全に履行した後でなければ同申立てをすることができない。
　ただし，勝訴した当事者がその実行 liquider を遅延させた場合には，不動産物権確認訴権の裁判官は，その実行のための期間を定め，その期間経過後は不動産物権確認訴権が受理される。」
　旧法の下では占有訴訟が終了した後でなければ本権の訴えを提起できないことが明確になっているが，本条のもとでは trouble の解釈により，占有訴訟係属中は本権の訴えを提起できないと解する余地もありうる。ただし，Blanc, p.724では，占有訴訟係属中であっても占有訴訟原告が満足を得れば，本権に基づく訴えが提起できることになると解説されている。

第2章　収支計算報告提出および果実の清算

【前注】
　本章は，後見人のような他人の財産の管理人として行った行為について必要とされる収支計算報告と，その際の果実の清算方法について，若干の規定をおいている。

第1268条[1]
　収支計算報告提出の申立ては，場合により，会計人[2]の居住する地を管轄する裁判所に対して，または裁判により会計人が任命された場合はその任命をした裁判官に対して，行う。

第1269条[3]
　会計報告の修正を求める申立ては，その誤り，見落しまたは不正確な説明における更正を目的として行われる場合を除き，受理されない。
　2　同一の規定は，果実の返還におけるその清算に適用される。

（町村泰貴）

---

[1] 旧法典の該当条文は以下の通りである。
　旧第527条「裁判により任命された会計人は，その任命をした裁判官の下で訴えられる〕。後見人 tuteur は，後見が宣告された地の裁判官の下で〔訴えられる〕。その他の会計人については，その住所地の裁判官の下で〔訴えられる〕。」

[2] この会計人とは，実体法上任ぜられる受任者一般を指し，後見人なども含まれる。旧法典では後見人の規定も含まれていた。

[3] 旧法典の該当条文は以下の通りである。
　旧第541条「会計の見直しは，過誤，見落としや，偽造 faux または二重記入 doubles emplois がある場合に，同一の裁判官の下に請求をした当事者に対してでなければ，なされない。」
　第1269条第2項については，旧第526条が，「果実の返還を命じられた者は，以下〔会計収支報告〕の方式において報告をする。また裁判により命じられた会計報告と同様に行われる」と規定し，会計収支報告に関する第4編を準用している。
　なお，会計収支報告に関する第4編は，第1268条の下で参照した旧第527条と本条の下で参照した旧第541条のほかに，旧第527条から旧第542条までの詳細な規定をおいている。

第3章　裁判所の許可を得た用益権者による賃貸借

【前注】
　本章は，民法典第595条の定める用益権者の賃貸借設定について，同条第4項が虚有権者の同意または裁判所の許可を必要としていることを受けて，裁判所の許可を求める手続を定めたものである。なお，2012年1月20日デクレ66号第41条により改正されている。

第1270条
　民法典第595条[1]の適用により単独での賃貸借契約締結の許可を得ようとする申立ては，定められた期日の手続に従って申し立てられ，審理され，判決される。

（町村泰貴）

1　民法典第595条第4項「用益権者は，虚有権者 nu-propriétaire の協力がなければ，農地もしくは商業，工業または職人の用に供される不動産について賃貸借を設定することができない。虚有権者の同意がない場合，用益権者は裁判所の許可を得て単独でその行為をすることができる。」

第4章　未成年被後見人または成年被後見人に属する不動産および営業財産の売却

【前注】
　本章は，被後見人の所有する不動産および営業財産について売却する場合の手続を定めている。
　本章においては，不動産差押えおよび不動産売得金分配の手続に関する2006年7月27日デクレ936号（以下本章では不動産執行デクレという）の規定が引用され，それらがその後の民事執行手続法典の制定に伴い，参照先の条文が修正されている。

第1271条[1]

　未成年被後見人または成年被後見人に属する不動産および営業財産の裁判上の売却[2]は，その物の性質および概算的価値を明記した親族会の決議に基づかなければ命じることができない。

　2　当該財産が同時に行為能力ある成年者に属しており，かつ売却がその者によって遂行される場合には，この決議は必要ない。その場合，裁判上の分割のために定められた規定に従って手続が行われる。

第1272条[3]

　競売は，後見人または後見監督人の申請に基づき，大審裁判所がこの目的

　1　旧法典の該当条文は以下の通りである。
　　旧954条「不動産が未成年者にのみ帰属している場合，その売却は親 parens の意見 avis を聴いた後でなければ命じられない。
　　2　当該不動産が一部は成年者に，他の一部は未成年者に帰属している場合で，換価処分 licitationt がその成年者の申立てにより命じられた場合には，前項の意見は不要とする。
　　3　この換価処分は分割および換価処分との表題の下で規定されたところに従って行われる。」
　　第3項の換価処分は第7編（旧966条から旧985条）を指すものと思われる。
　2　この裁判上の売却の意味は，本条以下に規定されたところによる売却を指すものと思われるが，必ずしも共有財産の分割の場合のみとは限らないようで，その外延は不明である。

のために委託した公証人によって，または同裁判所の指名する裁判官による競売期日において行われる。

　2　管轄裁判所は被後見人の居住する地を管轄する裁判所とする。

　3　財産が複数の区域に所在する場合，裁判所はそれぞれの区域の公証人に委託し，当該財産の所在地にあるそれぞれの裁判所に裁判事務嘱託をすることができる。

第1273条
　裁判所は，売却の対象となる各財産について売却基準価額[4]および売却の基本的条件を定める。裁判所は，売却基準価額に達する入札がない場合には，より低い売却基準価額を定めて，これに基づく売却がされることを明らかにすることができる。

　2　裁判所は，当該財産の価値または構成から正当と認められるときには，全部または一部の評価を行わせることができる。

第1274条
　裁判所は財産の価値，性質および状態を考慮して公示の方法[5]を定める。

第1275条
　受託公証人または弁護士は，売却条件明細書[6]を作成する。売却が競売期日において行われる場合は，この明細書を裁判所書記課に寄託する。

3　旧法典の該当条文は以下の通りである。
　　旧955条「民事裁判所が未成年者の不動産売却 aliénation に関する家族会議の議決を認可した場合，同じ判決において，財産の重要性に応じて1人または3人の鑑定人を任命し，それらの者の評価に基づき，裁判所構成員の下で，または同じ判決によって委託を受けた公証人の下で，公開の競売が行われるべきことを命令する。」

4　mise à prix は従来最低売却価格とされていたが，第1277条にあるようにこれを下回る入札も可能であり，この趣旨から売却基準価額とした。

5　公示方法としては立て看板やポスター，新聞への掲載が考えられる。これらの方法の選択は対象財産の性質により決定するというのが本条の趣旨である。Blanc, p.738 参照。

6　日本の民事執行法によれば物件明細書に相当するが，売却基準価額や売却条件などを記載する点で，それよりは広い機能を有する文書である。

2　売却条件明細書は，売却を命じた判決を明示し，売却対象物を指示し，売却基準価額および売却条件を記載する。売却が営業財産に及ぶ場合，売却条件明細書はその営業財産およびそれを構成する個々の財産の性質と状態，ならびに買主が引き受ける義務，とくに営業財産に含まれる商品についての義務を，明示する。

第1276条

民法典第459条第1項[7]の規定が適用される場合，後見監督人は少なくとも1か月前までに売却条件明細書作成者の責任において[8]売却に呼び出され[9]，その立会いがない場合でも売却が行われることを通知される。

第1277条[10]

売却基準価額に達する入札がない場合，場合により裁判官または公証人は，最高価の買受申出を確認し，この買受申出の額により当該財産を仮に競落させることができる。

2　売主の放棄がある場合は別として，売却基準価額を定めた裁判所は，公証人，弁護士その他の利害関係人の申請に基づき，終局的競落と売却の実施を宣言するか，または再売却をなすよう命じることができる。後者の場合，15日を下回ることのない再売却期間，売却基準価額および公示方法を定める。

第1278条[11]

民事執行手続法典第R.322-39条から第R.322-49条まで，第R.322-59条，第R.322-61条，第R.322-62条，第R.322-66条から第R.322-72条までの規

7　民法典第459条第1項「未成年に帰属する不動産および営業財産の売却は，民事訴訟法典第953条以下の規定する条件により，後見監督人の立会いの下で，公の競売によって行われる。」この規定は1996年7月2日法律597号による改正後のものだが，引用されている民訴法典第953条以下とは旧法典の条文と思われる。

8　à la diligence は呼出しの責任を負うことを指す。発意ないし主導という意味であり，実際に呼出しを行う者は条文上明らかでない。

9　Blanc, p.739では，後見監督人を呼び出すのは伝統的なやり方だというが，その実益は疑問だとしている。

10　最低売却価格の決定は第1273条であり，仮の競落を認めた新設条文である。Blanc, pp.739-740.

定は，本章に準用する。

2　ただし，競売は，公証人が受託する[12]場合には，弁護士の関与なしに行うことができる。

3　公証人の下での売却の場合，空競り[13]があれば，手続は裁判所において続けられる。競落人が条件を履行しなかったことを確認する証明書は公証人により交付される。競落調書は書記課に寄託される。

第1279条

終局的競落から10日以内に，すべての者は民事執行手続法典第R.322-50条から第R.322-55条までの規定に定められた方式および期間に従って，1割増し競売[14]〔手続〕をすることができる。

2　競落が公証人の下でなされた場合，裁判所は，増し競売を認める判決により，同一の公証人に新たな競売[15]を移送し，その公証人は先に作成した売却条件明細書に基づいて手続を行う。

3　増し競売によって第2の競落がなされた場合，同一財産についてのさらなる増し競売は行うことができない。

第1280条

民法典第459条第2項[16]に定められた増し競売は，売却を行った公証人の所在地を管轄する裁判所書記課への申立てにより，競落から10日以内に行う。

11　不動産執行デクレによる改正後，第1項はさらに民事執行手続法典制定に伴う改正が施された。
12　この場合，第1272条で大審裁判所が公証人に競売を委託するとの条文を受けて，受託の訳語を充てた。
13　代金が支払われない入札を folle enchère 空競りという。
14　1割増し競売とは競落代金の増額を求める者が，売却基準価額の1割を納めて競売を申し立てることをいう。
15　adjudication は一般的に競落とするのに対して，ここでは競売に向けた手続を指すので，競売としている。
16　民法典第459条第2項「しかしながら家族会議は，自らが定める売却基準価額に基づく競売により合意に基づく売却 vente à l'amiable を，または自らが定める価格および約定による随意売却 de gré à gré を，許可することができる。合意に基づく競売 adjudication amiable の場合，民事訴訟法典の定める条件の下で常に増加競売が可能となる。」

第4章　未成年被後見人または成年被後見人に属する不動産
および営業財産の売却（第1279条—第1281条）

2　この申立ては〔旧〕民事訴訟法典第709条[17]の定める期間内に，競落人本人またはその住所に通知する[18]。

3　その他については，第1279条の規定を適用する。

第1281条

営業財産の売却に関する公務担当者[19]のそれぞれの権限は，妨げられない。

(町村泰貴)

17　この規定は旧民訴法典のものと思われる。第1279条では2006年12月23日デクレ1805号による改正で不動産執行デクレの該当条文に変更されているが，本条は改正漏れである。旧第709条に該当する条文は不動産執行デクレ第96条で，民事執行手続法典第R.322-52条に相当する。

18　第655条参照。住所に対する送達の場合は，現住者，不動産保管者，隣人に写しを交付することができるとされている。

19　公務担当者とは，山口・辞典によれば，裁判の運営に直接関与しない裁判所附属吏 officier ministériel の一種で，競売吏 commissaire-priseur や有価証券仲買人 agent de change がそれにあたる。三省堂辞典では公署官と訳されている。法曹会訳では，公証官吏と訳していた。第52条の解説及び第719条参照。第695条では公証権限を有する者としていた。

第5章　執行手続外における金銭分配

【前注】
　本章は，1996年8月14日デクレ740号により創設されたもので，執行手続外での金銭分配手続を定めている。
　本章においても，不動産差押えおよび不動産売得金分配の手続に関する2006年7月27日デクレ936号（以下本章では不動産執行デクレという）の規定が引用され，それらがその後の民事執行手続法典の制定に伴い，参照先の条文が修正されている。

第1281-1条
　執行手続外で，債権者間に金銭を分配する場合でその金銭が不動産売却によって得られたものでないときは，それを求める当事者が債務者の居住する地を管轄する大審裁判所所長に対してレフェレによる申立てをすることができ，所長は分配担当者を指名する。
　2　分配担当者は，供託が命じられない限り，資金の受寄者となる。

第1281-2条
　分配を担当する受寄者は，分配に供される金銭に相当する担保を提供しなければならない。

第1281-3条
　書記課は，命令の写しを，分配担当者に対して，また供託が命じられた場合には預金供託金庫[1]に対しても，通常郵便で送達する。
　2　分配担当者は債権者に対して，元本，利息，その他付帯金として請求される金銭の明細書を含む届出書を1か月以内に送付しなければならない旨を，配達証明付書留郵便によって通知する。場合により，この届出書には債権に付されている先取特権および担保権を記載する。証拠書類は届出書に添付する。

1　http://www.caissedesdepots.fr/

第5章 執行手続外における金銭分配（前注—第1281-6条）　　　173

　3　前項に定める期間内に届出がない場合，債権者は分配に参加する権利を失う。

第1281-4条

　分配担当者は，第1281-3条第2項に定められた通知の最後のものから2か月以内に，分配案を作成する。
　2　分配担当者は，この分配案を債務者および各債権者に，配達証明付書留郵便により送達する。
　3　この送達は，名宛人に対して以下の事項を指示し，このいずれかが欠けたときは無効とする。
　1号　郵便受領のときから15日の期間内に，配達証明付書留郵便により分配担当者に対して，理由を付して必要な証拠書類を伴った異議の申立てができること
　2号　付与された期間内に応答がない場合，分配案を受け入れたものと見なされ，異議の申立てがなければその分配案が確定すべきこと
　4　支障がある場合，大審裁判所所長は分配担当者の単純申請に基づき，本条第1項に定められた期間を延長することができる。

第1281-5条

　第1281-4条第2項に定められた送達の最後のものから15日以内に異議がない場合，分配案は確定する。
　2　分配すべき金銭を保持している場合，分配担当者は，〔確定のときから〕15日以内に債権者に対して弁済を行う。
　3　資金が供託されていた場合，分配担当者は，確定した分配案を預金供託金庫に送達し，同金庫が15日以内に弁済を行う。

第1281-6条

　異議がある場合，分配担当者は，最初の異議から1か月以内にされるべき和解の試みのために，当事者を配達証明付書留郵便によって呼び出す。
　2　呼出状には第1281-7条第2項の文言を転載する。

第1281-7条
　合意が成立した場合には，証書を作成し，その写しをすべての当事者に交付または通常郵便で送付する。この場合には，第1281-5条第2項および第3項に定められた条件で弁済が行われる。
　2　適法に呼び出され出席しなかった者は，合意を受け入れたものと見なす。

第1281-8条
　和解が調わない場合，分配担当者は合意されなかった点について証書を作成する。
　2　分配に供される金銭は，分配担当者を指名した裁判により既に供託されている場合を除き，直ちに供託する。
　3　分配を求める当事者は大審裁判所に事件を受理させることができ，同裁判所が分配を行う。

第1281-9条
　付与された期間内[2]に分配案ができなかった場合，第1281-8条第2項および第3項に定められた通りに手続が行われる。

第1281-10条
　弁済は，既判事項の確定力を得た分配判決が預金供託金庫に送達されてから遅くとも15日以内には，行われなければならない。

第1281-11条
　分配担当者の報酬は分配されるべき資金から控除され，各債権者に帰属する金銭に応じて債権者が負担する。
　2　異議がある場合，その報酬は大審裁判所所長が定める。

2　第1281-4条参照。

第1281-12条

　商事事件については，大審裁判所およびその所長に付与された権限は，商事裁判所およびその所長が行使する。

（町村泰貴）

第6章　第三取得者による抵当権および先取特権の滌除

【前注】
　本章は，不動産差押手続および不動産売却代金分配に関する2006年7月27日デクレ936号第131条により創設されたもので，滌除に関する手続規定である。

第1281-13条
　第三取得者は，民法典第2478条に定められた送達を，執行士の行為[1]として行わせる。

第1281-14条
　民法典第2480条の適用により不動産競売を行う債権者は，同条に定められた申立書を執行士の行為として送達する。この申立書には申請人の弁護士の選任を記載するものとし，これがなければ無効とする。
　2　競売申立書は，同条第5号の適用により，撤回できない銀行保証またはこれと同等の担保で正確に表示されたものを立てた旨の，債権者の弁護士による証明を含む。

第1281-15条
　不動産競売の申立てに対しては，不動産の所在地を管轄する大審裁判所への呼出しにより異議を申し立てることができる。
　2　この呼出しは，申立書の送達から15日以内にされなければならず，これに反するときは不受理となる。
　3　異議が認められた場合，申立書は無効と宣言され，第三取得者はその権利を保持する。ただし，他の債権者による他の増し競売がされていないときに限る[2]。

第1281-16条
　異議期間の経過後，競売期日は，申立債権者の申請に基づき，所長が，そ

1　ここでは acte d'huissier de justice を執行士の行為としたが，従来は執行士の文書ないし証書，もしくは執達書とした。

の命令から2か月以上4か月以内の期間内の日に定める。
　2　この命令は，配達証明付書留郵便により，書記課が第三取得者および債務者に送達する。

第1281-17条
　申立債権者の責任において，民事執行手続法典第R.322-30条から第R.322-38条まで，および民法典第2206条に定められた条件の下で，増し競売の額を明示した公示の手続が行われる。

第1281-18条
　同法典第R.322-39条から第R.322-63条までに定める条件の下で，競売が行われる[3]。
　2　さらなる増し競売は受理することができない。
　3　再度の競売[4]は，同法典第R.322-66条から第R.322-72条までに定める条件の下で行うことができる。

第1281-19条
　申立債権者または第三取得者の懈怠[5]の場合，同法典第R.311-9条に定める方式により登録債権者が代位を請求することができる。
　2　申立債権者は，代位された場合でも，引き続き担保の義務を負う[6]。

　　　　　　　　　　　　　　　　　　　　　　　　（町村泰貴）

2　第3項は全体で一文である。但書きとして訳したà moins que節は，第三債務者が権利を保持することのみにかかるか，申立書の無効にもかかるのか，原文も必ずしも明らかではない。
3　本条の競売は前条を受けた増し競売と解される。
4　この再度の競売とは，競落人が競落代金および費用を納付しなかった場合に行われるものである。
5　不動産執行デクレ第10条は，申立債権者が取下げ，不注意，詐欺，通謀などの行為をしている場合に他の登録債権者による代位を認めている。本条でいうcarenceはそれらを指しているものと解される。
6　この担保提供は，第1281-14条参照。代位された場合でも新たに代位債権者が担保を提供するのではなく，元の申立債権者の提供した担保が引き続き維持される。

第3編　夫婦財産制——相続および無償譲与[1]

【前注】

　本編は，2つの章に分かれており，第1章は，第1286条から第1303-6条において，夫婦の権利および夫婦財産制を扱い，第2章は，第1304条から第1381条において，相続および無償譲与を扱っている。いずれも，民法典第3巻「所有権取得の諸態様（Des différentes manières dont on acquiert la propriété）」（第711条から第2283条）の第5編「夫婦財産契約および夫婦財産制（Du contrat de marriage et des régimes matrimoniaux）」（第1387条から第1581条）ならびに第1編「相続（Des successions）」（第720条から第892条）および第2編「無償譲与（Des libéralités）」（第893条から第1100条）に置かれている実体規定を受けて，それに対応する夫婦財産関係に関する手続面での規律（大審裁判所に所属する家族事件裁判官および後見裁判官の下における許可および認可等の裁判手続）について規定している。

第1章　夫婦の権利および夫婦財産制[2]

【前注】

　フランスにおける夫婦財産制は，上述したように民法典第3巻「所有権取得の諸態様」の第5編「夫婦財産契約および夫婦財産制」（第1387条から第

---

[1] 無償譲与の原語は libéralité であり，これには恵与という訳語が実体法上は定訳とされている。その意味は，民法典第893条が以下のように定めている。
　「第1項　恵与とは，ある者が，他の者の利益のために財産又は権利の全部若しくは一部を無償で処分する行為である。
　第2項　恵与は生存者間の贈与又は遺言によってのみ，行うことができる。」
　これについて北村一郎教授は「贈与・遺贈」という訳語を当てている。ミシェル・グリマルディ（北村一郎訳）「フランスにおける相続法改革（2006年6月23日の法律）」ジュリスト1358号68頁参照。

[2] 1981年5月12日デクレ500号。フランスにおける夫婦財産制については，Lemouland et Vigneau, Rép.pr.civ., t. V, v° Régimes matrimoniaux, 原田純孝「相続・贈与遺贈および夫婦財産制」北村・200年232頁以下，大村敦志『フランス民法』（信山社，2010年）109頁以下参照。

1581条）および第1巻「人（Des personnes）」の第5編「婚姻（Du mariage）」第6章「夫婦の権利義務（Des devoirs et des droits respectifs des époux）」（第212条から第226条。ここに，夫婦財産制のベースとなる共通規定が置かれている。）に実体規定があり，これを受けて，民事訴訟法典第3巻「特定の事件に関する特別規定」（第1038条から第1441-4条）の第3編「夫婦財産制－相続および無償譲与（Les régimes matrimoniaux – Les successions et les libéralités）」（第1286条から第1404条）第1章「夫婦の権利および夫婦財産制（Les droits des époux et les régimes matrimoniaux）」（第1286条から第1303-6条）にその手続に関して，許可および授権（第1節），緊急処分（第2節），管理権の裁判上の移転および後得財産分配請求権の事前清算（第3節），裁判上の財産分離（第4節），夫婦財産制の変更（第5節），渉外事件における公示（第6節）の規定が置かれている[3]。

　本章の対象は，本来あまり争訟性のない分野であるが，時として問題が発生すると，それが個人および夫婦の将来に関するきわめて重大な問題の前兆であったり，既に解決困難な問題になっていたりする場合も少なくない。それゆえ，争訟性の乏しさから，この分野における裁判官の役割を過小評価すべきではなく，近時の立法的変革により，徐々にではあるが，このような紛争を予防し，または解決するための大きな権限が裁判官に付与される傾向にある[4]。

第1節　許可および授権

第1286条

　法律上，とくに民法典第217条[5]，第1426条第2項[6]，第2405条，第2406条[7]および第2446条[8]に定める許可および授権の申立ては，家族事件裁判官

---

[3] 婚姻費用の分担に関する旧第1節の規定（第1282条―第1285条）は，家族事件裁判官に関する1994年1月14日デクレ42号により廃止された。その結果，第2節から第6節が第1節から第5節になった（1994年1月14日デクレ42号第12条）。

[4] Lemouland et Vigneau, op.cit., n° 4.

[5] 2005年1月1日以降に適用される2004年10月29日デクレ1158号第13-Ⅰ条により挿入。民法典第217条は，配偶者の一方が他方の協力または同意を要する行為を，裁判所の許可を得て単独でできるとの規定である。

に対する[9]申請により行う。

  2 民法典第217条および第219条[10]に定める許可および授権の申立ては，配偶者がその意思を表明できる状態にないときは，後見裁判官に対し行う[11]。

第1小節　家族事件裁判官の下における手続[12]

第1287条

  第1286条第1項の申立ては，非訟事件として審理および判決され，大審裁判所においてこの手続に適用される規定に従う[13]。

  2 ただし，許可の申立てが，配偶者の拒否に対抗する目的でされたとき[14]は，第788条から第792条[15]の規定が適用される。裁判官は，適法に呼び出されたにもかかわらず出席しない場合を除き，配偶者を審問する。事件は，評議部において審理され，判決される[16]。

---

[6] 民法典第1426条第2項は，配偶者の一方が共通財産の管理処分について他の配偶者の権限を引き受けた場合，その同意を要する行為について裁判所の許可を得て単独でできるとの規定である。

[7] 民法典第2405条および第2406条は，法定担保権の順位の移転等について，裁判所の許可を得て配偶者の一方が単独でできるとする規定である。

[8] 民法典第2446条は，配偶者の一方が受益者である法定担保権の削減または解放 mainlevée について，裁判所の許可を得て他の配偶者が単独でできるとする規定である。

[9] 夫婦財産制および不分割に係る家族事件裁判官の下における手続に関する2009年12月17日デクレ1591号第4条により，本項の管轄が大審裁判所から家族事件裁判官に変更された。

[10] 民法典第219条は，意思表示ができない配偶者のために，他方の配偶者が裁判所によって包括的または個別的代理権を付与されるとの規定である。

[11] 2004年10月29日デクレ1158号第13-Ⅱ条による。この改正は，2005年1月1日に効力が発生する（同デクレ第15条）。

[12] 2005年5月13日デクレ460号第33条。2005年5月13日デクレ460号第33条は，マイヨット島に適用される（第39条）。

[13] 本章脚注8の改正に伴い，2009年12月17日デクレ1591号第5条により，本条第1項に，「大審裁判所…」以下の部分が追加され，第2項の「〔大審〕裁判所」が「〔家族事件〕裁判官」に変更された。

[14] 民法典第217条では，配偶者の協力または同意が必要な場合に，その拒否が家族の利益に反することを理由とする裁判上の許可ないし授権について定めている。

第1288条

　控訴は，場合により非訟事件としてまたは訴訟事件として[17]，提起され，審理され，判決される。事件は，評議部において審理され，判決される。

第2小節　後見裁判官の下における手続[18]

第1289条

　第1286条第2項の申立ておよび控訴は，非訟事件に属する。

第1289-1条

　夫婦の一方による申請は，その配偶者がその意思を表明することができないことを証明しうるあらゆる資料，またはその不可能性が医学的な理由によるものである場合は，診断書を添付する。

　2　裁判官は，職権でまたは当事者の申立てにより，証拠調べを命じることができる。

　3　弁論期日において，裁判官は，配偶者を審問する。ただし，裁判官は，医師の意見に基づき，この審問を行わないことを決定することができる。

第1289-2条

　民法典第219条に基づき後見裁判官により付与された一般的な授権は，同様の方式で終わらせることができる。

15　民訴法典第788条から第792条は，第2巻第1編（大審裁判所の特別規定）第1小編第1章（指定期日の手続）に関する規定であり，通常手続を短縮・簡略化し，原告の申請によっていきなり裁判所の指定する期日に被告を呼び出し，できれば直ちに口頭弁論に移ろうとする制度を規定したものである。

16　第1項と比較して，本項の場合は，「事件は評議部で審理され，判決される」とされていることから，明示的ではないものの，非訟ではなく訴訟事件として扱われるものと解されている。これは，まさに争訟性の有無による区別であると考えられる。Le Ninivin, Desdevises et Le Masson, J-cl. procédure civile, Fasc.116, n° 154.

17　この区別は，第1287条の第1項と第2項に対応するものである。Le Ninivin, Desdevises et Le Masson, ibid.

18　2005年5月13日デクレ460号第33条による。

第2節　緊急処分

第1290条

民法典第220-1条に規定されている緊急処分[19]は，家族事件裁判官[20]が，レフェレにより，または必要な場合には申請に基づく命令により命じる。

第3節　管理権の裁判上の移転および後得財産分配請求権[21]の事前清算[22]

第1291条

民法典第1426条第1項，第3項[23]，第1429条[24]および第1580条[25]に定める訴権は，財産分離請求に適用される規定に従う[26]。

19　民法典第220-1条は，家族事件裁判官による緊急処分として，夫婦の一方がその義務を著しく欠き，家族の利益を危険にさらす場合には，必要とされるすべての緊急処分を命じることができること（第1項），とくにその夫婦の一方に対して，その固有財産または共通財産についての処分行為を他方の同意なしに行うことの禁止命令（第2項），および夫婦の一方の暴力により配偶者や子供に危険を生じさせる場合の退去命令（第3項）などについて規定する。

20　1994年1月14日デクレ42号。家族事件裁判官の創設に関する1993年1月8日法律22号および1994年1月14日デクレ42号の規定は，1994年2月1日に効力を生じる。この改正により，それまで大審裁判所長の権限であったものが，新設の家族事件裁判官に移された。

21　原語の créance de participation は，山口・辞典では「後得財産分配参加権」とされている。participation aux acquêts は，後得財産分配参加制と訳され，婚姻中は別産制をとりつつ，婚姻解消時に分配がなされる財産制を指すものとされている。ここでは，créance の意味に引きつけて請求権とした。

22　原語は liquidation であり，金額を確定することを事前に請求できるものと解され，数額確定の訳語を充てることも考えられたが，清算という語がより広い意味で使われるので，それを充てた。

23　民法典第1426条は，第1項で，夫婦の一方が継続してその意思を表明することができない状態にある場合，または夫婦の一方による共通財産の管理の不適格もしくは不正が明らかである場合は，他方配偶者は，管理権者の代置を裁判上請求することができる旨規定するとともに，第3項で，その権限を奪われた夫婦の一方は，後に他方配偶者への権限の移転がもはや正当とされないことを立証して，その権限の回復を裁判所に請求することができる旨を規定する。

第4節　裁判上の財産分離

第1292条

　財産分離の申立ては，家族の居住地の家族事件裁判官に対して行う。この申立ては，第1136-1条の規定に従う[27]。

　2　申立書の抄本は，身分目録への保存および本巻第1編第3章に定める方法に基づく出生証書の余白記載による公示のために，申立人の弁護士が，夫婦のそれぞれが生まれた地の大審裁判所書記課に送付する。

　3　申立書の抄本は，さらに，事件を受理した裁判所の管轄区域内で配布されている新聞に公示することができる。

第1293条

　判決をすることができるのは，前条に定める記載が夫婦のそれぞれの出生証書の余白にされた後，またはこの証書がフランスの登録簿に保存されない場合は，申立書の抄本が外務省中央身分証書局の創設に関する1965年6月1日デクレ422号第4条に定める身分目録に登録された後，1か月を経てからに限られる。

---

[24]　民法典第1429条は，第1項から第3項で，夫婦の一方が継続してその意思を表明することができない状態にある場合，または夫婦の一方がその固有財産を損耗もしくは費消して家族の利益を危険にさらす場合には，その配偶者の請求に基づいて，判決により，その管理収益権をその者から剥奪し，原告である配偶者にその管理収益権を付与することができる旨規定するとともに，第4項で，その権限を奪われた夫婦の一方は，後にその剥奪を正当とした事由がもはや存在しないことを立証して，その権限の回復を裁判上請求することができる旨を規定する。

[25]　民法典第1580条は，夫婦の一方の事務の乱脈，その劣悪な管理またはその不行跡によって夫婦財産制の継続が他方配偶者の利益を損なうおそれを生じさせる場合には，他方配偶者は，その後得財産分配請求権の事前清算を請求することができる旨を規定する。

[26]　être régie par を「……に従う」と訳すことにつき，第1231-2条第4項参照。

[27]　2009年12月17日デクレ1591号第6条により，本項の申立て先が大審裁判所から家族事件裁判官に変更されるとともに，後段が追加され，さらに，第3項の裁判所（le tribunal）が裁判機関（la juridiction）に変更された。なお，第1294条第1項も，本条第3項と同様の改正がなされた。

第1294条

分離を言い渡す判決は，その裁判所の管轄区域内で配布される新聞に公示される。

2　判決主文は，挙式証書の余白記載のため，婚姻が執り行われた地の身分担当官に送達される。結婚[28]が外国で執り行われ，かつ婚姻証書が作成されまたはフランスの登録簿に転記されたときは，判決主文は，同様の目的で，この登録簿を保管する当局に送達される。

3　夫婦財産契約が夫婦によって結ばれていた場合，裁判の主文は，配達証明付書留郵便により契約書の原本を保管する公証人に送達される。公証人は，この原本に裁判を記載しなければならず，執行力の有無にかかわらず，この記載を再録しない謄本を交付してはならない。これに反するときは損害賠償の責任を負う。

4　前2項に定める場合において，送達には，第506条に従い，裁判の執行可能性の証明を付する[29]。

第1295条

第1294条に定める手続は，申立人の責任において行われる。

第1296条

財産分離の申立てを棄却する判決は，第1292条第2項に従って公示される。

第1297条

裁判の執行は，それが第1294条に定める手続の完了前に開始された場合は，夫婦の債権者に対抗できない[30]。

28　原語はunionであり，その種類は婚姻にとどまらない。適当な訳語がないので「結婚」としている。

29　第506条の規定は，判決に従い登録等をする場合に，判決の執行可能性の証明を提出しなければならず，その証明は弁護士または代訴士により行われるとの規定である。

30　旧民訴法第872条に規定され，その後第868条に移った規定を受け継いでいる。民法典第1445条参照。

第1章　夫婦の権利および夫婦財産制（第1294条―第1300-1条）　　185

第1298条

この〔第1294条に定める〕手続の完了から１年以内は，夫婦の一方の債権者は，分離判決に対し第三者による判決取消の訴えを提起することができる。

第1299条

夫婦のうち被申立人である者の自白は，債権者がいない場合であっても，証拠とならない。

第５節　夫婦財産制の変更[31]

第１款　一般規定

第1300条

民法典第1397条第２項[32]に定める通知は，夫婦財産契約の両当事者であった者およびそれぞれの夫婦[33]の成年子に送達される。

２　この通知の内容および民法典第1397条第３項[34]に定める告知の内容は，国璽尚書・司法大臣のアレテにより決められる。

第1300-1条

民法典第1397条第２項および第３項に定める者による異議は，証書を作成した公証人に送達される。公証人はこれを夫婦に通知する。

31　2006年12月23日デクレ1805号。2007年１月１日に効力が発生する（同デクレ第３条）。フランスにおける夫婦財産制の変更については，岩澤哲「フランス法における夫婦財産制の変更（一）（二・完）」民商130巻２号325頁以下，同３号485頁以下（2004）参照。

32　民法典第1397条第２項は，変更される夫婦財産契約において当事者であった者，およびそれぞれの夫婦の成年子は，その変更内容を個別に通知されるとともに，これらの者は，３か月内に変更に異議を申し立てることができる旨規定する。

33　原語は chaque époux であり，夫婦のそれぞれの成年子の意味にとれるが，夫婦のそれぞれに固有の成年子がいる場合に限らず，むしろ夫婦間に複数の成年子がいる場合が念頭におかれていることは，２項所定のアレテに enfants des époux とされていることから推察される。

34　民法典第1397条第３項は，債権者に対する変更の通知を夫婦の住所地で法定公告に使われる新聞への告知 avis の公開により行う旨規定するとともに，債権者はこの公開から３か月内に変更に異議を申し立てることができる旨規定する。

2 異議がある場合，夫婦は本節第2款に定める方式に従った申請を提出することができる。

第1300-2条
　夫婦財産制の変更の婚姻証書余白への記載は，公証人によってなされる。公証人は，証書抄本，ならびに通知の手続を実施した日および告知の公示日を明記し，かつ，異議のないことを証明した公証人作成の証明書を，身分担当官に対して送付する。

第1300-3条
　夫婦財産制変更を明らかにする証書の不動産公示手続を必要とする場合，これを行う期間は，民法典第1397条第2項および第3項に定める3か月の期間満了から始まる。
2 公示に付される証書には，第1300-2条に定める証明書を添付する。

第2款　夫婦財産制変更の裁判上の認可

第1300-4条
　夫婦財産制変更の認可の申立ては，家族の居住地の家族事件裁判官に対して行う[35]。
2 申立書の抄本は，身分目録への保存および本巻第1編第3章に定める方法に基づく出生証書の余白記載による公示のために，申立人の弁護士が，夫婦のそれぞれが生まれた地の大審裁判所書記課に送付する。

第1301条
　夫婦財産制変更の認可は，非訟事件に属し，大審裁判所においてこの手続に適用される規定に従う[36]。

35　2012年1月20日デクレ66号第42条により，本項の管轄が大審裁判所から家族事件裁判官に変更され，さらに，本条に第2項が追加された。

36　本章脚注13同様，2009年12月17日デクレ1591号第7条により，本条に「大審裁判所…」以下の部分が追加された。

第1章　夫婦の権利および夫婦財産制（第1300-2条—第1303-2条）

第1302条

夫婦財産制を修正しまたは全部を変更する公正証書の謄本は，申請書に添付する。

第1303条

夫婦財産制変更を明らかにする証書の不動産公示手続を必要とする場合，これを行う期間は，認可の裁判が既判事項の確定力を取得した日から始まる。

第6節　渉外事件における公示[37]

第1款　婚姻期間中になされた夫婦財産制の準拠法の指定

第1303-1条

婚姻証書がフランス当局に保管されているときは，当局は，夫婦の双方または一方の申立てにより，民法典第1397-3条第2項に定める公示として，夫婦財産制の準拠法指定文書を，この証書の余白に付記する[38]。

2　フランス当局に保管されている婚姻証書がない場合において，夫婦財産制の準拠法指定文書が公署形式でフランスにおいて作成された場合または夫婦の一方がフランス人の場合，当該文書またはその権限を有する者により交付される証明書は，夫婦の双方または一方の申立てにより，外務省中央身分証書局の創設に関する1965年6月1日デクレ422号第4-1条に定める身分目録付録に保管のため登録される。

第1303-2条

夫婦財産契約がフランスで締結されたときは，夫婦の双方または一方は，契約書原本を保管する公証人に，配達証明付書留郵便により夫婦財産制の準

---

[37] 1998年6月23日デクレ508号による。
[38] 民法典第1397-2条には，1978年3月14日のハーグ条約に基づいて，夫婦が準拠法を指定するものとされている。同第1397-3条はこれを受けて第1項でこれから結婚する夫婦の場合，第2項で既に結婚した夫婦が準拠法を指定する場合を規定し，それぞれの公示方法を定めている。

拠法指定文書の写しを送付する。夫婦財産契約がフランスの外交官または領事館員により受理された場合，夫婦の双方または一方は，外務大臣に〔その旨を〕通知する。

2　公証人，フランスの外交官もしくは領事館員または外務大臣は，夫婦財産契約の原本に以上のように指定された準拠法を付記することとし，この付記を記載しない謄本または抄本を交付してはならない。

第2款　外国法の適用による夫婦財産制の変更

第1303-3条

　婚姻証書がフランス当局に保管されているときは，婚姻の効果を規律する外国法の適用により生じる夫婦財産制の変更は，この証書の余白に付記される。

2　フランス当局に保管されている婚姻証書がない場合において，この夫婦財産制の変更は，フランスの裁判所の裁判[39]もしくは公署形式でフランスにおいて作成された文書がある場合または夫婦の一方がフランス人の場合，外務省中央身分証書局の創設に関する1965年6月1日デクレ422号第4-1条に定める身分目録付録に保管のため登録される。

第1303-4条

　この変更がフランスの裁判所の裁判により行われた場合，婚姻証書の余白付記または身分目録付録への登録は，第1294条第2項，第3項および第4項に従ってされる。その他の場合には，婚姻証書または身分目録が保管されている地の共和国検事が，夫婦の双方または一方の申立てにより，この付記または登録の手続を行う。

第1303-5条

　夫婦財産契約がフランスで締結されたときは，夫婦の双方または一方は，

---

[39] この裁判が準拠法指定の裁判を指すのか，夫婦財産制の変更をもたらす裁判を指すのか，明らかではない。民法典第1397-6条にも夫婦財産制変更の効果をもたらす裁判と文書が規定されている。

契約書原本を保管する公証人に，配達証明付書留郵便により，第1303-3条および第1303-4条により変更された婚姻証書の謄本もしくは抄本または前記1965年6月1日デクレ422号第4-1条に定める身分目録付録への登録証明書を送付する。夫婦財産契約がフランスの外交官または領事館員により受理された場合，夫婦の双方または一方は，外務大臣に〔その旨を〕通知する。

2 公証人，フランスの外交官もしくは領事館員または外務大臣は，夫婦財産契約の原本に夫婦財産制の変更を付記することとし，この付記を記載しない謄本または抄本を交付してはならない。

第3款 フランス法の適用による外国での夫婦財産制の変更

第1303-6条

第2款に定める公示の措置は，フランス法の適用による外国での夫婦財産制の変更の場合にも同様に適用される。

(堤　龍弥)

第2章　相続および無償譲与

【前注】
　以下の条文のうち，第1304条から第1326条までは，2011年9月1日デクレ1043号により改正されたものである。ただし，1324条は，2012年5月30日デクレ783号により改正されている。

第1節　相続の開始後に行われる保全的処分

第1304条
　執行士は，人の死亡後に課される保全的処分を行うことができる。これらの保全的処分は，その場で発見される財産の価値に応じて，封印の貼付または明細目録とする。
　2　その場にある動産が，明白に商品価値がない場合には，執行士は，無資産調書を作成する。
　3　財産目録が作成されたときは，本節に規定するいかなる保全的処分も命ずることができない。ただし，その財産目録が争われたときはこの限りでない。

第1305条
　保全的処分は，以下の者によって申し立てることができる。
　1号　配偶者または民事連帯契約の当事者
　2号　相続資格を有すると主張する者
　3号　遺言執行者または相続財産の管理のために指名された受託者
　4号　検察官
　5号　土地の所有者
　6号　執行名義または裁判官の許可〔状〕を有する債権者
　7号　配偶者も相続人もいない場合，または相続人の中に法定代理人のない未成年者がいる場合には，故人とともに居住していた者，市長，警察署長または憲兵隊司令官

第2章　相続および無償譲与（前注—第1310条）

第1306条

　申立ては，相続開始地を管轄する大審裁判所所長に対してされ，申請に基づく命令によって裁判する。弁護士の関与は義務的ではない。

　2　申立てを正当とする決定は，本節に定める措置を行うために執行士を指名する。訴訟費用に関する特別の規定を留保して，処分の費用は，申立人によって前払いされる。

　　第1小節　封　印

　　　第1款　封印の貼付

第1307条

　処分の申立人は，封印の貼付に立ち会うために，または，そのために聴聞されない場合には，その保持する鍵を引き渡すために，執行士に招致される。

第1308条

　執行士は，封印の貼付に必要なすべての処分をすることができる。執行士は，その公印を用いて封印を貼付する。

第1309条

　その場所が閉鎖されている場合，執行士は，申立人がその開扉を請求しない場合には，門扉に封印を貼付することができる。

　2　反対の場合，執行士は，市町村長，市町村会議員もしくはこのために市長に指名された市町村職員，作業の進行に立ち会うために求められた警察もしくは憲兵隊の当局，またはこれらのものがいないときは，執行士の職に従事しておらず，相続能力を有するものと〔法的〕関係がないことを宣言する成人2名の証人の立会いの下で，あらゆる手段によってそこに立ち入ることができる。

第1310条

　執行士は，財産の内容および外見上の価値により必要とされる場合には，

封印の保管人を指名する。

2　〔封印を〕貼付した場所に居住する者がいる場合には，執行士は，これらの者の中から保管人を指名する。

3　執行士は，保管人とする者の承諾を得なければならない。

第1311条

遺言〔書〕が発見されたときは，執行士は立ち会った者と共にこれに略署名を付す。執行士は，その後これを公証人に寄託する。

第1312条

書類があるときは，必要がある場合，これらを家具の中に置き，その家具に封印を貼付する。

第1313条

執行士は，封印の貼付が十分な備えにならないと思われる証書，金銭，有価証券，宝石その他の高価品を，相続財産の清算の任務を負った公証人，これがないときは，その事務所もしくは銀行に寄託する。執行士は，同様に，有価証券を現金で預金供託金庫に寄託することができる。

第1314条

封をした書類または包みが表書きまたはその他の何らかの記載によって，第三者に属すると思われる場合には，執行士は，これをその事務所に寄託し，またはこれらの第三者を，開封に立ち会うことができるように定められた期間内に呼び出す。

3　開封の際に，書類または包みが相続財産に含まれないことが明らかである場合には，執行士は，これらを利害関係人に引き渡す。利害関係人が出頭しない場合，または書類もしくは包みが相続財産に含まれる場合には，執行士は相続財産の清算の任務を負った公証人に寄託し，またはこれがないときは自ら保存する。

第1315条

〔封印〕貼付の調書は，執行士が署名し日付を付す。これには以下のものを含む。

1号　執行士がそれによって職務を行う決定の反復

2号　出頭した者の申告および場合によって〔申告が〕留保された経過の概要

3号　封印が貼付された，作り付けでない家具および場所の表示

4号　封印の対象となっていない物の概略の表示

5号　場所および財産の保全ならびに家畜の保護を確保するために行われた処分[1]の表示

6号　第1311条から第1314条を適用して行われた方式があるときは，その記載

7号　手続に立ち会ったものの氏名および資格の表示，これらは原本にその署名をしなければならない。拒絶の場合には，その旨を証書に記載する。

8号　場合によって，置かれた保管人の表示およびその承諾の記載

第2款　封印の除去

第1316条

封印の除去は，その貼付を申し立てるための資格を有する者，および財産管理の任務を負った当局が相続財産を管理する義務を負う場合にはその当局が，申し立てることができる。

第1317条

申立人は，執行士に，封印の除去に呼び出されるべき者の名簿を提出する。これには〔封印〕貼付を申し立てた者，第1329条を適用した財産目録〔作成〕に立ち会うべき者，および場合によって財産管理の任務を負った当局を含む。

2　執行士は，封印の除去が行われる日時を定める。

1　ここでは封印をする前の段階でなされる措置を指し，例えば電気・ガス・水道を止めることなどが挙げられる。

3　関係人は，第1329条最終項に定める条件で，封印の除去に立ち会うよう，執行士によって呼び出される。

第1318条
　執行士は，その事務所または書記課に対して書面でかつ理由を付した申立てで封印の除去に立ち会うことを申し立てた者に，その通知をする。

第1319条
　封印は，呼び出された当事者がすべて立会いまたは代理され，かつ異議を述べない場合には，財産目録なしに除去することができる。
　2　反対の場合，第2節に定める条件で，執行士によって，財産目録が作成される。ただし，財産目録〔作成〕に呼び出されるための資格を有する者が，他の〔裁判所付属の〕公務担当者を選ぶことを取り決めた場合，または指名が第1333条に従ってされた場合はこの限りでない。

第1320条
　封印除去の調書は，執行士によって日付を付され署名される。これには以下のものを含む。
　　1号　除去の申立ておよび除去の日時を定める執行士の決定の記載
　　2号　申立人の氏名および住所
　　3号　立ち会い，代理されまたは呼び出された当事者の氏名および住所
　　4号　封印が正常かつ完全である場合にはその確認，そうでない場合には悪化の状態
　　5号　申立人および立会人の意見，および場合によってそれが留保された経過
　　6号　財産目録作成者の表示

第1321条
　封印は，順次，財産目録の調製に応じて，除去される。封印は，各職務遂行時間の終わりに再貼付される。

第2章 相続および無償譲与（第1318条―第1324条）

第1322条

必要がある場合には，執行士は，封印の仮の除去を行うことができる。この除去を必要とした措置が遂行された場合には，〔執行士は〕これらの封印を直ちに再貼付しなければならない。

2 執行士は，その〔行った〕手続について調書を作成する。

3 即時の再貼付を伴う仮の除去は，第1316条から第1321条の規定に服しない。

第2小節 明細目録

第1323条

第1313条の規定を適用して高価品を除去した後にその場に残された財産の内容が封印の貼付に適さないときは，その〔封印貼付の〕権限を有する執行士は，動産の明細目録を作成する。立ち会った相続人がないとき，執行士は，その場所が占有されていない場合には閉鎖をし，鍵を保存する。

2 その場に留まる者の使用に必要な財産，または封印を貼付することができない財産がある場合には，執行士はその明細目録を作成する。

2 相続人は誰でも，執行士の立会いを得て〔その〕動産の内容を確認した後，明細目録に表示された動産の受領証を交付して，鍵の引渡しを受けることができる。同様の条件で，遺産占有権および相続財産の占有を有する包括受遺者は，大審裁判所所長の許可に基づいて，鍵の引渡しを受けることができる。

3 財産管理の任務を負う当局は，〔同局が〕相続財産の管理のために指名された場合には，同様に，鍵の引渡しを請求することができる。

第3小節 共通規定

第1324条

知れた相続人がおらず，賃貸借契約が終了した場合は，大審裁判所所長またはその代理人は，第1325条第1項に定める条件で，賃借地の所有者に，動産（家具）を撤去させ，他の場所に預けさせ，死亡した者が占有していた場

所の一部に隔離させることを許可することができる。動産（家具）の除去または保管の費用は，所有者によって前払いされる。

 2　執行士は，動産（家具）の移動に立ち会い，実施の調書を作成する。

 3　封印が貼付されたときは，執行士はこれを除去し，その動産（家具）が第1322条に定める条件で寄託または隔離された場所に封印を再貼付する。

 4　明細目録が作成されていた場合には，執行士は，動産（家具）が寄託または隔離された場所の閉鎖に立ち会い，鍵を保管する。

第1325条

 本節に規定する処分に関して困難が発生するときは，当事者または執行士は，単純な申請によって，大審裁判所所長に事件を受理させることができる。弁護士の関与は義務的ではない。

第1326条

 本節の規定は，考えられる事案と両立しない場合または反対の規定がある場合を除いて，特別の規定を適用して民事事件で命じられた封印の貼付に適用される。

第2節　財産目録

第1328条

 財産目録〔の作成〕は，封印の貼付を申し立てることができる者，および場合によって，相続権主張者不存在の相続財産の管理人が，請求することができる。

第1329条

 財産目録〔の作成に〕は，以下の者を呼び出さなければならない。
 1号　生存する配偶者または民事連帯契約の当事者
 2号　相続資格を有すると主張する者
 3号　遺言〔のあること〕が知られている場合の遺言執行者
 4号　相続財産の管理のために指名された受託者

2　請求者は，呼び出される者が明示的にこの呼出しを免除していない限り，その作成が予定された日の遅くとも20日前までにこれらの者を財産目録〔の作成〕に呼び出す。

第1330条

場合により，裁判上の競売士，執行士または公証人が，これらの職業に適用される法令により作成される証書について命じられた記載事項のほか，財産目録には，〔以下の事項を〕含む。

　1号　請求者，出頭しまたは代理された者，場合によって，裁判上の競売士および鑑定人の氏名，職業および住所

　2号　財産目録が作成された場所の表示

　3号　財産の明細および評価ならびに現金の表示

　4号　提出された〔あらゆる〕書類，証書および文書ならびに請求者および出頭者の申告から判明する相続財産の資産および負債の内容

　5号　財産目録〔の作成〕前に財産を占有し，またはその財産が存在する不動産に居住した者が，財産目録閉鎖の際にした，これらの財産について，着服したことも，着服するのを見たことも，着服されたことも知らない旨の宣誓についての記述

　6号　合意により取り決められた者，またはこれがないときは大審裁判所所長またはその代行者によって指名された者に対する物および書類の返還の記述

第1331条

民法典第789条[2]の規定を適用して作成される財産目録には，相続財産を構成する各資産について番号を付した一覧表を含む。

　2　民法典第789条：申告には，〔相続財産を構成する〕資産および負債について，項目ごとに，評価を含む相続財産目録が付される。
　　財産目録は，裁判上の競売士，執行士または公証人によって，これらの職務に適用される法令に従って，作成される。

第1332条

公証人が作成する財産目録には，同様に，〔以下のものを〕含むことができる。

１号　夫婦共通財産または相続財産に対して主張することができる者の資格および権利

２号　場合により，公証人に提出されたあらゆる書類，証書および文書ならびに請求者および出頭者の申告により判明した夫婦共通財産の資産および負債の内容

第1333条

財産目録の作成に困難が生じたときは，大審裁判所所長またはその代行者は，それを求める当事者の申立てによって，レフェレの方式で裁判する。

第３節　相続の選択

【前注】

民法典第３巻「所有権取得の諸態様」第１編「相続（Successions）」第４章「相続人の選択（De l'option de l'héritier）」（第768条以下）（2006年６月23日の法律2006-728号により改正）は，第１節「共通規定」（第768条から第781条），第２節「単純承認（De l'acceptation pure et simple de la succession）」（第782条から第786条），第３節「限定承認（De l'acceptation de la succession à concurrence）」（第787条から第803条）および第４節「相続放棄（De la renonciation à la succession）」（第804条から第808条）からなる。

(1)　共通規定

相続人による選択には条件・期限を付すことができず（第768条第２項），選択は相続開始前にはすることができない（第770条）。相続人は，相続開始から４か月の期間満了前には選択を強制されず（第771条１項），期間満了時に，相続債権者等は催告ができる（同条第２項）。

選択の効果は，相続開始時に遡る（第776条）。選択に意思の瑕疵（錯誤，詐欺等）がある場合には，無効の原因となり（第777条第１項），無効の訴えは，瑕疵に気づいた時から５年内に提起することができる（同条第２項）。

相続財産を隠匿したり共同相続人の存在を隠した相続人は，単純承認をしたものとみなされる（第778条第1項）。

選択権は，相続開始から10年の時効にかかり，この期間内に選択をしなかった相続人は，放棄をしたものとみなされる（第780条）。

(2) 単純承認

単純承認は，明示または黙示にされる（第782条）。単純承認をした相続人は，相続放棄も限定承認もできないが（第786条第1項），承認の際に不知であることに正当な理由がある相続債務について，その債務の履行が相続人の固有財産に重大な影響をもたらす場合には，その義務の全部または一部の負担を免れることを請求することができる（同条第2項）。

(3) 限定承認

限定承認の申告は，相続開始地の大審裁判所書記課にされなければならず，この申告には，限定承認をする相続人の一人または相続の決済をする者の住所を選定する（第788条第1項）。住所は，フランス国内になければならない（同項）。申告は，登録され，公示の対象となる（同条第2項）。電磁的方法による公示も可能である（同項）。

財産目録は，申告から2か月以内に裁判所に寄託され，この寄託は，申告と同じ公示に服する（第790条第1項・第3項）。期間内に寄託がされないと，単純承認があったものとみなされる（同条第4項）。相続債権者および受遺者は，その資格を証明して財産目録を閲覧し，その写しの交付を受けることができる（同条最終項）。

限定承認があった場合には，相続債権者は，選択された住所にその債権を申告し，その債権は，第796条に定める条件に従って弁済される（第792条第1項）。第788条による公示から15か月の期間内に債権の申告がなかった場合には，相続財産に対する無担保債権者の債権は失権する（同条第2項）。

第792条に定める期間内に，相続人は，相続財産中の一つまたは複数の財産を現物で保存〔所有〕することを申告することができる（第793条第1項）。相続人は，保存〔所有〕しない財産を売却することができる（同条第2項）。

財産の譲渡または保存〔所有〕の申告は，15日以内にそれを公示する裁判所にされる（第794条第1項）。

相続人は，相続負債を決済する（第796条第1項）。相続人は，債権に付さ

れた担保〔権〕の順位に従って登録債権者に弁済する（同条第2項）。その債権を申告した他の債権者は，申告の順位に従って弁済される（同条第3項）。

(4) 相続放棄

相続放棄は推定されない（第804条第1項）。包括的または包括名義の相続人がする放棄は，相続開始地の裁判所に提出または寄託される（同条第2項）。

放棄する相続人は，相続人ではなかったとみなされる（第805条第1項）。

第1小節　限定承認[3]

第1334条

大審裁判所書記課に対してする限定承認の申述には，相続人の氏名および職業，住所の選定ならびに相続に呼び出される資格を表示する。

2　書記は，そのために用意された登録簿に申述を登録し，申述者に受領証を交付する。書記は，相続人に，第1335条第3項に定める公示の義務を通知する。

3　共同相続人，相続債権者および受遺者は，その権限を証明して，相続に関する登録簿の当該部分を閲覧することができる[4]。

第1335条

民法典第788条[5]，第790条[6]および第794条[7]に定める公示は，民商事公告公報にされる。

2　電磁的方法による公示の方法は，国璽尚書・司法大臣のアレテで定められる。

3　民法典第788条に定める申述後15日以内に，相続人は，本条第1項に

---

[3] 民法典第787条以下参照。

[4] 民法典第790条最終項：相続債権者および一定金額の受遺者は，その権限を証明して，財産目録を閲覧し，その写しを入手することができる。これらの者は，あらゆる新たな公示について通知を受けるよう請求することができる。

[5] 民法典第788条第2項：〔限定承認の〕申述は，登録され，全国公示の対象となる。この公示は，電磁的方法ですることができる。

[6] 民法典第790条第3項：財産目録の寄託は，申告と同様の公示に服する。

[7] 民法典第794条第1項：一つまたは複数の財産の譲渡または保存〔所有〕の申告は，15日の間に裁判所に対してされ，裁判所はその公示を保障する。

第2章　相続および無償譲与（第1334条―第1338条）

定める公示と同様の方式で，管轄裁判所の区域内で配布される法定公告誌に告知の公告を行わせる。

第1336条
　限定承認をした相続人の相続財産に対する請求[8]は，他の相続人に対して行われる。他の相続人がいないか，または訴訟がすべての相続人によって提起される場合には，この請求は，相続権主張者不存在の相続財産管理人について定められたのと同様の方式で，指名された財産管理人に対して提起される。

第1337条
　民法典第792条[9]に定める15か月の期間満了後で，かつ，届け出られたすべての債権者に対する弁済後，または資産の涸渇および債権者への弁済に相当する額の割り当て後，相続人は，その管理の最終的な計算書を書記課に寄託する。
　2　寄託は，第1335条に定める条件で，公示される。

第1338条
　相続人は，裁判所書記課に公示の費用を前払いする。
　2　この費用は，相続財産の負担となる。ただし，相続人が相続財産中の財産を保存〔所有〕すること[10]を申告するときには，この申告の公示に関する費用は，その相続人が負担する。
　3　民法典第790条最終項によってされる財産目録の写しの交付に関する費用は，その請求をした債権者または受遺者が負担する。

8　この請求が具体的にどのような請求なのかは必ずしも明らかでない。
9　民法典第792条第2項：第788条に定める公示（限定承認の申述の公示）から起算して15か月の期間内に申告がなかった場合には，相続〔財産の属する〕財産の上に担保権を有しない債権者は，相続について失権する。
10　民法典第793条第1項：第792条に定める期間内に，相続人は，一つまたは複数の相続財産を現物で保存〔所有〕することを申告することができる。この場合には，相続人は，財産の価額を財産目録で定めなければならない。

第2小節　放　棄[11]

第1339条

大審裁判所書記課に対してする相続放棄の申述には，相続権者の氏名，職業および住所，ならびに相続に呼び出される資格を表示する。

２　書記課は，このために用意された登録簿に申述を登録し，申述者に受領証を交付する。

第1340条

放棄の明示的な撤回は，第1339条に定めるのと同様の方式で申述され，同様の登録簿に登録される。

第3小節　生存する配偶者の選択権

第1341条

民法典第758-3条[12]に定める場合において，相続権を有する配偶者は，配達証明付書留郵便で，同法典第757条[13]が留保する選択権を行使するよう促される。

（西澤宗英）

11　民法典第804条以下参照。
12　民法典第758-3条：あらゆる相続人は，書面で，配偶者にその選択を行うよう促す。3か月の期間内に態度を決めなかったときは，配偶者は用益権を選択したものとみなされる。
13　民法典第757条：死亡する前の夫婦が子または子孫を残している場合には，生存する配偶者は，すべての子が夫婦に由来する場合には，その選択によって，残存する財産全部について用益権または財産の4分の1の所有権を受け，夫婦に由来しない一人または複数の子とともに4分の1の所有権を受ける。

第4節　相続権主張者不存在の相続財産および相続人不存在の相続財産[14]

【前注】

　2006年6月23日法律728号により，相続と無償贈与の制度が改正されたことに伴い，本法典も2006年12月23日デクレ1805号第2条により，相続に関する手続といくつかの規定が改正された。

　本法典第3巻第3編第2章第4節は，その第1小節に相続権主張者不存在の相続財産に関する規定を置き，第2小節に相続人不存在の相続財産に関する規定を置いている。

　第1小節における相続権主張者不存在の相続財産について，その定義・その管理の必要性・財産管理の終了事由などの実質的な内容は，民法典第809条から第810-12条までに定められている。民法典のこれらの条文を受けて，本法典では，第1小節をさらに3つの款に分け，第1款を財産管理の開始（第1342条），第2款を財産管理人の職務（第1343条から1349条），第3款を収支計算報告提出および財産管理の終了（第1350条から1353条）と題し，相続権主張者不存在の相続財産に関する手続についての規定を置いている。

　第2小節における相続人不存在の相続財産については，その取扱いに関する規定を民法典第811条から第811-3条までに置いている。民法典のこれらの条文を受けて，本法典では相続人不存在の相続財産を国家に帰属させるために採られるべき（形式的）手続について，1354条に規定を置いている。

14　民法典は2006年6月23日法律728号により，必要とされていない相続財産と相続権主張者不存在の相続財産のカテゴリーを合併させ，それ以後は相続権主張者不存在の相続財産と相続人不存在の相続財産のように分類し，両者を区別している（Christian Jubault, Droit Civile Les successions Les libéralités, Montchrestien, 2ᵉ édition, nº 432）。

第1小節　相続権主張者不存在の相続財産[15]

第1款　財産管理の開始[16]

第1342条

民法典第809-1条[17]，第809-2条[18]，第810-5条[19]および第810-7条[20]に定める公示は，管轄裁判所の区域内で配布される法定公告誌への告知の公告で行う。

15　いかなるものを相続権主張者不存在の相続財産というかについては，民法典第809条に詳述されている。これによると，「相続財産を請求するための者が現れないとき及び知られた相続人がいないとき」，「知られたすべての相続人らが相続〔財産〕を放棄しているとき」，「相続開始から6か月の期間満了後，知られた相続人が暗黙または明示の方法で選ばれなかったとき」には，当該財産は相続権主張者不存在の相続財産であるとされる（Jubault, op. cit., n° 434）。

16　民法典第809条に示された相続権主張者不存在の相続財産の3つの分類には，相続人が存在しているか否かによる違いが見られる。いずれにせよ，死者により残された財産を管理する者（相続人）がいないので，その管理を行うことが必要となるのである（Jubault, op. cit., n° 434）。

17　民法典第809-1条には，裁判官は，すべての債権者・死者の会計報告・その資産の全部または一部の管理を保証するすべての者・その他の利害関係人または検察官の申立てに基づき事件を受理する旨，相続権主張者不存在の相続財産の管理を公有地の管理責任を負う機関に委託する旨，財産管理の命令は公示される旨などが規定されている。

18　民法典第809-2条には，財産管理人は，裁判官の競売吏，執行吏または公証人により，相続財産の積極財産と消極財産の見積もりの目録を項目ごとに作成させられる旨，財産管理人による裁判所に対する目録作成の報告は，財産管理の裁判と同様に公示される旨などが規定されている。

19　民法典第810-5条には，財産管理人は負債の弁済案を作成し，それが公示される旨，関係のある債権者はその公示から1か月以内に裁判官に弁済案に対する異議申立てをすることができる旨などが規定されている。

20　民法典第810-7条には，財産管理人は自身が行った作業を裁判官に報告する旨，収支計算報告書が公示される旨，財産管理人により，当該申立てを行ったすべての債権者またはすべての相続人に対して収支計算報告書が提出される旨などが規定されている。

第2款　財産管理人の職務

第1343条

　財産管理人の職務は，財産管理の命令[21]により定められる。

　2　財産管理人は，民法典第810-1条[22]に記載された期間後で，いかなる異議もない場合に限り，死者により表明された特定遺贈または包括名義遺贈を履行することができる。

第1344条

　財産目録[23]には以下の事項を含む。

　1号　財産管理当局に，相続権主張者不存在の相続財産の財産管理を委ねる命令の記載

　2号　財産目録が作成された場所の表示

　3号　財産の明細および評価〔額〕ならびに現金の表示

　4号　あらゆる書類，証書および文書から判明する相続財産の資産および負債の内容

　2　財産目録には，作成者が日付を付し署名する。

第1345条

　民法典第809-2条第3項[24]によって作成された財産目録の写しの交付に関する費用は，その請求をした債権者または受遺者が負担する。

---

[21] 相続権主張者不存在の相続財産の財産管理命令は公示される（Jubault, *op. cit.*, n° 435）。

[22] 民法典第810-1条には，財産管理人は単純な保存行為または監督，仮の管理行為，滅失しやすい財産の売却を行うことしかできない旨が規定されている。

[23] この目録は，相続権主張者不存在の相続財産の論理的かつ経済的な主要な書面である。公示の対象とされ，債権者たちはこの目録を参照しその複製の交付を求める権利を有している（Jubault, *op. cit.*, n° 436）。

[24] 民法典第809-2条第3項には，債権者と受遺者は，その資格の正当性に基づき，目録を参照し，その写しを獲得することができる旨，これらの者がすべての新たな公示についての通知をするよう求めることができる旨が規定されている。

第1346条
　新たな公示の存在について，債権者または受遺者にされる通知は，通常郵便で行う。

第1347条
　債権の届出は，配達証明付書留郵便または受領証との引換えにより行う。

第1348条
　相続財産に属する財産の売却が，国家に帰属する不動産または動産の有償の譲渡に関して公法人の所有権の一般法典に定める方式で行われない場合，その売却は，不動産については第1271条から第1281条に定める規定に従い，動産については民事執行手続法典第 R.221-33条から第 R.221-38条および第 R.221-39条に定める方式で行う。

第1349条
　任意売却を行うことが予定されているとき，財産管理人は，配達証明付書留郵便で，届出をしている債権者にその旨を通知する。
　2　民法典第810-3条第3項[25]の適用により行われる債権者の申立ては，通知の受領から1か月の期間内に，財産管理人に執行士送達される。

　　　第3款　収支計算報告提出および財産管理の終了[26]

第1350条
　債権者または相続人により行われた収支計算報告提出の申立〔書〕は，配

25　民法典第810-3条第3項には，協議による売却が検討される場合，すべての債権者はその売却が競売により行われるよう強く求めることができる旨，競売による売却が，協議による売却の計画において取り決めた値段よりも低い価額で行われる場合，競売を申し立てた債権者は，他の債権者たちが被った損失を負担させられる旨が規定されている。

26　財産管理は，「負債の支払いと遺贈に対する積極財産の完全な充当」，「積極財産全部の換価と純益の供託」，「権限が認められている相続人に対する相続財産の原状回復」，「国の占有付与」の4つの場合に終了となる（Jubault, *op. cit.*, n° 437, n° 438）。

達証明付書留郵便で財産管理人に送付する[27]。

第1351条
　残存する資産の換価案は，配達証明付書留郵便で知れている相続人に送達する。
　2　相続人による異議[28]は，同様の方法で財産管理人に送達する[29]。

第1352条
　知れている相続人がいない場合，換価は，財産目録の作成から２年の期間満了後，許可なく着手することができる[30]。

第1353条
　管理，運営および売却の費用について国庫のために行われる控除の割合および額は，国有財産法典第L.77条に定める条件のもとで，経済・財政・産業大臣のアレテにより定める。

第２小節　相続人不存在の相続財産[31]

第1354条
　財産管理当局は，民法典第811条[32]に定める占有付与[33]を申し立てるために，弁護士の関与を求めることを免除される。

27　民法典第810-7条では，財産管理人が裁判官に実行した仕事を報告し，収支計算報告書が公示の対象となるとした上で，第２項において以下のように定める。「財産管理人は，債権者および相続人に対し，それらの者の請求により収支計算報告書を提出する。」本条はこの規定を受けている。

28　この異議は，民法典第810-8条第２項で，相続人が相続を主張して申し立てる異議を指すものと思われる。同法典第810-10条は，換価された後の収益について供託をし，期間内に相続を主張して異議を申し立てた相続人はこの供託された収益に権利行使することができるとされている。

29　原語はêtre faite dans les mêmes formes auprès du curateurであり，送達の方法を定めたものか異議の方法を定めたものかはっきりしないが，異議自体は裁判所に対してするものと解すると，財産管理人に対してするのは送達と解される。

30　民法典第810-8条第１項は，収支計算報告書を受領した裁判官が換価の許可をすると規定する。

2　財産管理当局は，管轄裁判所の区域内で配布される法定公告誌に告知の公告を行わせる。

3　裁判所は，前項に定める公示の実施から4か月後に，検察官の意見を聴いた後，その申立てについて裁判する。

第5節　裁判所が選任する相続財産の受託者[34]

【前注】

2006年6月23日法律728号により，相続と無償贈与の制度が改正されたことに伴い，本法典も2006年12月23日デクレ1805号第2条により，相続に関する手続といくつかの規定が改正された。

本法典第3巻第3編第2章第5節は，裁判所が選任する相続財産の受託者に関する規定を置いている。裁判所が選任する相続財産の受託者については，民法典第813-1条から第814-1条において，受託者の選任・選任された受託者の権限・裁判上の受託の制度に関して規定が置かれている。これを受けて，本法典では第1355条から第1356条において，相続財産の受託のための相続財

31　民法典の中には，相続人不存在の相続財産の定義を定める規定は置かれていない（Jubault, *op. cit.*, n° 439）が，たとえば，非常に珍しいことではあるが，配偶者も包括受遺者もおらず，相続資格のある親などもいない死者の相続財産や相続人は存在しているかもしれないが，その相続人たちが権利を有する相続の開始を知らされなかった場合における死者の相続財産がこれに該当する（Jubault, *op. cit.*, n° 445）。

32　民法典第811条には，相続人がいない死者の財産または放棄された相続財産を国が要求するとき，裁判所にその占有の付与を申し立てなければならない旨が規定されている。

33　ここでいう占有の付与 envoi en possession は，現実の引渡しを意味するのか，占有管理の権利を付与することなのか，はっきりしない。いずれにしても，民法典第811-2条で，相続人が現れた時にこの相続人不存在の場合の処理が終了するとされており，暫定的な措置というニュアンスがあるものと思われる。

34　受託者の選任を申し立てることができるのは，民法典第813-1条に列挙されており，それによると，相続人・債権者・死者の代わりにその者の存命中に，その財産の全部または一部の管理を確実に行うすべての者・その他すべての利害関係人または検察官である。そして，裁判上の受託者の選任の申立てを認めるために，裁判官は，相続財産の管理において，一人または数人の相続人の無気力・怠慢・過失あるいはまたこれらの者たちの意見の相違・利害関係人の異議・相続の状況の複雑さについて確認しなければならないとされている（Jubault, *op. cit.*, n° 143.7）。

産の受託者や相続人の権利及び義務，大審裁判所所長またはその代行者の権限，相続財産の受託のために必要な手続などが定められている。

第1355条

　民法典第813-3条[35]に定める〔選任の裁判の〕登録は，選任後1か月内に，大審裁判所の書記課において第1334条[36]に定める登録簿に行う。選任の裁判は，受託者の申請により，〔または〕国璽尚書・司法大臣のアレテにより定められた方法に従い電磁的方法で[37]，民商事公告公報に公示する。
　2　場合により，大審裁判所所長またはその代行者は，不服を申し立てることができない命令により，その公示を裁判所の管轄区域内で配布される法定公告誌への公告により行うよう命じることができる。
　3　公示の費用は，相続財産の負担とする。

第1356条

　相続人は，相続財産の受託者に対し，その任務の遂行に有用なすべての文書を伝達しなければならない。
　2　相続財産の受託者は，通知および聴聞をするために，相続人を呼び出すことができる。

第1357条

　大審裁判所所長またはその代行者は，職権で，または相続人の申立てに基づき，受託者を呼び出し，その任務の進展に関するすべての情報を求め，また受託者に命令[38]を発することができる。

35　民法典第813-1条は，裁判所は相続人の財産管理が失当である場合に，相続財産受託者を選任することができると定める。これを受けて，同法典第813-3条が「選任の裁判は登録され公示される」旨を規定している。
36　第1334条は限定承認の申立を登録する登録簿の規定である。
37　電磁的方法による公示の方法が国璽尚書・司法大臣のアレテで定められている旨は，本法1335条に規定されている。
38　原語はinjonctionだが，どのような命令かはっきりしない。

第6節 分割

【前注】

　2006年6月23日法律728号により，相続と無償贈与の制度が改正されたことに伴い，本法典も2006年12月23日デクレ1805号第2条により，相続に関する手続といくつかの規定が改正された。

　本法典第3巻第3編第2章第6節は，その第1小節に協議上の分割に関する規定を置き，第2小節に裁判上の分割に関する規定を置いている。

　第1小節における協議上の分割について，民法典第835条から第839条に，その実質的な内容などに関する規定を置いている。民法典のこれらの条文を受けて，本法典では，第1358条において，欠席した相続人を代理するために選任された有資格者により行われる手続についての規定が置かれている。

　第2小節における裁判上の分割について，民法典第840条から第842条に，その実質的な内容などに関する規定を置いている。民法典のこれらの条文を受けて，本法典では，第2小節をさらに3つの款に分け，第1款を一般規定（第1359条から1363条），第2款を特別規定（第1364条から1376条），第3款を換価処分（第1377条から1378条）と題し，その（形式的な）手続についての規定を置いている。

第1小節　協議上の分割

第1358条

　欠席した相続人を代理するために民法典第837条[39]の適用により選任された有資格者は，その選任をした裁判官に，他の共同分割人が承認した分割案を伝えて，協議上の分割に同意することの許可を求める。

　2　分割に同意することの許可は，終審としてされる。

---

[39] 民法典第837条には，不分割の共同権利者が役に立たない場合，共同相続人の請求により，協議上の分割に代えるよう，裁判外文書により命じられうる旨，この不分割の共同権利者のために，最速から3か月以内に受託者を任命しなければ，共同相続人は裁判官に対し，完全な分割の実現まで，欠席者を代理する資格を有する者を選任するよう求めることができる旨，この者は裁判官の権限を伴い，分割に同意することができるにすぎない旨などが規定されている。

第2小節　裁判上の分割

第1款　一般規定

第1359条
〔裁判上の分割に関する〕呼出しが複数ある場合，分割の申立人は，その呼出しを最初に大審裁判所書記課に事件簿登録させた者とする。

第1360条
分割に関する呼出しは，分割すべき財産の簡易目録を含み，財産の分配に関する申立人の意思および協議上の分割に至るために執られた措置[40]を明らかにしなければならず，これに反する場合は〔申立てを〕不受理[41]とする。

第1361条
　裁判所は，可能であれば分割を命じ，または第1378条に定める条件が満たされる場合は換価処分による売却を命じる。
　2　分割を命じる場合，裁判所は分割を確認する証書の作成を担当する公証人を選任することができる[42]。

第1362条
　第145条の規定にかかわらず，財産の評価を行い，または分配される具体的相続分[43]の構成を提案するために，手続中に鑑定人を選任することができる。

40　原語は diligence であり，分割の合意達成に向けてとられた努力一般を指すものと解される。
41　ここで不受理となるのは，分割申立てであろうと考えられるが，条文の主語は assignation である。合理的には，assignation を登録することで係属する分割申立て手続が不受理となるものと解される。
42　公証人の選任については，第1364条にも規定がある。いずれにせよ，必ず公証人が選任されるわけではないことは，第1363条の規定からも明らかである。
43　原語は lots à partager であり，相続財産の各相続人へ分配される財産部分を意味する。具体的相続分という訳は民法の翻訳および山口・辞典に採用されており，これに従った。民法典の該当部分は第825条以下の款「分割分および具体的相続分」である。

第1363条

具体的相続分の抽選を必要とする場合、その抽選は、第1361条第2項の適用により委託された公証人の前で、公証人がいないときは大審裁判所所長またはその代行者の前で行う。

2 相続人が欠席している場合、大審裁判所所長またはその代行者は、その前で抽選を行うとき、または公証人が作成した調書の送付を受けて、職権で、欠席している相続人の代理人を選任することができる[44]。

第2款　特別規定

第1364条

作業の複雑さから必要とされる場合には、裁判所は分割の作業を行わせるために公証人を選任し、その作業の監督を裁判官に委託する。

2 公証人は、共同相続人が選び、その合意がないときは裁判所が選ぶ。

第1365条

公証人は、当事者を呼び出し、その任務遂行に有用なあらゆる文書の提出を求める。

2 公証人は、受託裁判官[45]に対し、発生した支障を報告し、その任務遂行を容易にするあらゆる措置を求めることができる。

3 公証人は、財産の価値または内容から必要とされる場合には、当事者間の全員の合意で選ばれた、またはそれがないときは受託裁判官が選任した鑑定人をつけることができる。

---

44 本項の原文は、d'office, lorsque le tirage au sort a lieu devant lui ou sur transmission du procès-velbal dressé par le notaire, とあるので、ou の選択肢が lorsque と sur とにあるように読める。そうだとすると、いずれにしても職権で指名することになると解され、本文のような訳とした。より素直に解すれば、d'office と sur との選択を示したものとも考えられるが、d'office の後にビルギュルがあって、sur の部分も「職権で」にかかるような仏文となっている。なお、第1367条参照。

45 日本法における受託裁判官とは異なる可能性がある。

第1366条

　公証人は，その立会いのもとに当事者間で和解を試みるために，当事者またはその代理人の呼出しを受託裁判官に求めることができる。

　2　和解が成立しないときは，受託裁判官は，公証人のもとに当事者を戻し，その公証人は各当事者の主張を記録する調書および分割清算書案を作成する。

第1367条

　民法典第841-1条[46]に定める催告は，欠席した相続人に執行士送達する。催告には，分割の作業を行うために定めた日を記載する。

　2　催告の中で定められた日に相続人またはその受託者の出席がない場合，公証人は調書を作成し，欠席した相続人の代理人を選任するために，受託裁判官に送付する。

第1368条

　公証人は，その選任後1年の期間内に，共同分割人の間での収支計算報告，分割されるべき財産，当事者の権利，分配する具体的相続分の構成を明らかにする分割清算書を作成する。

第1369条

　第1368条に定める期間は，以下の通り停止する[47]。
　1号　鑑定人の選任の場合には，その報告書の提出まで
　2号　第1377条の適用により命じられた競売の場合には，その終局的な換価の日[48]まで

46　民法典第841-1条には，分割清算書を作成するために任命された公証人が不分割の共同権利者の怠慢に直面するとき裁判外文書により，代理させるよう求めることができる旨，不分割の共同権利者のために，催促から3か月以内に受託者の任命がなければ，公証人は裁判官に対し，任務の完全遂行実現まで，欠席者を代理する資格のある者を選任するよう求めることができる旨などが規定されている。

47　ここでいう停止は，公証人の選任から1年の期間が，途中で各号所定の事由が生じてから終期までの間停止し，終期から再度進行するものと解される。つまり，停止期間を除いて，公証人選任から1年となる。

3号　民法典第841-1条の適用による有資格者の選任の申立ての場合には，その選任の日まで

4号　第1366条を適用して受託裁判官のもとに当事者を戻す場合には，係争中の〔和解〕作業の完遂まで

第1370条

作業の複雑さを理由とする期間の延長は，公証人の申立てまたは共同分割人の申請を受理した受託裁判官が，1年を超えない限度で認めることができる。

第1371条

受託裁判官は，分割の作業の適切な進行および第1369条に定める期間[49]の遵守を監督する。

2　そのために，受託裁判官は，職権でも，当事者または委託された公証人に命令[50]を発し，アストラントを命じ，および裁判所が委託した公証人を交替させることができる。

3　受託裁判官は，委託を受けた相続財産に関する申立てについて裁判する。

第1372条

民法典第842条[51]の適用により，協議による分割の証書が作成された場合，公証人は，訴訟手続の終結を確認する裁判官にその旨を通知する。

第1373条

公証人の作成した分割清算書案について，共同分割人が合意しない場合，

48　この終局的換価が具体的にどの段階を指すのか，明らかでない。
49　ここでいう期間は，第1368条の1年ではなく第1369条を指しており，停止されている期間が長期化しないように注意監督すべきことを定めているものと解される。
50　原語は injonction である。
51　民法典第842条には，協議による分割のために設けられた条件が併合される場合，いつでも共同分割人たちは裁判上の方法を放棄し，協議による分割を続けることができる旨が規定されている。

第2章　相続および無償譲与（第1370条―第1376条）　　215

公証人は受託裁判官に，各当事者の主張を記録した調書および分割清算書案を送付する。
　2　書記課は，代理されていない当事者に，弁護士を選任するよう促す。
　3　受託裁判官は，当事者またはその代理人および公証人を審問し，和解を試みることができる。
　4　受託裁判官は，合意が得られていない点を裁判所に報告する。
　5　受託裁判官は，場合により準備手続裁判官となる。

第1374条
　第1373条の適用のもとで申立人または相手方がした同一当事者間でのすべての申立て[52]は，一つの手続で審理する。別の申立てはすべて，主張の基礎たる事実が，受託裁判官による報告書の作成の後に生じたものか，またはその後に判明したものでない限り，受理されない。

第1375条
　裁判所は合意が得られていない点について裁判する。
　2　裁判所は，分割清算書を認可するか，または分割を確認する証書を作成するために公証人のもとに当事者を戻す。
　3　認可する場合，裁判所は，必要であれば，その裁判により，受託裁判官または委託された公証人の前での具体的相続分の抽選を命じる。

第1376条
　具体的相続分の抽選が命じられた場合に相続人が欠席したときは，受託裁判官は，第1363条第2項により大審裁判所所長に認められた権限を行使する[53]。

52　この申立てが何を意味するか疑問であり，少なくとも第1373条には当事者から申立てをすることが規定されていないが，第1373条の適用の下で行われる手続で別途の申立てがなされることを想定したものと考えられる。例えば手続中に生じた法定果実の処理や占有関係の変動の是正などが考えられる。また次の「原告または被告」も，分割を請求した者とその相手方という意味かと思われるが，確証はない。
53　公証人の前で抽選が行われる場合で相続人が欠席しているときには，受託裁判官に調書を送って本条の権限を行使してもらうものと解される。

第3款　換価処分

第1377条

　裁判所は，容易に分割または分配することができない財産を，その定める条件で，競売により売却することを命じる。

　2　売却は，不動産については第1271条から第1281条に定める規定にしたがい，動産については民事執行手続法典第 R.221-33条から第 R.221-38条および第 R.221-39条に定める方式で行う。

第1378条

　不分割の共同権利者は，その全員が能力者であり，出席しているか，または代理されている場合には，競売がその間で行われることを全員一致で決定することができる。そうでなければ，不分割の共同権利関係にない第三者は，常に競売への参加を認められる。

第7節　共通規定

【前注】

　2006年6月23日法律728号により，相続と無償贈与の制度が改正されたことに伴い，本法典も2006年12月23日デクレ1805号第2条により，相続に関する手続といくつかの規定が改正された。

　本法典第3巻第3編第2章第7節は，第1379条から第1381条までの3か条が置かれ，それぞれに，「大審裁判所所長またはその代行者に対して行われるべき申立てでありかつそれに対して所長または代行者は本法典第493条から第498条に定める方式で裁判することになる場合」，「大審裁判所所長またはその代行者に対して行われるべき申立てでありかつそれに対して所長または代行者はレフェレの形式で裁判する場合」，「家族事件裁判官に割り当てられる管轄を留保して，大審裁判所に対して行われるべき申立てとなる場合」に該当する民法の条文を列挙している。

第1379条

　民法典第784条[54]，第790条[55]，第809-1条，第810-8条[56]，第812-1-1条，第813条[57]，第813-4条[58]，第814-1条[59]，第837条，第841-1条および第1031条[60]の適用による申立ては，大審裁判所所長またはその代行者に対して行い，所長または代行者は本法典第493条から第498条に定める方式で裁判[61]する。

54　民法典第784条には，純粋な保存行為または監督行為および一時的な管理行為は，相続権保有者が相続人の名義や資格を有していない場合，相続の受入れを奪うことなく完遂される旨，相続の利益を必要とするすべてのその他の行為・相続権保有者が相続人の名義や資格を得ずに完遂することを望むすべてのその他の行為をするには，裁判官の許可を得ることが必要である旨が規定され，また純粋な保存行為とみなされる場合の列挙もなされている。

55　民法典第790条には，財産目録は申立てから起算して2か月内に裁判所に提出される旨，財産目録提出を遅延させる重大かつ合法的な理由によりこれが正当化される場合，相続人は裁判官に追加の期日を求めることができる旨，財産目録提出は公示される旨，定められた期間内に財産目録提出がなければ，相続人は純然たる受領者とみなされる旨などが規定されている。

56　民法典第第810-8条には，収支計算書提出後，裁判官は，残存している積極財産の換価を行うよう財産管理人に許可する旨，換価の計画を知れている相続人に通知する旨などが規定されている。

57　民法典第813条には，相続人は，共同の一致により，その中の一人または第三者に相続財産の管理を託すことができる旨，その委任が民法典第1984条から第2010条により規制される旨，相続人が少なくとも純積極財産の競合する相続を承認するとき，受任者は，相続人のすべての同意を伴い，裁判官により指名されうる旨，その委任は民法典第813-1条から第814条により規制される旨などが規定されている。

58　民法典第813-4条には，いかなる相続人も相続を受け入れない限り，民法典第784条第2項に定められた行為を除き，裁判上の受託者は同条に言及された行為しか遂行することができない旨，裁判官は，相続の利害関係人に必要なその他のすべての行為を許可することができる旨，裁判官は裁判上の受託者に，民法典第789条に定められた形式で財産目録を作成することを許可することができる旨，あるいはこれを職権で求めることができる旨などが規定されている。

59　民法典第814-1条には，すべての状況において，競合する純積極財産を受け入れた相続人は，相続財産を管理し清算する責任の下で，この者を代理するために相続財産の受託者の資格で，すべての有資格者を選任するよう，裁判官に申し立てることができる旨が規定されている。

60　民法典第1031条には，民法典第1030条及び同第1030-1条に定められた授権は，遺言の開始から起算して2年を超えることができない期間を遺言者により付与される旨が規定されている。

61　申請に基づく命令 ordonnance sur requête の方式で裁判することとなる。

2　協議上の分割の中で，民法典第829条[62]の適用による申立てについても同様とする。

第1380条

　民法典第772条[63]，第794条[64]，第810-5条，第812-3条[65]，第813-1条[66]，第813-7条[67]，第813-9条[68]および第814条第2項[69]の適用による申立ては，大審裁判所所長またはその代行者に対して行い，所長または代行者はレフェレの形式で裁判する。

62　民法典第829条には，財産は，必要であれば課せられた負担を考慮に入れて，分割行為によって決定された分割の享受の日における価値で見積もられる旨，その日付は分割に最も近接する日である旨，公平の実現により適当であると考えられる場合，裁判官はより過去の日付に分割の享受を決定することができる旨などが規定されている。

63　民法典第772条には，財産目録作成が終了できる状態ではないまたはその他の重大かつ合法的な理由を説明する場合，催告から2か月以内に，相続人は裁判官に対して，方針を定めるか追加の期間を求めなければならない旨などが規定されている。

64　民法典第794条には，単数または複数の財産の譲渡または保存の申立てはその公示を保証する裁判所に15日以内になされる旨などが規定されている。

65　民法典第812-3条には，受託者の報酬は，それが相続人らの遺留分の全部または一部を相続人らから剥奪する結果となるとき，直接に減額して，開始する相続の負担とする旨，相続人またはその代理人は，委任から生じる有効期間または負担の観点から，受託者の報酬が過度であると証明する場合には，報酬の再検討を裁判所に申し立てることができる旨などが規定されている。

66　第813-1条には，一人または数人の相続人の怠慢・無資産あるいは過失・相続人らの不和・相続人間の利益の異議または相続の状況の複雑さを理由として，あらかじめ相続財産を管理するために，裁判官は相続財産の受託者として資格のある自然人または法人を選任することができる旨が規定され，その申立てができる者が列挙されている。

67　民法典第813-7条には，すべての利害関係人または検察官の申立てにより，相続財産の受託者の任務の実行において，典型的な違反の場合に，裁判官はその相続財産の受託者からその任務を解除することができる旨，裁判官は定められた期間に，別の相続財産の受託者を選任する旨が規定されている。

68　民法典第813-9条には，相続財産の受託者を選任する判決は，その報酬と任務の期間を定める旨，民法典第813-1条第2項または同第814-1条に定められた者の中の一人の申立てに基づき，裁判官は自ら定めたその任務の期間を延長することができる旨，受託者の任務は，相続人間の不分割の合意の結果などにより中断する旨などが規定されている。

69　民法典第814条第2項には，裁判官は，いつでも，相続財産のよき管理に必要となる処分行為をすることを許可し，その値段と約定を決定するという旨が規定されている。

第1381条

　民法典第811条，第820条[70]，第821条[71]，第821-1条[72]，第824条[73]，第832-1条[74]，第832-2条[75]，第832-3条[76]，第887条[77]および第1026条[78]の適用による申立ては，司法組織法典第L.213-3条第1号[79]により家族事件裁判

70　民法典第820条には，ただちに換価することが不分割財産の価値を損なう恐れがある場合などに不分割の共同権利者も申立てにより，裁判所は2年間，分割を保留することができる旨などが規定されている。

71　民法典第821条には，協議による一致がなければ，死者またはその配偶者により保証されていたすべての農事・商事などの会社の経営が，民法典第822条に定められた者の申立てにより，裁判所が定めた条件で維持される旨などが規定されている。

72　民法典第821-1条には，不分割財産が，死者またはその配偶者により，実際に居住場所などとして利用されていた場合，その所有権は，民法典第822条に定められた者の申立てにより，裁判所が定めた条件で維持される旨などが規定されている。

73　民法典第824条には，不分割の共同権利者が不分割財産に住むことを要求する場合，裁判所はそれらの者の一人または数人の申立てにより，対立する利害関係人に関連して，民法典第831条から第832-3条の適用を留保して，分割を申し立てた者にその一部を与えることができる旨などが規定されている。

74　民法典第832-1条には，不分割財産における維持が命じられず，かつ民法典第831条または同第832条に定める条件で，所有権上の優先分与がない場合，生存配偶者または共同所有者であるすべての相続人は，一人または数人の共同相続人，必要に応じて第三者とともに，農業用地団体を設立するために，農業の用途で，相続財産に属している不動産と不動産的権利の全部または一部の優先分与を請求することができる旨などが規定されている。

75　民法典第832-2条には，一つの経済的な団体を構成し会社の形式で経営されていない農業経営は，不分割財産の中で維持されず，民法典第831条・第832条・第832-1条に定められた条件で優先分与の対象とならない場合，〔この者が〕関与し，あるいは実際に関与していた〔ところの〕経営を続けることを望む生存配偶者またはすべての共同所有者の相続人は，換価処分の申立てにもかかわらず，この者たちの手に入った経営の土地に関して，農事法典第4巻第1編第6章に定められた条件で，長期の賃貸借にその共同分割人が同意するという条件のもとで，分割がなされることを強く求めることができる旨，相続人の場合には，加入の条件がその配偶者またはその卑属によって検討される旨，当事者間に協議による一致がなければ，これらの規定の利益を享受することを申し立てる者は，その持分の中で優先により経営と住民の建築物を受け取る旨，前述の規定は一つの経済的な団体を構成しうる農事経営の当事者に適用される旨，この経済的な団体は，一つの持ち分として，死ぬ前に，生存配偶者または相続人がすでに所有者または共同所有者になっているところの財産となりうる旨，必要であれば，異なる分け前において，賃貸借の存在に帰すべき価値の減少が考慮に入れられる旨，農事漁業法典第L.412-14条・第L.412-15条は，本条1項に言及された賃貸借に特別な規定を定めている旨，すべてまたは一部の経営をする一人または数人の申立人の明らかな不適正を理由に，共同相続人の利益が損なわれる危険があるとき，

官に割り当てられる管轄を留保して，大審裁判所に対して行う。

(田村真弓)

裁判所は本条第1項3号を適用する必要はないと裁判することができる旨などが規定されている。
76 民法典第832-3条には，優先分与が，不分割財産の全体を保存するために数人の相続人により共同の申立てによりなされることができる旨，協議による一致がなければ，優先分与の申立ては対立する利害関係人に従って判断し裁判する裁判所において行われる旨，競合する申立ての場合，問題の財産を管理し維持するための異なる適性の志願者を考慮に入れる旨などが規定されている。
77 民法典第887条には，分割は強迫または詐欺を理由に無効とされうる旨，錯誤が共同相続人の権利の存在または割合部分について，あるいは分割されるべき財産の所有権にかかわる場合も無効となる旨，強迫・詐欺・錯誤の結果が分割の無効とは別の方法で補償されると判明した場合には，裁判所は当事者の一人または数人の申立てにより，完全なまたは訂正のための分割を命じることができる旨などが規定されている。
78 民法典第1026条には，遺言執行者は，重大な理由のために，裁判所によりその任務から解任されうる旨が規定されている。
79 司法組織法典第L.213-3条第1号は，各大審裁判所における1人または数名の裁判官は，家族事件裁判官の職務に任命される旨が規定され，また家族事件裁判官が管轄権を有する事件（場合）の列挙がなされている。

第4編　債務および契約

第1章　ヨーロッパ少額紛争解決手続

【前注】
　本章は，ヨーロッパ少額紛争解決手続を創設する2007年7月11日欧州議会および理事会規則2007年861号[1]に基づいて定められたヨーロッパ少額紛争解決手続に関する国内法を定めたもので，支払命令および少額紛争解決に関するヨーロッパ手続に関する2008年12月17日デクレ1346号によって創設されたものである。
　本章の前提となる上記規則の内容を以下で紹介する。
（1）目　　的
　ヨーロッパ少額紛争解決手続の創設目的は，国境を越える少額紛争の解決を簡素化し，促進し，そのコストを低くすることにある（規則第1条）。この手続により，少額紛争の判決承認・執行に要する中間的な手続は不必要になる。
（2）適用領域
　ヨーロッパ少額紛争解決手続は，訴額が2000ユーロ[2]を超えない民事商事の訴えを対象とする（規則第2条）。請求は金銭請求に限られず，非金銭請求も可能だが，租税，関税，行政事件，または国家賠償責任に関わる事件は対象とならない。
　そのほか，規則第2条第2項には，適用を受けない事件のリストが以下の通り挙げられている。
　　a）自然人の身分及び能力

---

[1] 以下，本章では，訳文を除き，単に規則という。この規則については吉田元子「EU域内における少額請求手続（一・二完）」千葉大学法学論集23巻1号308頁以下，2号288頁以下に，立法過程と規則内容の詳細な紹介がある。なお，この規則および本章の規定内容について，町村泰貴「ヨーロッパ少額紛争解決手続とフランス国内手続法」東北学院法学71号（2011）103頁。

[2] 訴額は利息等の付帯請求を含まず，その算定時期は訴状が管轄裁判所に受理されたときとされている。

b） 夫婦財産制，扶養義務，遺言，相続
　c） 破産，和議，その他倒産手続
　d） 社会保障
　e） 仲裁
　f） 労働法
　g） 不動産賃貸借のうち金銭請求に関しないもの
　h） プライバシーおよび人格権に対する侵害，名誉毀損

　そして，第3項では，デンマークが適用対象たる構成国に含まれないと規定されている。

　この手続は，国際的な少額紛争を対象とするが，その定義は規則第3条にある。それによれば，当事者の少なくとも一人が事件を受理した裁判所の所在国とは別の所在国に住所または常居所[3]を有する場合に国境を越えた紛争と認められるという。

　(3) 審理手続

　原告は，定型訴状を管轄裁判所に対して直接，郵便等の通信手段[4]を用いて提出し，訴えを提起する。構成国内の管轄裁判所は，各構成国が決定する[5]。

　訴えを受理した裁判所は，ヨーロッパ少額紛争解決手続の対象であるか否かを判断し，対象手続でない場合には原告に取下げの機会を与えた上で，国内手続に基づいて審理を行う。ヨーロッパ少額紛争解決手続の対象だとしても，申立てが不明確であったり不十分である場合，あるいは適式ではないと評価する場合には原告に補正するか取り下げるかの機会を与える。原告が補正に応じない場合，あるいは請求に根拠がないことや不適法であることが明らかな場合には，裁判所は請求を退ける（規則第4条第4項）。

　審理手続は任意的口頭弁論であって，原則として書面主義による（規則第

　3　住所または常居所の所在に関する判断の基準時は，訴状の受理のときである。
　4　この通信手段にはファックスや電子メールも含まれるが，それらは事件を受理する裁判所の所在地国が認めたものでなければならない。そして各構成国は自らが認める通信手段をヨーロッパ委員会に通知し，ヨーロッパ委員会がこれを公開する。規則第4条第2項，第25条参照。
　5　この管轄裁判所もヨーロッパ委員会に通知し，ヨーロッパ委員会において公開する。規則第25条参照。

第1章　ヨーロッパ少額紛争解決手続（前注）　　223

5条第1項）[6]。裁判所が弁論を開く場合は，テレビ会議システムを利用することもできる（規則第8条）。

　書面の交換は，まず裁判所が訴えを受理したときから14日以内に，答弁書書式と訴状および添付書類を被告に送達する[7]。被告は30日以内に答弁書と添付文書を裁判所に提出する。被告からの提出書面は裁判所が原告に送付する（規則第5条第2項から第4項）。この段階で非金銭請求の訴額が少額紛争解決の限度額を超えていると被告が主張した場合，裁判所がこれを判断する（規則第5条第5項）。

　被告が反訴を提起した場合も，その受理から14日以内に裁判所が反訴状と添付書類を原告に送達し，原告はその送達受領から30日以内に答弁書を提出する（規則第5条第7項）。なお，期間はこの他に裁判所が定めるものもあり，それらは延長されることもありうる（規則第14条）。

　訴状等の書面は法廷地国の言語で記載するのが原則である（規則第6条）。

　裁判所は，両当事者からの答弁書を受領してから30日以内に，判決を下すか，追加情報の提出を当事者に求める（規則第7条第1項）。

　判決に証拠が必要と裁判所が評価する場合，その範囲は裁判所が定めて，証人，鑑定人または当事者に対して陳述書を提出させ，あるいはテレビ会議システムなどの通信手段を用いて陳述を行わせる（第9条[8]）。これらの追加情報を裁判所が受領してから30日以内に，裁判所は判決を下す。当事者が答弁書を提出しない場合は，訴えまたは反訴に基づいて判決を下す。これらの判決は送達される（規則第7条第2項）。

　当事者は，弁護士代理を強制されず（規則第10条），各構成国は定型文書の作成のため当事者を支援しなければならない（規則第11条）。また裁判所も当事者に法的構成を要求してはならず，手続を当事者に教示し，場合により和解を勧告する（規則第12条）。

6　当事者は弁論期日を開くよう求めることができるが，裁判所がこれを不要と認める場合は，理由を付して弁論開催を拒む。
7　送達の方式については規則第13条参照。原則として配達日付証明の付された郵便によるが，その他の方法によることも可能である。
8　口頭による証人・鑑定人の尋問も可能だが，費用を考慮して必要最小限にとどめ，また最も簡単で強制的でない方法を選択するものとされている（規則第9条第2項および第3項）。

判決は，上訴の余地を残していても無担保で執行可能であり（規則第15条），また判決の承認執行プロセスを要せずに他の構成国においても執行可能となる（規則第20条）。

訴訟費用は原則として敗訴者負担となる（規則第16条）。

各構成国は，この手続において下された判決に不服申立てを認めるかどうか，認める場合はその申立期間をヨーロッパ委員会に通知し，ヨーロッパ委員会はこれを公開する（規則第17条）。ただし，訴状・呼出状の送達に証拠が添付されていなかったり，被告の防御の準備ができない期間に送達されたり，不可抗力で防御ができなかった場合には，最低限，再審査請求が可能とされている（規則第18条）。

判決の執行は，判決を下した国以外の構成国においても当然にできるが，執行手続をとる国において以前に同じ当事者で同じ請求原因の事件について裁判がされていた場合には，ヨーロッパ少額紛争解決手続により下された判決の執行を拒絶することができる（規則第22条）。また不服申立てや再審査申立ての場合に，裁判所または執行機関が執行を保全執行の限度にとどめることや担保要求，執行停止をすることも可能とされている（規則第23条）。

第1382条

本章は，ヨーロッパ少額紛争解決手続を創設する2007年7月11日欧州議会および理事会規則（CE[9]）2007年861号により定められたヨーロッパ少額紛争解決手続に関するものである。

　2　裁判管轄，民事ならびに商事の裁判の承認および執行に関する2012年12月12日欧州議会および理事会規則（UE）2012年1215号[10]が特に限定することなく構成国の裁判所を指定している場合は，土地管轄を有する裁判所は，被告または被告の一人が居住する地の裁判所とする[11]。

---

[9] Communauté européenne の略で，日本では英語の略号（EC）を用いるのが通例である。

[10] 本規則の前身である民事および商事事件における裁判管轄ならびに裁判の承認・執行に関する2000年12月22日理事会規則（CE）2001年44号について，中西康・国際商事法務30巻3号・4号の翻訳参照。

[11] 住居の定義は，規則第3条第2項参照。

第1章 ヨーロッパ少額紛争解決手続（第1382条―第1385条）

第1383条

訴状は，裁判所の書記課に提出し，または郵便により送付する[12]。

第1384条

裁判所は，提出された訴状を調査して，事件がヨーロッパ少額紛争解決手続の適用を受けないものと判断する場合は，その旨を原告に対して配達証明付書留郵便により通知する。裁判所は，原告に訴えを取り下げるための期間を付与し，取り下げない場合は事件を当該裁判所で適用される国内手続[13]に従って審理し判決することを通知する[14]。

2　この期間満了後，原告がその訴えを取り下げなかった場合，裁判所は紛争がヨーロッパ少額紛争解決手続に服さないことを確認し，執行士送達の方法により被告を呼び出させるよう原告に促す。この裁判は司法行政上の処分とする。この裁判は，書記課の責任において原告に配達証明付書留郵便により送達される。

3　自らの下で適用される国内手続により裁判するため事件の移行をした[15]裁判所は，本法典の定める条件で，無管轄を宣言することができる[16]。

第1385条

裁判所が明らかに理由がないもしくは不受理と判断したことを理由として，または原告が定められた期間内に訴状を補充もしくは補正しなかったことを理由として，訴えを排斥する場合は，その裁判に対して不服を申し立てることはできない[17]。ただし，原告は一般法上の方法により手続を行うことができる。

12　訴状の提出について規則第4条は e-mail による提出も列挙して，構成国の認めるものという限定を付けている。本条はこれを受けている。
13　言語は procédure au fond であり，いわゆる実質法を指す。
14　本項は規則第4条第3項を受けている。
15　原語は envoyer であり，移送という訳語が一般的だが，ここでは事件を別の裁判所に送るのではなく通常訴訟手続に移すことをいうので，移行とした。
16　規則第4条参照。
17　不服申立方法については規則第17条で，各構成国が定めて委員会に届け出ることとされている。

第1386条

反訴請求がヨーロッパ少額紛争解決手続の適用範囲に属さない場合は，裁判所はその旨を配達証明付書留郵便により両当事者に通知する。裁判所は，反訴原告が付与された期間内に反訴を取り下げない限り，事件が当該裁判所の下で適用される国内手続に従って審理され判決されることを両当事者に通知する。この期間満了後，〔反訴〕原告が反訴を取り下げなかった場合，裁判所は紛争がヨーロッパ少額紛争解決手続に服さないことを確認する[18]。

2　裁判所は，職権により，または一方当事者の申立てにより，反訴請求がヨーロッパ少額紛争解決手続の適用範囲に属さないという理由で紛争がその手続に服さないと裁判する場合，当該裁判所の下で適用される国内手続に従って裁判するために，弁論への事件の送付[19]を命じる。書記課の責任において，両当事者はこの裁判の通知と弁論期日への呼出しを配達証明付書留郵便により通知される。

3　自らの下で適用される国内手続により裁判するため事件の移行をした裁判所は，本法典の定める条件で，無管轄を宣言することができる。

第1387条

第670条に定める条件で配達証明の署名がされなかった送達の書面が書記課に返送されてきた場合，送達は，書記課の責任において執行士の行為により行う。執行士送達の費用の予納は，国庫の負担とする[20]。

第1388条

裁判所は，ヨーロッパ少額紛争解決手続の適用により弁論を行うことを裁判した場合は，当該裁判所の下で適用される国内手続に従って紛争を審理する[21]。

18　規則第5条参照。
19　原語が envoyer であり，第3項で「移行」と訳したのと同じ単語だが，弁論への送付は第760条参照。
20　送達について，規則第13条参照。
21　手続が法廷地国法によることは規則第19条参照。なお，ヨーロッパ少額紛争解決手続は原則として書面主義なので，弁論を開催するのは極めて例外的である。

第1389条

　第1387条の規定は，下された裁判の当事者への送達に適用されない。この送達は，書記課の責任において，配達証明付書留郵便により行う。

第1390条

　書記課は，書記課に対する申立てに基づき，ヨーロッパ少額紛争解決手続の中で下された裁判に関する証明書を交付する[22]。

（町村泰貴）

22　これは他国で執行するためのもので，規則第20条で定められている。

第2章 〔履行〕命令手続[1]

【前注】

　本章は，〔履行〕命令手続（les procédures d'injonction）という表題のもとで，支払命令に関する規定（第1節），ヨーロッパ支払命令に関する規定（第2節），商事裁判所における支払命令およびヨーロッパ支払命令の手続費用に関する規定（第3節），作為命令に関する規定（第4節）を定めている。支払命令手続は伝統的なものであるが，作為命令手続は1988年3月のデクレにより創設されている（Guinchard, p.940.）。

第1節　支払命令

【前注】

　支払命令（injonction de payer）は，裁判官による金銭債務の履行命令（民訴第1405条以下）を意味するが，拡張的に民事または商事契約に基づく少額債権の履行を求める特別の簡易な手続をいう場合もある（山口・辞典291頁）。

第1405条

　債権の取立ては，以下の〔各号に定める〕場合に，支払命令の手続によって申し立てることができる。

　1号　債権が契約上の原因を有するかまたは法定の義務から生じ，一定額[2]であるとき。契約上の債権については，その〔額の〕確定は，場合により，違約金条項を含む契約条項によって行われる。

　2号　義務[3]が為替手形の引受けもしくは振出，約束手形の署名〔振出〕，これらの証券の裏書もしくは保証，または企業への信用供与を容易にする

---

[1] 原語の injonction は，法廷命令と訳す例もあるが，アメリカ法的なニュアンスがあるわけではないので，ここでは単に命令とする。ただし，ordonnance と重複して用いられることがあるので，訳文は奇妙になるが，訳し分けは困難である。

[2] 原語は montant déterminé。この一定額は第2文で契約条項から確定するということなので，必ずしも特定の金額を表示している必要はない。

[3] 原語は engagement であり，約務という訳語も考えられたが，必ずしも合意によらない義務も含むので，広い意味で「義務」とした。

1981年1月2日法律第1号[4]に従った債権譲渡の承諾から生じているとき。

第1406条

　申立ては，場合により，小審裁判所，近隣裁判所[5]または大審裁判所もしくは商事裁判所の所長に，それぞれの権限管轄の範囲内[6]において提出される。

　2　土地管轄を有する裁判官は，訴えられる債務者またはその一人が居住する地の裁判官とする。

　3　前2項に定める規定は，公序に属する。これに反するすべての条項は，記載されていないものとみなす。裁判官はその無管轄を職権で顧慮しなければならず，その際には第847-5条[7]を適用する。

第1407条

　申立ては，債権者またはそのあらゆる受託者[8]が，書記課に対し，申請書を場合により提出または送付して提起する。

　2　申請書には，第58条に定める記載事項のほか，請求する金額の正確な

4　この法律は通貨金融法典第L.313-23条に組み込まれている。

5　近隣裁判所 juridiction de proximité とは，司法の方向および計画性に関する2002年9月9日法律1138号により創設されたもので，民事裁判では小審裁判所に非法律家の裁判官を配置して裁判させることを主眼とするものである。2006年6月8日オルドナンス673号により制定された司法組織法典第L.231-1条には，「近隣裁判所は民事および刑事における第1審の裁判をする。」と定められている。日本では，刑事に関して平成17年犯罪白書がフランス法を紹介する中で「近隣判事（juge de proximité）」とされているほか，門彬「フランスにおける司法改革の一断面—『身近な判事』職の創設」外国の立法216号138頁以下にて，「身近な判事」として紹介されている。北村一郎「近隣裁判所の創設」日仏法学23号299頁（2004）も参照。

6　小審裁判所…10000ユーロまで（COJ, L.221-4），近隣裁判所…4000ユーロまで（COJ, L.231-3），商事裁判所…商事事件（商法L.721-1 s）。この条文では近隣裁判所と商事裁判所のそれぞれの権限管轄範囲内ではそれらの裁判所に，それ以外は小審裁判所に管轄があるということになる。

7　第847-5条　①近隣裁判所裁判官は無管轄の抗弁を小審裁判所裁判官に移送，②近隣裁判所裁判官は，いつでも無管轄を職権で顧慮できる（近隣裁判所裁判官の有利に），③④略。

8　原語に tout mandataire とあり，判例によればこの場合の受託者に執行士がなり得るとされている。Cass. civ. 2ᵉ, 5 nov. 1975, D. 1975. IR.34, RTDCiv. 1976. 204, obs. Perrot.

表示に加え，債権の種々の要素の明細およびその根拠を記載する

　3　申請書には証拠書類を添付する。

第1408条

　債権者は，支払命令の申請において，異議ある場合には，管轄を有すると自ら判断する裁判所に事件を直ちに移送するように申し立てることができる[9]。

第1409条

　裁判官は，提出された書類を調査して，申立ての全部または一部に理由があると認める場合は，認容額につき支払命令を付与する命令を発する。

　2　裁判官が申請を排斥する場合，その裁判に対して債権者は不服を申し立てることができない。ただし，債権者が一般法上の方法により手続を行うことを妨げない。

　3　裁判官が申請の一部のみを認める場合も，その裁判に対しては同様に不服を申し立てることができない。ただし，債権者がその命令を執行士送達せず，一般法上の方法により手続を行うことを妨げない[10]。

第1410条

　支払命令を付与する命令書および申請書は，書記課に原本として保管する。申請の証拠として提出された書類は，書記課に仮に保管する。

　2　申請を排斥する場合は，申請書および提出された書類は申請人に返還する。

第1411条

　申請書および命令書と一致することが公証された写し〔正本〕は，債権者の嘱託により[11]，各債務者に執行士送達する。

　2　支払命令を付与する命令は，その日から6か月以内に執行士送達され

9　第1417条参照。これは移送されるべき裁判所を債権者があらかじめ指定しておくことで，時間を節約する趣旨である。

10　第2項および第3項はそれぞれ全体で一文である。

ない場合には失効する。

第1412条

債務者は、支払命令を付与する命令に対して異議を申し立てることができる。

第1413条

支払命令を付与する命令の執行士送達の文書は、執行士の文書につき定められた記載事項のほか、以下の催告を含まなければならず、これに反するときは無効とする。

— 債権者に対し命令で定められた金額ならびに額が明確にされた利息および書記課の費用を支払うべきこと

— 債務者が防御方法を主張しようとする場合には、異議申立てをすべきこと。この異議は、裁判所に債権者の主たる請求および紛争の全体[12]につき事件を受理させる効果を有する[13]。

2 執行士送達の文書は、以下の事項を含まなければ、同様に無効とする[14]。

— 異議申立期間、異議申立てをすべき裁判所および異議申立ての方式の表示

— 債務者は債権者が提出した文書を書記課で閲覧できること、示された期間内に異議申立てがないときは、いかなる不服申立てをすることもできず、求められた金額の支払いを法律上のあらゆる手段により強制されることがあることの、債務者に対する通知

---

11 第379条では initiative を「申立て」としており、これにならう案も考えられたが、執行士は公的機関ではなく申立ての相手方としては適当でない。そこで日本の公証人に対する依頼を嘱託としていることにならって、嘱託とした。

12 ここで紛争の全体というのが債権者の請求以外に何を指すのか、明らかでないが、第1417条第2項の付帯請求および本案の防御方法を審理するとの規定につながるものと解される。

13 このハイフンで始まる項は全体で一文である。

14 フランス法の項の数え方によれば、ハイフンで始まる場合もカウントするので、第4項に相当する。

第1414条
　執行士送達が債務者本人に対してされる場合には，電磁的方法によって行われるときを除き，執行士は第1413条に記された表示[15]を口頭で債務者に知らせなければならない。この手続の履行は，執行士送達の文書中に記載される。

第1415条
　異議申立ては，場合により，支払命令を命じた裁判官または所長が属する裁判所に対してされる。
　2　異議申立ては，受領証と引換えでの申述により，または書留郵便により，債務者またはその代理人により書記課において提起される。

第1416条
　異議は，命令の執行士送達から1か月以内に申し立てる。
　2　ただし，執行士送達が本人に対しされてない場合には，異議は，本人に対する文書[16]が最初に執行士送達されたときから1か月，または，それもないときは，債務者の財産の全部または一部を処分禁止とする効果を有する最初の執行処分から1か月の期間満了までは受理される。

第1417条
　裁判所は，取立請求について裁判する[17]。
　2　裁判所は，その権限管轄の範囲内において，主たる請求ならびにすべての付帯請求および本案の防御方法について審理する。
　3　無管轄の裁判の場合，または第1408条に定める場合においては，事件は，第97条に定める規定に従い管轄裁判所に移送される。

15　ここでは第1413条のすべての事項を指すものと考えられる。
16　この文書は，支払命令それ自体の送達ではなく，支払命令を察知させる文書の送達を指す。例えば，支払命令に基づく差押えの債務者への通知が考えられる。Cass., avis, 16 sept. 2002, Bull. civ. n° 4, D. 2002. IR. 2776.
17　この規定は唐突な印象を与えるが，異議により受理の効果が生じた請求について判断するとの規定と解される。

第1418条

　小審裁判所，近隣裁判所および商事裁判所においては，裁判所書記は，配達証明付書留郵便により当事者を弁論期日に呼び出す。

　2　呼出状は，異議申立てをしていない者も含む，すべての当事者に送付する。

　3　呼出状には，以下の事項を記載する。

　1号　その日付
　2号　異議が申し立てられた裁判所の表示
　3号　当事者が呼び出される弁論期日の表示
　4号　当事者が補佐または代理されることができる条件

　4　被告に宛てられた呼出状には，さらに，出席しないときは，判決がその相手方の提出した資料のみに基づいて被告の不利にされることになることを明記する。

　5　以上の記載がないときは，呼出状は無効とする。

　6　大審裁判所においては，事件は，以下の特則ある場合を除き，大審裁判所で適用される訴訟手続に従って審理され，判決される。

　7　書記課は，債権者に対し，配達証明付書留郵便により，異議申立書の写しを送付する。この通知は，規則通り，支払命令の申請書の提出時に債権者が示した住所宛にされる。署名のない配達証明が書記課に返送された場合は，通知の日付は，名宛人に関しては，その提示のときとし，通知は住所または居所でされたものとみなされる。

　8　債権者は，通知から15日の期間内に弁護士を選任しなければならない。

　9　債権者の弁護士は，選任後直ちに，債務者に対して配達証明付書留郵便により選任を通知し，15日の期間内に弁護士を選任しなければならないことを指摘する。

　10　選任文書の写しは書記課に提出される。

第1419条

　小審裁判所，近隣裁判所および商事裁判所において，当事者のいずれも出席しない場合は，裁判所は訴訟手続の消滅を確認する。

　2　大審裁判所において，債権者が第1418条に定める期間内に弁護士を選

任しなかった場合は，所長が訴訟手続の消滅を確認する。
　3　この消滅により支払命令を付与する命令は失効する。

第1420条
裁判所の判決は，支払命令を付与する命令に代わる。

第1421条
裁判所は，請求の価額がその終審としての管轄額[18]を超えているときは，控訴の負担のもとに裁判する。

第1422条
　支払命令を付与する命令の執行士送達がいかなる方式でされた場合でも，その後1か月以内に異議がない場合，または異議を申し立てた債務者による取下げの場合は，債権者は，命令への執行文の付与を申し立てることができる。債務者による取下げは，第400条から第405条に定める規定にしたがう。
　2　命令は，対審判決としてのすべての効果を生じる。この命令は，支払猶予[19]を認める場合であっても，控訴の対象とすることはできない。

第1423条
　執行文の付与を求める申立ては，申述により，または通常郵便により書記課に対してされる。
　2　債権者の〔執行文付与の〕申立てが異議申立期間の満了または債務者による取下げから1か月の期間内に提出されない場合は，命令は失効する。

18　裁判組織法典第R.221-4条第2項によれば，小審裁判所の管轄に属する事件でも4000ユーロを超えない事件等は終審として裁判し，それ以外は第R.221-3条により控訴の負担の下で裁判する。近隣裁判所は，同法典第R.232-3条および第R.231-4条により，4000ユーロ以下の事件について管轄権を有し，かつ終審として裁判する。ただし，同法典第L.231-3条第2項によれば，4000ユーロを超えない債務の履行に由来する金額不特定の請求については，近隣裁判所が管轄するとあり，こちらは控訴が可能とされている。

19　ここでは，民法典1244条の支払猶予を意味する。

第1424条

債権者が提出しかつ書記課に仮に保管された書類[20]は，異議申立ての時から，または命令に執行文が付与された時から，その申立てに基づき債権者に返還される。

第2節　ヨーロッパ支払命令

第1424-1条

本節は，ヨーロッパ支払命令手続を創設する2006年12月12日欧州議会および理事会規則（CE）2006年1896号により定められたヨーロッパ支払命令手続に関するものである。

2　裁判管轄，民事ならびに商事の裁判の承認および執行に関する2012年12月12日欧州議会および理事会規則（UE）2012年1215号が特に限定することなく構成国の裁判所を指定している場合は，土地管轄を有する裁判所は，被告または被告の一人が居住する地の裁判所とする。

第1424-2条

ヨーロッパ支払命令の申立書は，裁判所の書記課に提出し，または郵便により送付する。

第1424-3条

裁判官は，申立人が裁判官から示された提案[21]を受諾した後に，申立ての一部についてヨーロッパ支払命令を交付することができる。この場合においては，申立人は，残金を請求するために訴えを提起することはできない。ただし，命令が執行士送達されておらず，かつ一般法上の方法により手続を行うときは，この限りでない[22]。

20　仮に保管した書類については第1410条参照。

21　本条は一部のみ認める支払命令に関するものである。CE規則第10条は，申立てが一部分要件を満たさない場合に，裁判官が一部のみを認める提案を申立人に対して行い，申立人がこれを受諾すれば，その一部のみの支払命令を発すると規定する。

22　但書きは第二文と同一の文章であり，本条は2文から構成されている。

第1424-4条
　ヨーロッパ支払命令またはヨーロッパ支払命令の申立てを排斥する裁判および申立書は，書記課に原本として保管する。

第1424-5条
　申立書および裁判書と一致することが公証された写し〔正本〕は，申立人の嘱託により，相手方の各々に執行士送達する。ヨーロッパ支払命令に対する異議申立ての書式[23]は，執行士送達の文書に添付する。
　2　執行士送達の文書は，執行士の文書につき定められた記載事項のほか，異議申立てをすべき裁判所，与えられた〔異議申立〕期間および異議申立ての方式の表示を含まなければならず，これに反するときは無効とする。
　3　執行士送達の文書は，以下の事項を含まなければ，同様に無効とする。
　―　期間，日付および期限についての準拠法令を決定する1971年6月3日理事会規則（CEE,EURATOM）71年1182号の適用により計算され，示された期間内に異議が申し立てられないときは，求められた金額の支払いを法律上のあらゆる手段により強制されることがあることの，相手方に対する通知。
　―　ヨーロッパ支払命令手続を創設する2006年12月12日欧州議会および理事会規則（CE）2006年1896号第20条[24]に定める例外的な場合においては，異議申立期間の満了後，ヨーロッパ支払命令を発した裁判所にその再審査を申し立てる権利〔があること〕の，相手方に対する通知。

第1424-6条
　執行士送達が相手方本人に対してされる場合には，電磁的方法によって行われるときを除き，執行士は，ヨーロッパ支払命令の申請書により重要とされた情報および第1424-5条に記載する事項を口頭で相手方に知らせなけれ

23　原語はformulaireであり，これまではformulaire de demandeを訴状や申立書としたが，ここでは異議申立てができるように相手方に書式を送付することを意味するので，書式とした。

24　CE規則第20条は，申立書が送達されたが，それが適時になされず，相手方の過失なくして防御を準備することが出来なかった場合，または過失なくして不可抗力で防御できなかった場合，支払命令がCE規則に従って送達されなかったなどの違法がある場合，再審査申立てができると定めている。

ばならない。この手続の履行は，執行士送達の文書中に記載する。

第1424-7条
　執行士は，執行士送達の文書の写しを〔支払〕命令を発した裁判所に送付する。

第1424-8条
　異議は，ヨーロッパ支払命令を発した裁判所に対して申し立てる。
　2　異議は，受領証と引換えでの申述により，または書留郵便により，書記課において申し立てる。

第1424-9条
　裁判所は，取立請求について裁判する。
　2　裁判所は，その権限管轄の範囲内において，主たる請求ならびにすべての付帯請求および本案の防御方法について審理する。
　3　無管轄の裁判の場合には，事件は，第97条に定める規定に従い管轄裁判所に移送される。

第1424-10条
　書記は，配達証明付書留郵便により当事者を弁論期日に呼び出す。
　2　呼出状は，異議申立てをしていない者も含む，すべての当事者に送付する。
　3　呼出状には，以下の事項を記載する。
　1号　その日付
　2号　異議が申し立てられた裁判所の表示
　3号　当事者が呼び出される弁論期日の表示
　4号　当事者の補佐および代理の条件
　4　相手方に宛てられた呼出状には，さらに，出席しないときは，判決がその相手の提出した資料のみに基づいて，相手方の不利にされるおそれがあることを明記する。
　5　以上の記載がないときは，呼出状は無効とする。

第1424-11条

　当事者のいずれも出席しない場合は，裁判所は訴訟手続の消滅を確認する。この消滅によりヨーロッパ支払命令は失効する。

第1424-12条

　裁判所の判決は，ヨーロッパ支払命令に代わる。

第1424-13条

　裁判所は，請求の価額がその終審としての管轄額を超えているときは，控訴の負担のもとに裁判する。

第1424-14条[25]

　与えられた期間内にいかなる異議も申し立てられず，不服申立書の送付に必要な10日の補充的な期間を考慮した後は，書記は，そのために定められた書式によってヨーロッパ支払命令を執行力あるものと宣言し，かつ，ヨーロッパ支払命令に執行文を付与する。

第1424-15条

　例外的な場合における再審査の手続は，第1424-8条から第1424-13条に従う。

　　第3節　商事裁判所における支払命令およびヨーロッパ支払命令の手続費用

第1425条

　商事裁判所においては，〔支払命令の〕手続費用は，申立てから遅くとも15日内に申立人が前払いし，書記課に供託する。これを怠れば，申立ては失効する[26]。

---

[25] 本条はCE規則第18条第1項に相当する。同条にも補充的な期間が定められているが，その具体的な規定は見あたらない。

[26] 本項は全体で1文である。

2　異議申立ては，書記により費用を要することなく受理される。書記は，遅滞なく，配達証明付書留郵便により，供託がなければ15日の期間内に〔支払命令〕申立てが失効することを示して，異議申立費用を書記課に供託するよう申立人に促す。
　3　ただし，ヨーロッパ支払命令の手続の場合には，失効は課されない。

第4節　作為命令

【前注】
　1988年に創設された契約に基づく債務の現実履行を強制する手続。非商人間あるいは非商人と商人との間の契約に基づく債務の履行（労働の提供，役務の供与，商品の配達など）を小審裁判所を通じて強制する手続を広くいう（民訴第1425-1条以下）。狭義では，判事が当事者の請求を理由あるものと認め，履行の期間と条件を定めて下す命令で，不服申立手続に服さないものを指す（第1425-4条）（山口・辞典291頁）。

1425-1条
　少なくとも一方が商人資格を有しない者の間で締結された契約から生じる義務の本来的な履行は，その履行が求められている給付の価値が小審裁判所の管轄額を超えないときは，小審裁判所に対し申し立てることができる。
　2　近隣裁判官は，司法組織法典に定める範囲内において，かつ本法典第847-5条の条件内で管轄権を有する[27]。

第1425-2条
　申立ては，申立人の選択により，相手方の居住する地の裁判所または義務履行地の裁判所に提起する。

第1425-3条
　申立ては，義務の受益者または第828条に記載する者が，書記課に対し，

27　第1406条参照。

申請書を提出または送付して提起する。
　2　申請書には，第58条に定める記載事項のほか，次の事項を含む。
　1号　履行が求められる義務の性質の正確な表示およびその根拠
　2号　場合により，作為命令の不履行の場合に求める損害賠償
　3　申請書には証拠書類を添付する。
　4　時効および出訴期間は，書記課への申請書の登録により中断する。

第1425-4条

　裁判官は，提出された書類を調査して，申立てに理由があると認める場合は，不服申立てを許さない作為命令を付与する命令を発する。
　2　裁判官は，義務の目的ならびに義務が履行されるべき期間および条件を定める。
　3　命令には，さらに，申立人が作為命令の履行を通知しない場合に事件を審理する弁論期日の場所および日時を記載する。

第1425-5条

　書記課は，配達証明付書留郵便により命令を当事者に送達する。書記課は，同じ日にこの送達〔書〕の写しを通常郵便により送付する。送達の文書には第1425-7条および第1425-8条の規定を記載する。

第1425-6条

　作為命令を付与する命令およびその申請書は，書記課に原本として保管され，書記課は申請の証拠として提出された書類を仮に保持する。

第1425-7条

　作為命令が付与された期間内に履行されたときは，申立人はその旨を書記課に通知する。事件は，事件登録簿から抹消される。
　2　前項の通知がなく，かつ，申立人が正当な理由なく弁論期日に出席しない場合は，裁判所は，作為命令手続の失効を宣言する。
　3　失効の宣言は，申立人が定められた期間内に主張することができなかった正当な理由を15日の期間内に書記課に知らせた場合には取り消すこと

ができる。その場合，当事者は後の弁論期日に呼び出される。

第1425-8条

　裁判所は，その交付した作為命令の全部または一部の不履行の場合には，当事者に和解を試みた後，申立てについて裁判する。

　2　裁判所は，その権限管轄の範囲内において，主たる請求ならびにすべての付帯請求および本案の防御方法について審理する。

　3　無管轄の裁判の場合には，事件は，第97条に定める規定に従い管轄裁判所に移送される。

第1425-9条

　裁判官が申請を排斥する場合は，その裁判は申請人の不服申立てを許さない。ただし，申請人が一般法上の方法により手続を行うことを妨げない。申請書および提出された書類は，申請人に返還される。

　　　　　　　　　　　　　　　　　　　　　　　　（徳田和幸）

第3章　弁済の提供および供託

【前注】

　本章の表題にある弁済[1]とは，契約関係にある当事者間で，債務者が履行の完成に向けて契約内容を実現する行為である[2]。これは債務者の占有放棄と債権者の占有取得から構成される[3]。

　通常，債権債務関係は，債務者の履行と債権者の受領により完成するが，現実の場面では，債権者が債務者の履行を拒絶する場合が存在する。このような場合に，法は，債務者が債務から解放され，遅滞に付されないための救済手段を設けている。わが国およびドイツにおいて「受領遅滞」という形で論じられる問題である。これはフランスにおいては「弁済の提供および供託」制度[4]として規律され，民法典および民事訴訟法典に規定されている。このうち民事訴訟における規律が本章である。

　フランスにおいては，弁済が債務の種類によって細かく場合分けされる。

　まず金銭債務について，弁済の場所が合意されていない場合[5]，民法典第1247条[6]は，弁済が原則として債務者の住所で行われるべきことを定める。金銭債務の弁済は，この原則に従って，債権者が債務者の許に取立てに赴く

1　フランスにおける弁済および供託制度については，北居功『契約履行の動態理論Ⅰ　弁済提供論』（慶應義塾大学出版会，2013）13頁―55頁に詳しい。なお以下のフランス民法典第1257条第1項の訳は，共に北居功の同書による（第1項は15頁，第2項は26頁）。この項目については，Mare Mignot, Contat et obligations. -Offres de paiement et consignation, J-Cl. code civile fasc. unique 参照。
　「民法典第1257条第1項　債権者が弁済を受領することを拒絶するときは，債務者は，現実の提供を行い，債権者がそれを受諾することを拒絶する場合には，提供した金銭又は物を供託することができる。
　　第2項　供託を伴う現実の提供によって，債務者は解放される。供託を伴う現実の提供は，それが有効に行われたときは，債務者にとって弁済に代わり，そのようにして供託された物は，債権者の危険にとどまる。」
　なお，この民法典第1257条は，2016年のオルドナンスによる民法典改正により，第1345条以下に新設されている。
2　北居・前掲書8頁参照。
3　北居・前掲書53頁脚注（90）参照。
4　consignation についてはフランス民法典第1257条以下に規定されている。本書第1426条以下。
5　北居・前掲書17頁以下参照。

ことによって行われる。そしてもし債権者が債務者の許に赴かない場合には、債務者は民法典第1258条[7]第6号によって、債権者の許で「現実の提供」を行う[8]。ちなみに「弁済の提供」とは、「契約で定められた債務の実現に向けて債務者側でなすべきすべてをなし終えること」であるとされる[9]。

　フランスにおける「現実の提供」は、民法典第1258条第7号に定める方法に従って行われる。つまり執行士（hussier）または公証人（notaire）に目的物を手渡して[10]この者等が調書を作成するのである[11]。この「現実の提供」

---

[6]　フランス民法典第1247条および北居・前掲書17頁参照。
　「第1247条（仮訳）
　　弁済は、合意によって定められた場所で行われなければならない。もし弁済の場所が定められていなければ、弁済は、特定の集合物（un corps certain et determine）が対象であるときは、債務発生のときに、対象たる物が存在した場所及び状態において、行われなければならない。
　　訴訟で認められた扶養料は、その裁判官による反対の裁判が存在しない限り、これを受領すべき者の住所又は居所において支払われなければならない。」

[7]　フランス民法典第1258条。条文訳は北居・前掲書16頁および17頁
　「第1258条　現実の提供が有効であるためには、以下の要件をみたさなければならない。
　　1　受領能力を有する債権者に対して、又は、その物のために受領の権限を有する者に対して行うこと。
　　2　弁済能力を有する者が行うこと。
　　3　〔元本の支払を〕要求できる金額、支払われるべき支分金又は利息、数額を確定された費用及び、補完することを条件として、数額を確定されていない費用のためのある金額の全体について行うこと。
　　4　債権者のために期限が約定された場合には、それが到来していること。
　　5　そのもとに債務を締結した条件が成就していること。
　　6　弁済のために合意した場所で行うこと、弁済の場所について特別な合意がない場合には、あるいは、債務者本人に対して、あるいは債権者の住所において、あるいは合意の履行のために選定した住所において行うこと。
　　7　この種の行為について権限を有する裁判所付属吏によって行われること。」

[8]　北居・前掲書17頁および18頁。
[9]　北居・前掲書8頁。
[10]　北居・前掲書47頁。
[11]　1806年の旧民事訴訟法典第812条、第813条の訳文については、北居・前掲書18頁を参照している。
　「旧民事訴訟法典第812条　すべての提供の調書は、提供の対象を他の対象に替えることができないように指定する。そして、それが種類物である場合には、調書はその列挙及び品質も含む。
　　第813条　調書は、債権者の拒絶又は受諾の対応及び債権者が署名し、署名を拒絶し又は署名しえないことを表明したか否かを記載する。」

が，債権者によって受諾された場合には，受領書と引換えに弁済が完了する。逆に債権者が，債務者による「現実の提供」を受諾しない場合には，債務者が債務から解放されるためには，提供した目的物を「供託」しなければならない[12]。

　本章の規定は，かかる供託の際に，裁判所補佐職が行うべき規定を定めたものである。これらは，1806年の旧民訴法典においては，同法典第812条以下に定められていた。しかし「新民事訴訟法典第3編および第4編の規定を設け，同法典の若干の規定を改正する1981年5月1日デクレ81-500号」により全面改正され，本章第1426条，第1427条および第1428条第1項として定めなおされたものである[13]。

　なおフランスでは，民法典第1264条に，特定物についての例外的手続が設けられている。これによると特定物に関しては「現実の提供」に代えて「催告」をすれば足り，必要があれば裁判所の許可を得て供託（寄託）することができる。また緊急の場合には裁判所の許可や追認を得ずに寄託することができるようである[14]。またフランスでは，弁済の提供及び供託について，債務内容（「種類債務」や「なす債務」等）に応じ，様々な議論が存在するようである[15]。

12　供託要件に付いては民法典第1259条に定められている。本条の訳文は北居・前掲書19頁による。また現実の提供と供託の効果は，民法典第1257条第2項に定められており，北居・同書26頁の訳文にしたがう。
　「民法典第1259条　供託が有効となるためには，裁判官によって許可されることを要しない。以下の要件を備えることで足りる。
　　1　供託に先立って，提供物を供託すべき日時及び場所を記載した催告を債権者に送達したこと。
　　2　債務者が提供物の占有を放棄し，供託の日までの利息と共に提供物を法律の指定する供託者に引き渡したこと。
　　3　提供物の性質，債権者の受領拒絶又はその不出頭及び供託について裁判所付属吏が作成した調書が存在すること。
　　4　債権者が出頭しない場合，供託物を引き取るべき旨の催告とともに，供託の調書を債権者に送達したこと。
13　1806年旧民事訴訟法典から，新民事訴訟法典への条文の修正については　北居・前掲書51頁の脚注60を参照のこと。

第3章　弁済の提供および供託（第1426条—第1429条）

第1426条
　現実の提供の調書には，提供された物を記載する。これが金銭であるときは，その支払いの額および方法を明示する。
　２　調書には，いずれの場合においても，提供が受領されない場合に供託すべき場所を記載する。

第1427条
　調書には，債権者の拒絶または受領の応答を記載し，かつ，債権者が署名したか，署名を拒絶したか，または署名できない旨の陳述をしたかを記載する[16]。

第1428条
　債権者が提供を拒絶するときは，債務者は自ら，債務を免れるために，場合により供託の日までの利息を付し，提供した額の金銭または物を供託して，これを放棄することができる。
　２　異議[17]により弁済を禁止された第三債務者は，現実の提供を要しないで，供託することにより，債務を免れることができる。
　３　裁判所補佐職は，供託調書を作成し，これを債権者に執行士送達する。

第1429条
　提供または供託の効力に関する異議は，それが付帯的に申し立てられると

14　特定物に関する例外を定めた，民法典第1264条の訳文については，北居・前掲書21頁にしたがう。
　「民法典第1264条　弁済すべき物が現実の場所で引き渡すべき特定物である場合，債務者は，債権者に対して，本人若しくはその住所又は合意の履行のために選定された住所に通知する証書によって，その引取の催告を行わなければならない。この催告を行った後も，債権者がその物を引き取らず，しかも，その物を置いている場所を債務者が必要とする場合には，債務者はそれを他のいずれかの場所に寄託することについて，裁判所の許可を得ることができる。」
15　北居・前掲書22頁以下を参照されたい。
16　この条文によれば，調書に債権者が署名したかどうかを記載することになっているが，債権者が署名する文書もこの調書のようである。Blanc, p.764.
17　原語は opposition なので，異議と訳すのが通例だが，差押えを受けた第三債務者が債権者に弁済することができなくなる場合を指すものと考えられている。

きは，本案が係属する[18]裁判官の管轄に属する。

(安見ゆかり)

---

18 本法典第285条に類似。relève de la compétence du juge saisi du principal lorsqu'elle est demandée incidemment. 法曹会訳「文書の検真は，それが付帯的に要求される場合は，本案の受訴裁判官の権限に属する」。

第4章　滅失した証書の回復

【前注】

　本章は，滅失した（détruit）公署証書（公正証書等。民法典第1317条以下参照）・私署証書（民法典第1322条以下参照）および裁判書（décision de justice）の回復（reconstitution）に関する手続を定める。証書の滅失の原因について，第1430条は「戦争行為（faits de guerre）又は災害（sinistres）」に限定する。ただし，この文言（とくに「災害」の文言）は，広く解釈されているようであり，滅失の原因となり得るすべての事由を含む趣旨と説くものもある[1]。本章の規定は，身分証書の回復には関係がないとの説明もある[2]が，身分証書の回復については，行政上の方法（1923年12月15日法律第1条以下参照）と司法上の方法（民法典第46条参照）があり，後者の場合には，本章の規定が適用されるようである[3]。

　本章の規定は，1923年12月15日法律第9条に由来する。同法は，第1次大戦後，戦争により滅失した証書等の回復に関して設けられた法律で，同法9条は，公署証書・私署証書および裁判書の回復について定めていた。1981年5月12日デクレは，同条を削除すると共に，若干の修正を加えた上で，同条に相当する規定を民訴法典に導入した[4]。これが現在の本章に当たる（当初は本編第3章）。

第1430条

　場所を問わず[5]，戦争行為または災害により滅失した公署証書または私署証書の原本回復の申立ては，大審裁判所に対して行う。

1　J. Bailly, J-cl. Procédure civile, Fasc. 996, Procédures particulières, Reconstitution d'actes détruits, 2012, n° 25.
2　Blanc, p. 765.
3　Bailly, op. cit., n°s 2 et 10.
4　本章の沿革につき，Blanc, p. 765.
5　旧法（1923年12月15日法律第9条）は，災害の場合，公務担当者・裁判所補佐職等の下における滅失に限定して証書の回復を認めていたが，本条は，このような滅失の場所的制限を排除している。Blanc, p. 765 ; Bailly, op. cit., n° 24.

第1431条
　管轄裁判所は，証書が作成された地の裁判所，または証書が外国で作成されたときは申立人が居住する地の裁判所とし，申立人が外国に居住するときはパリ大審裁判所とする。

第1432条
　裁判〔書〕の回復は，その裁判をした裁判所により行う[6]。

第1433条
　〔証書回復の〕申立ては，非訟事件として提起され，審理され，判決される。

第1434条
　〔証書の〕一部分の条項で，それ自体で十分であるもの[7]の証拠のみが提出されたときは，裁判所は，その証書の部分的回復をすることができる。

（大濱しのぶ）

6　Bailly, *op. cit.*, n° 7 は，判決は公署証書の証拠力を有する（民訴第457条）が，公署証書ではないとし，それ故本条は公署証書と裁判の回復を区別するという。

7　本条は，証書の一部分のみで完結ないし独立している場合に，部分的回復を許す趣旨であるが，Blanc, p. 766によれば，この判断は容易ではなく，恣意的になるおそれがあるということである。

第5章　証書および登録簿の写しの交付

【前注】

　本章の規定は，旧民訴法典第839条以下の規定に，修正を加えたものである[1]。第1435条から第1439条までの規定は，公務担当者または裁判所補佐職（officiers publics ou ministériels）その他の保管者（dépositaires）が保管する証書について，証書の当事者またはその相続人・権利承継人（ayants droit）が，写しを求める場合の手続を定める。証書の保管者としては，たとえば，公証人・執行士・商事裁判所書記が挙げられる[2]。証書の保管者は，当事者等に対し証書の写しを交付する義務を負う（第1435条）。証書が未登録または不完全な場合には，保管者にこの義務はない[3]が，当事者は，裁判所の許可を得て，その写しの交付を受けることができる（第1438条。公署証書の執行力ある写しの再交付の場合も同様。第1439条）。

　第1440条および第1441条は，公開の登録簿または目録（registres ou répertoires publics）の写しを求める場合の手続を定める。この場合には，交付請求権者に制限はない。公開の登録簿等の例としては，身分登録簿（第1056条以下），身分目録（第1057条以下），商業・会社登記簿（registre du commerce et des sociétés），不動産簿（fichiers immobiliers）が挙げられる[4]。

　原則的には，証書の当事者のみがその写しを得る権利を有し，第三者は，公開されている証書・登録簿の写しの交付を求めることができるにすぎないとされる[5]。旧法は，訴訟手続中に，証書の当事者ではない者が，その写しを求める場合のcompulsoireと呼ばれる手続を併せて定めていたが，本法典は，この手続に代えて，第138条から第141条で，第三者が所持する書証の取得に関する手続を導入している[6]。

---

[1]　Blanc, p. 766.
[2]　J. Bailly, J-cl. Procédure civile, Fasc. 995, Délivrance de copies d'actes et de registres, 2014, n° 5 et s.
[3]　Blanc, p. 767.
[4]　Bailly, *op. cit.*, n° 40.
[5]　Bailly, *op. cit.*, n° 21.
[6]　Blanc, p. 766.

第1435条

公務担当者または裁判所補佐職その他の証書の保管者は，手数料の支払いを条件に，証書の謄本または写しを当事者本人，その相続人または権利承継人[7]に交付しなければならない。

第1436条

保管者が拒絶し，または応答しない場合には，大審裁判所所長は，申請により事件を受理し，申立人および保管者を審問し，または呼び出した上で，裁判する。

第1437条

この裁判は，仮に執行することができる。

2　控訴は，非訟事件として提起され，審理され，判決される。

第1438条

当事者は，登録されていないまたは不完全な証書[8]の写しを得ることができる。当事者は，大審裁判所所長にその申立てをしなければならない。この申立ては，申請により行う。

2　証書の保管者が拒絶し，または応答しない場合には，大審裁判所所長がレフェレで裁判する。

第1439条

公署証書の執行力ある写しの再度の交付[9]を得ようとする当事者は，大審裁判所所長にその申立てをしなければならない。この申立ては，申請により行う。

2　証書の保管者が拒絶し，または応答しない場合には，大審裁判所所長

7　権利承継人として，Bailly, *op. cit.*, n° 26は，包括受遺者（légataire universel），包括名義受遺者（légataire à titre universel），債権者を除く譲受人（cessionnaire），証書の規定が利益となる者を挙げる。

8　証書が不完全な場合の典型は，必要な署名が欠けている場合のようである。Bailly, *op. cit.*, n° 34.

9　原語は délivrance d'une seconde copie exécutoire d'un acte authentique。

がレフェレで裁判する。

第1440条
　公開の登録簿または目録について書記およびその保管者は，手数料の支払いを条件に，いかなる申請人に対しても，その写しまたは抄本を交付しなければならない。

第1441条
　拒絶し，または応答しない場合には，大審裁判所所長，または拒絶が書記によるときはこの書記が職務を行う裁判所の所長が，申請により事件を受理し，申立人および書記または保管者を審問し，または呼び出した上で，裁判する。
　2　控訴は，非訟事件として提起され，審理され，判決される。

（大濱しのぶ）

第6章　公発注の私法契約の締結に関する争訟

【前注】

　本章は，1992年9月7日デクレ964号により新設され，2005年10月20日デクレ1308号による改正を経て，2009年11月27日デクレ1456号により，章題を含め全面改正されている。本章は，公発注（commande publique）の契約のうち私法契約にあたるものの締結に関する不服申立手続について定める。公発注の契約とは，概していえば，公法人等が発注する公共工事等の契約である（後掲2009年オルドナンス第2条・第5条参照）。本章は，公共調達に関する一連のEU指令のうちの不服申立手続に関する指令を国内法化する立法の一環であり，EU指令の改正に伴い，本章にも改正が加えられている。なお，EUの公共調達制度は改革期にあり[1]，本章の規定も再び改正される可能性があろう。

　本章の現行規定は，2007年12月11日欧州議会および理事会指令（2007/66/CE）を国内法化する2009年5月7日オルドナンス515号（2009年オルドナンス）[2]の第2章のうち，第2条から第20条の適用に関する事項を定める。2009年オルドナンスは，公発注の契約に関し，発注者が公告（publicité）の義務または競争に付す義務を懈怠した場合の不服申立手続について定めており，第1章では公発注の契約が行政契約の場合の手続（行政裁判法典第L. 551-1条以下の改正），第2章では公発注の契約が私法契約の場合の手続を定める。さらに，それぞれの章において，Référé précontractuel と呼ばれる，

---

[1] 公共調達に関する2014年の3つの指令（2014/24/UE，2014/25/UE および2014/23/UE）につき，藪恭平「EU の公共調達制度改革」ジェトロセンサー2015年8月号68頁以下。従来，EU の公共調達制度の基本となっていたのは2004年の2つの指令（2004/18/CE および2004/17/CE）であるが，これらは2014年の指令により2016年4月18日に廃止される（指令2014/24/UE 第91条および指令2014/25/UE 第107条）。フランスでも，2014年の指令の国内法化のための法改正が進められている。2004年の上記指令に関し，森渡周夫＝佐渡周子「海外における公共調達」国土技術政策総合研究所資料772号（2014年）20頁以下等。なお，従来のフランスの公共調達制度に関し，同35頁以下等。

[2] 2009年オルドナンスに関し，P. Idoux et M. Ubaud-Bergeron, Procédures de recours applicables aux contrats de la commande publique, À propos de l'ordonnance du 7 mai 2009, JCP 2009. 210.

契約締結の前にレフェレによる一定の処分を求める手続と，Référé contractuel と呼ばれる，契約締結の後にレフェレによる一定の処分を求める手続を定める。公発注の契約が行政契約の場合も私法契約の場合も，不服申立手続の構造は概ね同様であるが，行政契約の場合は行政裁判所の管轄となるのに対し，私法契約の場合は司法裁判所の管轄となり，大審裁判所が管轄裁判所とされている（司法組織法典第 L. 211-14条）。

第1441-1条

　公発注の契約に適用される不服申立手続に関する2009年5月7日オルドナンス515号第2条から第20条に基づく申立ては，レフェレ事件として提起され，審理され，裁判される。

　裁判官は，このオルドナンス第3条，第6条および第15条から第18条に定める処分[3]を職権で命じる場合には，あらかじめ，当事者に意見を陳述するよう促さなければならない。

　このオルドナンス第2条から第20条による裁判は，終審として下される。この裁判に対しては，その送達から15日以内に破毀を申し立てることができる。

　ただし，アストラントの額を確定する裁判[4]に対しては，その送達から15日以内に控訴をすることができる。この控訴は，代理強制を伴う通常手続の規定により提起され，審理され，裁判される。

第1441-2条

　I　裁判官は，前条のオルドナンス第2条および第5条による申立て[5]について20日以内に裁判する。

---

[3] 2009年オルドナンス第3条・第6条は契約締結前の処分（懈怠した義務の履行・契約締結に関する手続の停止等），第15条から第18条は契約締結後の処分（契約の履行停止・契約の無効等）について定める。

[4] 2009年オルドナンス第6条は，契約締結前の処分として，アストラント（間接強制）の発令もできるとし，その額を確定する際の考慮要素等に関して定める。

[5] 2009年オルドナンス第2条・第5条は，公発注契約の定義と共に，契約締結前の不服申立てについて（契約の締結に利害関係を有し，公告義務・競争に付す義務の違反により利益を害されうる者は，契約締結前に，司法裁判所に申立てをすることができる旨）定める。

Ⅱ　裁判官がこの申立てについて裁判することができるのは，応募または申込みをした事業者に対する契約の落札決定の送付から16日以後とする。契約の落札決定が，関係するすべての事業者に対し電子的方法により通知されたことを発注機関または発注者が証明するときは，この期間は11日以後に短縮される。

この申立てが，このオルドナンス第13条第1項に定める契約の締結の前にされた場合には，裁判官が〔この申立てについて〕裁判をすることができるのは，契約を締結する意思の公示から起算して11日以後とする[6]。

Ⅲ　前記オルドナンス第9条[7]に定める場合には，共和国検事が職権で申し立てる。

第1441-3条

Ⅰ　裁判所は，前記〔第1441-1条所定の〕オルドナンス第11条に定める不服申立て[8]について受理することができるのは，契約の落札の公示[9]から，または枠組み協定もしくは電子入札システム[10]に基づく契約の場合には，契約の締結の名義人に対する通知から，遅くとも31日以内とする。

前段に定める公示または通知がないときは，裁判所は，契約の締結の日の翌日から起算して6月が経過するまで受理することができる。

Ⅱ　裁判官は，公発注の契約に適用される不服申立手続に関する2009年5

6　本条第2項は，指令2007/66/CE の不服申立期間に関する規定（同指令により改正された指令89/665/CEE 第2-4条等）の国内法化とみられる。原語につき，応募は candidature，申込みは offre，事業者は opérateurs économiques，落札決定は décision d'attribution，発注機関は pouvoir adjudicateur，発注者は entité adjudicatrice。これらの語に関し，指令2004/18/CE 第1条第8項・第9項，同第53条，指令2004/17/CE 第2条等参照。

7　2009年オルドナンス第9条は，同第2条・第5条の定める申立てにつき，欧州委員会が重大な義務違反があると認めてその事由を国に通知する場合に，共和国検事もこの申立てをすることができる旨を定める。

8　2009年オルドナンス第11条は，（契約締結後の）契約の効力を争う不服申立てについて定める。

9　原語は publication d'un avis d'attribution du contrat。

10　枠組み協定の原語は accord-cadre（フレームワーク・アグリーメントと訳されることもある），電子入札システムの原語は système d'acquisition dynamique。これらの語の意義に関し，指令2004/18/CE 第1条第5項・第6項参照。

月7日オルドナンス515号第11条による申立てについて1月以内に裁判する。

(大濱しのぶ)

第7章 和　解

【前注】
　和解（transaction）については，民法典第2044条以下に規定がある。和解は，当事者が争いをやめ，または将来の争いを予防する契約であり，書面によらなければならない（民法典第2044条）。なお，和解は，既判事項の権威を有する（民法典第2052条）。
　本章は，和解の証書に執行力を付与する手続を定める第1441-4条のみから成る。本章は，1998年12月28日デクレ1231号により創設されたが，2012年1月20日デクレ66号第45条により削除されており，例外として，ワリス・フトゥナについてのみ適用される。上記2012年デクレは，本法典に第5巻（紛争の和解的解決）を創設するもので，和解に執行力を付与する手続についても，本条に代えて新たな規定を設けている（〔現行〕第1567条）が，管轄の変更等について批判もみられる[1]。

第1441-4条
　大審裁判所所長は，和解の当事者による申請を受理し，提出された証書に執行力を付与する。

（大濱しのぶ）

---

[1] H. Croze et C. Laporte, Mais où est donc passé l'article 1441-4 du Code de procédure civile ? : Gaz. Pal., Rec. 2012, doctr. P. 703, 19257.

第4巻 仲　　裁

【前注】

　(1)　フランス革命は，司法権に対する反動として，仲裁を憲法原則と同じレベルに高めた。司法組織に関する1790年8月16-24日デクレには，現在および将来の立法府を拘束する次のような宣言が含まれている。「仲裁は，市民間の争訟を解決する最も合理的な方法であり，立法府は，仲裁付託契約の利用，有効性を減じることを意図したいかなる規定も制定することができない。」

　(2)　真の断絶は，仲裁の歴史において，執政下または帝政の初めに生じたとされている。1806年の（旧）民事訴訟法典において，仲裁人に助けを求める当事者は国家の裁判所が提供する法的救済を受けられないとの思想に裏打ちされた仲裁制度は，厳しい批判の対象となった。これを受け，1843年7月10日，破毀院は，仲裁条項を禁止した。その後，仲裁条項は，1925年12月31日法律により，商行為においてのみ許されるようになった。

　(3)　1981年5月12日デクレ500号は，（新）民事訴訟法典第4巻に1980年5月14日デクレを挿入するとともに（民訴法第1442条〜第1491条），国際仲裁を規制することにより（民訴法第1492条〜第1507条），この巻の2つの編において仲裁の発展を促進することを究極目的とする新たな仲裁法を制定した。1980年5月14日デクレ354号により定められた規則は，うわべだけの「手直し」にすぎないとも評されたが，時として破毀院によるその斬新な解釈・適用により1980年改正を導いた精神を体現した数々の重要な判例法理を生み出した。この改正により，フランスは，最も早い時期に現代的な仲裁法を持つ国の一つとなり，それは，多くの外国の改正の模範となった[1]。

　(4)　立法府は，「新たな経済的規制」に当てられた立法過程において，2001年5月15日法律により，1972年7月5日法律により新設された民法第

---

[1]　JurisClasseur Procédure civile, Fasc.1010 : Arbitrage, Points-clés, 2013 ; Guinchard/Chainais/Ferrand, Procédure civile, 32e éd. 2014, Dalloz, n°2256.

2061条を改正し，仲裁条項を復権させた。仲裁条項は，今では，職業として当事者により締結されるすべての契約に有効に挿入されることができる[2]。

(5) 2011年1月13日デクレ48号により，フランス仲裁法は，新たに全面的に改正された[3]。第一に挙げるべき改正の究極目的は，判例により編み出された法理を民事訴訟法典に導入することによりフランス仲裁法をより理解しやすいものにすることである。しかし，この改正は，同時に，世界の中で国際仲裁の本拠地としてパリが占める優越的な地位を確保するために，国際仲裁の分野においてフランス法の競争力を高めようとするものでもある。こうした見地から，この改正は，しばしば外国法に着想を得た新しい規定を含んでいる（とくに，仲裁廷の審理権限を強化した民訴法第1467条～第1469条，または仲裁手続の停止を整備した同第1472条以下，さらに国際仲裁に固有の規定として，仲裁廷の長に，多数がない場合に単独で判断することを認めた同第1513条，当事者に取消申立てを認めた同第1522条，または仲裁判断もしくはその執行命令に対する不服申立ては執行停止効がないことを規定した同第1526条参照）。こうした地位向上の見地から，この改正は，仲裁法に，迅速，誠実，当事者の平等，さらには内密の原則，のような新しい原則を導入するとともに，支援裁判官の権限と仲裁廷の権限を強化することにより，仲裁の効用を向上させようとしている。このデクレは，執行制度および仲裁判断に対する不服申立方法を

---

2 同じく，1972年7月5日法律により新設された民法第2059条および第2060条についても，フランスにおける仲裁の発展を著しくかつ無益なやり方で妨げてきたと批判されている。すなわち，民法第2059条は，国の司法機関に排他的に留保しなければならない争訟を仲裁から遠ざけるのに十分であり，民法第2060条は，争訟の仲裁適格（仲裁可能性）を不必要に複雑にし制限している。後者は，公序に関わる争訟を仲裁不可とすることにより，公序違反を認定した仲裁人は，それを民事上確認することができず，無管轄を宣言しなければならない状況を作り出している。このような国家の裁判官への強制的なリターンは，高くつき事件の解決を遅らせ，無益であるとして，その改正の必要性が指摘されている。v. JurisClasseur Procédure civile, Fasc.1010 : Arbitrage, 5° Réforme du 13 janvier 2011, n°s 62, 66.

3 JurisClasseur Procédure civile, Fasc.1010 : Arbitrage, 5° Réforme du 13 janvier 2011, n°s 62-67.
　2006年，フランス仲裁委員会は，仲裁法の改正草案の重要な作成作業に着手した(Rev. arb. 2006, p.499 et s. avec la présentation du projet par J.-L. Delvolvé, p.491 et s.)。2011年1月13日デクレは，ある特定の点については改正草案とは異なっているとはいえ，この草案から十分に着想を得ている。

第1章　仲裁合意（4巻前注―第1442条）

今の時代に合うよう刷新している。

（6）構造的には，フランス仲裁法は変更されていない。国内仲裁に適用される規定（民訴法第1442条～第1503条）と国際仲裁に適用される規定（民訴法第1504条～第1527条）の区別は維持されている。しかし，国内仲裁のために定められた多くの規定が，同時に，以前の法から導き出されるそれよりももっと複雑な国際仲裁の規制を認めている繋ぎの法文ともいうべき民事訴訟法第1506条による準用の結果，国際仲裁にも適用されることが確認できる。その結果，フランス国内仲裁法とフランス国際仲裁法との目覚ましい接近が生じ，その限度で，それらを区別する実益を失わせるものである。

第1編　国内仲裁

第1章　仲裁合意[1]

第1442条

　仲裁合意は，仲裁条項または仲裁付託契約の方式による[2]。

　2　仲裁条項とは，契約の当事者がその契約に関して生じる紛争を仲裁に付することを約する旨の合意をいう[3]。

　3　仲裁付託契約とは，紛争の生じた当事者がその紛争を仲裁に付託する旨の合意をいう[4]。

---

[1] 仲裁条項（clause compromissoire）と仲裁付託契約（compromis）は，仲裁付託契約の方式が仲裁条項のそれに無益に合わせられたとの批判はあるものの，仲裁合意（convention d'arbitrage）という統一的な呼称のもとにまとめられた。

[2] 2011年1月13日デクレ48号第2条により追加された。この規定は，同デクレ第3条第1号により，2011年5月1日以降に締結された仲裁合意に適用される。

[3] 本項はある契約に関して将来生じうる紛争を予め契約時に仲裁に付する旨の合意であり，小山昇『仲裁法〔新版〕』（有斐閣，1983）161頁では将来紛争仲裁契約とされている。

[4] 2011年1月13日デクレ48号第2条により追加された（元第1447条）。本項は既に発生した紛争について，新たに仲裁付託の合意をする場合をいう。この規定は，同デクレ第3条第1号により，2011年5月1日以降に締結された仲裁合意に適用される。

第1443条[5]

仲裁合意は，書面によってされ，これに反するときは無効とする。それは，書面の交換または主たる合意において引用された文書によりすることができる。

第1444条[6]

仲裁合意は，仲裁規則を引用する場合はそれによって，一人もしくは複数の仲裁人を指名し，またはその指名方法を定める。これがないときは，第1451条から第1454条の規定に従って〔仲裁人指名〕手続を行う。

第1445条[7]

仲裁付託契約では，紛争の対象[8]を特定し，これに反するときは無効とする。

第1446条[9]

当事者は，既に裁判所に訴訟手続が係属する間においても，仲裁に付することができる。

第1447条[10]

仲裁合意は，それを含む契約とは独立である。それは，その契約の有効性に影響されない。

　2　仲裁条項が無効であるときは，記載されていないものとみなす。

---

[5] 2011年1月13日デクレ48号第2条により改正された。この規定は，同デクレ第3条第1号により，2011年5月1日以降に締結された仲裁合意に適用される。

[6] 2011年1月13日デクレ48号第2条により改正された（元1443条第2項・第1448条第2項）。この規定は，同デクレ第3条第1号により，2011年5月1日以降に締結された仲裁合意に適用される。

[7] 2011年1月13日デクレ48号第2条により改正された（元第1448条第1項）。この規定は，同デクレ第3条第1号により，2011年5月1日以降に締結された仲裁合意に適用される。

[8] この言葉の意味については，第4条および同条に関する法曹会訳の注釈を参照。

[9] 2011年1月13日デクレ48号第2条により改正された（元第1450条）。

[10] 2011年1月13日デクレ48号第2条により改正された（第2項は元第1446条）。

第1章　仲裁合意（第1443条—第1449条）

第1448条[11]

仲裁合意に係る紛争について，国の裁判所に訴えが提起されたときは，裁判所は，無管轄を宣言する。ただし，〔紛争が〕仲裁廷にまだ係属していない場合および仲裁合意が明らかに無効または明らかに適用できない場合はこの限りでない。

2　国の裁判所は，その無管轄を職権で顧慮することはできない。

3　本条に反するあらゆる約定は，記載されていないものとみなす。

第1449条[12]

仲裁合意の存在は，仲裁廷が構成されていない間は，一方の当事者が証拠調べまたは仮のもしくは保全的な処分を得るため国の裁判所に申し立てることを妨げない。

2　保全的差押えおよび裁判上の担保について定める諸規定を除き，前項の申立ては，第145条に定める要件による証拠調べについて，および緊急の場合には，仲裁合意の当事者により申請された仮のまたは保全的な処分について，裁判する大審裁判所または商事裁判所に対して行う。

　　　　　　　　　　　　　　　　　　　　　　　　　（堤龍弥）

11　2011年1月13日デクレ48号第2条により改正された（第1項は元第1458条第1項・第2項，第2項は元第1458条第3項，第3項は元第1459条）。

12　2011年1月13日デクレ48号第2条により改正された。

第2章　仲裁廷

第1450条[1]

仲裁人の任務は，自己の権利[2]を完全に行使する権能を有する自然人によってのみ行使することができる。

2　仲裁合意において法人が選任されているときは，この法人は，仲裁を組織する権限[3]のみを有する。

第1451条[4]

仲裁廷は，一人または奇数となる複数の仲裁人により構成される。

2　仲裁合意において偶数の仲裁人の選任を定めているときは，仲裁廷は補充される。

3　補充される仲裁人の選任について当事者間に合意がないときは，仲裁廷は，選出された仲裁人により，その選任の受諾から1か月以内に補充され，これがないときは，第1459条に規定する支援裁判官により，補充される。

第1452条[5]

一人または複数の仲裁人の選任方法について当事者間に合意がない場合：

1号　一人の仲裁人による仲裁の場合で，当事者間に仲裁人の選出について合意が成立しないときは，仲裁人は，仲裁を組織する責務を負っている者により，これがないときは，支援裁判官により，選任される。

2号　3人の仲裁人による仲裁の場合は，当事者がそれぞれ一人の仲裁人を選出し，このようにして選出された2人の仲裁人が3人目の仲裁人を選任

---

[1]　2011年1月13日デクレ48号第2条により改正された（元第1451条）。

[2]　ここでいう自己の権利とは，行為能力のほか，刑事上のサンクションとして公民権が停止された場合や破産法上の個人破産 faillite personnelle（日本法上の個人破産とは意味が異なる）なども含まれる。Blanc, pp.780 et s.

[3]　仲裁を組織する権限とは分かりにくい表現だが，その意味については第1452条参照。単に仲裁人を選任するのみならず，仲裁のやり方についてもある程度決定することができるようである。

[4]　2011年1月13日デクレ48号第2条により改正された（第1項は元第1453条，第2項および第3項は元第1454条）。この選任を申し立てる行為については，第1459条参照。

[5]　2011年1月13日デクレ48号第2条により改正された（元第1455条）。

する。この場合において，一方の当事者が他方の当事者から仲裁人を選任すべき旨の催促を受けた日から1か月以内にその選任をしないとき，または2人の仲裁人間で，その選任の受諾から1か月以内に，3人目の仲裁人の選出について，合意が成立しないときは，仲裁を組織する責務を負っている者，もしくはこれがないときは，支援裁判官が，この選任を行う。

第1453条 [6]

紛争が3人以上の当事者により争われており，これらの者の間で仲裁廷の構成方法について合意がないときは，仲裁を組織する責務を負っている者，またはこれがないときは，支援裁判官が，一人または複数の仲裁人を選任する。

第1454条 [7]

仲裁廷の構成に関するその他すべての争いについて，当事者間に合意がないときは，仲裁を組織する責務を負っている者により，またはこれがないときは支援裁判官により，解決される。

第1455条 [8]

仲裁合意が明らかに無効または明らかに適用できないときは，支援裁判官は，選任の余地がない旨を宣言する。

第1456条 [9]

仲裁廷は，一人または複数の仲裁人が付託された任務を受諾したときに構成される。その時，紛争は仲裁廷に受理される。

2　仲裁人は，その任務を受諾する前に，その独立性または公正性を害するおそれのある事情の全部を開示しなければならない。同様に，仲裁人は，

---

[6] 2011年1月13日デクレ48号第2条により改正された。
[7] 2011年1月13日デクレ48号第2条により改正された。
[8] 2011年1月13日デクレ48号第2条により改正された（元第1444条第3項）。
[9] 2011年1月13日デクレ48号第2条により改正された。この規定は，同デクレ第3条第2号により，2011年5月1日以降に構成された仲裁廷に適用される。

その任務の受諾後に、同じ事情が生じた場合にあっては、その全部を速やかに開示する義務を負う。

3　仲裁人の手続運営について争いがある場合、その異議は、係争事実の発覚または発見後1か月以内に申し立てられ、仲裁を組織する責務を負っている者により、またはこれがないときは支援裁判官により、解決される。

第1457条[10]

仲裁人は、その終了まで任務を遂行しなければならない。ただし、任務遂行障害または回避もしくは辞任の正当事由が証明された場合はこの限りでない。

2　援用された〔前項の〕理由の真実性について争いがある場合、その異議は、任務遂行障害、回避または辞任後1か月以内に申し立てられ、仲裁を組織する責務を負っている者により、またはこれがないときは支援裁判官により、解決される。

第1458条[11]

仲裁人は、当事者全員一致の合意によってのみ解任することができる。全員の合意がないときは、第1456条末項の規定に従ってその〔解任〕手続が行われる。

第1459条[12]

管轄支援裁判官は、大審裁判所長とする。

2　ただし、仲裁合意において明示的に定められているときは、第1451条から第1454条に基づき提起される申立てについては、商事裁判所長が管轄権を有する。この場合、同法第1455条を適用することができる。

10　2011年1月13日デクレ48号第2条により改正された（第1項本文は元第1462条第1項、第1項ただし書および第2項は元第1463条）。この規定は、同デクレ第3条第2号により、2011年5月1日以降に構成された仲裁廷に適用される。

11　2011年1月13日デクレ48号第2条により改正された（前段は元第1462条第2項）。この規定は、同デクレ第3条第2号により、2011年5月1日以降に構成された仲裁廷に適用される。

12　2011年1月13日デクレ48号第2条により改正された（元第1457条第3項）。

3 土地管轄を有する裁判官は，仲裁合意において指定された裁判官，またはこれがないときは，仲裁廷が所在する地を管轄する裁判官である。仲裁合意において何も約定がないときは，土地管轄を有する裁判官は，当該事件の被申立人の一人が居住する地を管轄する裁判官であり，その被申立人がフランスに居住していないときは，申立人が居住する地を管轄する裁判官とする。

第1460条[13]

支援裁判官は，一方の当事者により，または仲裁廷もしくはその構成員の一人〔の申立て〕により，事件を受理する。
　2　申立ては，レフェレとして提起され，審理され，判決される。
　3　支援裁判官は，不服申立てを許さない命令により裁判する。ただし，裁判官が第1455条に定める原因の一つを理由に選任の余地がない旨を宣言するときは，この命令に対し控訴を提起することができる。

第1461条[14]

第1456条第1項の規定を除き，本章に定める規定に反するあらゆる約定は，記載されていないものとみなす。

（堤龍弥）

13　2011年1月13日デクレ48号第2条により改正された（元第1457条第1項・第2項）。
14　2011年1月13日デクレ48号第2条により改正された（元第1459条）。

第3章　仲裁手続

第1462条[1]

紛争は，当事者が共同して，または任意の当事者により，仲裁廷に付託される。

第1463条[2]

仲裁合意で期間を定めていない場合は，仲裁廷の任務の期間は，事件の受理後6か月に限られる。

2　法定または合意による期間は，当事者の合意により，またはこれがないときは支援裁判官により，伸長することができる。

第1464条[3]

当事者間に別段の合意がない場合，仲裁廷は，国家の裁判所のために定められた規定に従うことを要しないで，仲裁手続〔の準則〕を決定する。

2　ただし，第4条から第10条，第11条第1項，第12条第2項・第3項，および第13条から第21条，第23条，ならびに第23-1条に明規された手続の指導原則は，常に適用される。

3　当事者および仲裁人は，手続の追行に当たっては，迅速かつ誠実に行動する。

4　法律上義務的とされている場合を除き，また当事者間に別段の定めがない限り，仲裁手続は，内密の原則[4]に従う。

第1465条[5]

仲裁廷は，自己の仲裁権限に関する争いについて専属的に判断する。

1　2011年1月13日デクレ48号第2条により改正された。
2　2011年1月13日デクレ48号第2条により改正された（元第1456条）。
3　2011年1月13日デクレ48号第2条により改正された（第1項・第2項は元第1460条第1項・第2項）。
4　confidentialité の訳語が辞書になく，いわゆる「非公開の原則」のことかと思われるが，とりあえず直訳で「内密の原則」と訳した。
5　2011年1月13日デクレ48号第2条により改正された（元第1466条）。

第1466条 [6]

当事者は，手続違反を知りながら正当な理由なく，適切な期間内に仲裁廷に対し異議を述べないときは，異議を述べる権利を放棄したものとみなす。

第1467条 [7]

仲裁廷は，必要な審理を行う。ただし，当事者がその構成員の一人にそれを委任することを認めている場合はこの限りでない。

2　仲裁廷は，誰でも審問することができる。この審問は，宣誓させないで行う。

3　一方の当事者が証拠資料を所持しているときは，仲裁廷は，自己が決定した方法により，必要な場合はアストラントの制裁をもって，その者にこれを提出するよう命じることができる。

第1468条 [8]

仲裁廷は，自己が決定した要件のもとで，必要な場合はアストラントの制裁をもって，相当と判断するすべての保全的なまたは仮の処分を当事者に命じることができる。ただし，国の裁判機関だけが，保全差押えおよび裁判上の担保を命じることができる。

2　仲裁廷は，自らが命じた仮のまたは保全的な処分を修正もしくは補充することができる。

第1469条 [9]

仲裁手続の一方の当事者が，その当事者が関与していない公署証書もしくは私署証書または第三者が所持する書類を援用しようとするときは，写しの交付または証書もしくは書類の提出を得るため，仲裁廷による呼出状により，この第三者を大審裁判所長の下に呼び出させることができる。

6　2011年1月13日デクレ48号第2条により改正された。
7　2011年1月13日デクレ48号第2条により改正された（第1項・第2項後段は元第1461条第1項・第2項，第3項は元第1460条第3項）。
8　2011年1月13日デクレ48号第2条により改正された。
9　2011年1月13日デクレ48号第2条により改正された。

2 大審裁判所長の土地管轄は，第42条から第48条に従って定められる。

3 申立ては，レフェレとして提起され，審理され，判決される。

4 〔大審裁判〕所長は，申立てに理由があると認めるときは，その定める要件および担保のもとに，必要な場合はアストラントの制裁をもって，証書または書類の，場合により原本，謄本もしくは抄本の，交付または提出を命じる。

5 この決定は，当然には執行力を有しない。

6 控訴は，決定の執行士送達後15日の期間内に提起することができる。

第1470条[10]

反対の約定がある場合を除き，仲裁廷は，第287条から第294条および第299条の規定に従い，〔私署証書に関する〕文書の検真または偽造の附帯事件について判断する権限を有する。

2 附帯的な〔公署証書〕偽造の申立ての場合は，第313条が適用される。

第1471条[11]

手続の中断は，第369条から第372条の規定に従う。

第1472条[12]

仲裁廷は，必要な場合は，判断を延期することができる。これにより，手続の進行は，その決定で定められた期間または事由の発生まで，停止する。

2 仲裁廷は，事情により，停止を取り消しまたはその期間を短縮することができる。

---

10 2011年1月13日デクレ48号第2条により改正された（元第1467条）。第287条から第294条までは私署証書の附帯的検真申立てに関する規定であり，第299条は附帯的偽造申立ての規定である。検真をしなければならない私署証書に，これと別に偽造申立てがあり得るのは奇異に感じられるが，検真は署名についての真正のみを判断し，署名が真正であっても内容的に偽造されているとの申立ては考えられる。

11 2011年1月13日デクレ48号第2条により改正された（元第1465条）。

12 2011年1月13日デクレ48号第2条により改正された。

第1473条[13]
　反対の約定がない限り，仲裁手続は，仲裁人の死亡，任務遂行障害，回避，辞任，忌避，または解任の場合，代わりに選任された仲裁人がその任務を受諾するまで，停止する。
　2　後任の仲裁人は，当事者間で合意された方法により，またはこれがないときは，その代わりとなる〔元〕仲裁人の選任に適用された方法により，選任する。

第1474条[14]
　手続の中断または停止は，仲裁廷の職務を解除しない。
　2　仲裁廷は，手続を再開するため，または中断もしくは停止の原因を終了させるために当事者がとる自発的行動を，自らに通知するよう当事者に対して促すことができる。当事者による自発的行動がない場合，仲裁廷は，手続を終結させることができる。

第1475条[15]
　手続は，その中断または停止原因が消滅したときに，それが中断または停止した時のままの状態で，再びその進行を開始する。
　2　手続の再開時，第1463条は例外として，仲裁廷は，6か月を超えない範囲で手続期間を伸長することを決定することができる。

第1476条[16]
　仲裁廷は，合議が行われる期日を定める。
　2　合議中は，仲裁廷の求めによるのでなければ，いかなる申立てもすることができず，いかなる攻撃防御方法も提出することができず，またいかなる書証も提出することができない。

13　2011年1月13日デクレ48号第2条により改正された（第1項は，元第1464条第1号・第2号）。
14　2011年1月13日デクレ48号第2条により改正された。
15　2011年1月13日デクレ48号第2条により改正された。
16　2011年1月13日デクレ48号第2条により改正された（元第1468条）。

第1477条[17]
　仲裁期間が満了すれば，仲裁手続は終了する。

（堤龍弥）

17　2011年1月13日デクレ48号第2条により改正された（元第1464条第3号）。

第4章　仲裁判断

【前注】
　仲裁判断は確定判決と同一の効力を有する。仲裁判断に基づいて強制執行をするには，大審裁判所により発せられる執行許可（第1487条以下）が必要である。これによって仲裁判断は債務名義となる。国際仲裁判断もほぼ同様である（第1516条）。本章では，仲裁判断が準拠すべき規範（第1478条），仲裁廷が合議体である場合の合議の進め方（第1480条），仲裁判断書の必要的記載事項（第1481条），仲裁判断の訂正・解釈（第1485条）などが定められている。

第1478条[1]
　仲裁廷は，法規範に従って紛争を解決する。ただし，当事者が和解的裁定[2]として判断する任務を仲裁廷に付託した場合はこの限りでない。

第1479条[3]
　仲裁廷の合議は，秘密とする。

第1480条[4]
　仲裁判断は，仲裁人の過半数で決する。
　2　仲裁判断には，すべての仲裁人が署名する。
　3　ただし，仲裁人のうちの少数の者が署名を拒否する場合は，仲裁判断にはその旨を記載し，これによって仲裁判断は，すべての仲裁人が署名したのと同一の効力が生じる。

（堤龍弥）

---

[1] 2011年1月13日デクレ48号第2条により改正された（元第1474条）。
[2] 原語は amiable composition であり，従来は友誼的仲裁との訳があてられていた。しかし友誼という意味はなく，法に基づかない和解的な判断というニュアンスである。日本法では善と衡平に基づく判断という意味である。
[3] 2011年1月13日デクレ48号第2条により改正された（元第1469条）。
[4] 2011年1月13日デクレ48号第2条により改正された（第1項は元第1470条，第2項・第3項は元第1473条）。

第1481条[5]

仲裁判断は以下の表示を記載する。
 1号　当事者の氏名[6]または名称，およびその住所または本社所在地
 2号　必要な場合は，弁護士または当事者を代理もしくは補佐するすべての者の氏名
 3号　担当する仲裁人の氏名
 4号　その日付[7]
 5号　判断をした場所[8]

5　本条は号順に変更があるものの，旧第1472条と内容上変更はない。
6　仲裁判断書には当事者の氏名の記載が必要である。
　仲裁判断の効力は当事者に及ぶことから，当事者の氏名の記載が求められる。また，仲裁判断の取消申立て，不服申立てとしての控訴，さらに，執行許可の申立ても，当事者であって認められるものである。
　なお，本条の注釈によると，連帯債務者の１人を相手とする仲裁において，仲裁手続の当事者である１名と債権者の間でなされた仲裁判断において，連帯債務の総額が判断された場合，他の連帯債務者は第三者の仲裁判断取消しの訴え（tierce opposition）を提起することができる。これは仲裁判断の効力が第三者に拡張されることに理由があるのかは明らかになっていない（参照，徳田和幸「フランス法におけるTierce‐Opposition の機能と判決効」山木戸克己教授還暦記念『実体法と手続法の交錯　下』205頁以下）。
7　仲裁判断の日付とは仲裁判断書の作成年月日である。仲裁判断書には作成年月日の記載が必要とされる。この仲裁判断書の作成年月日は仲裁人が署名した日，また複数の仲裁人がいるときは，その最後の１名が署名した日と解されている。
　日本の仲裁法では，この作成日が仲裁判断の効力，特に既判力の基準日になると解するのが多数説であるが，フランス法でどのように解されているかは不明。第1484条によれば，仲裁判断は言い渡されたときから既判事項の権威も有する。旧第1472条の注釈では，通常の訴訟手続を経て出される判決の日付と仲裁判断の日付は同一のものとは理解されていない（日付の記載を欠く仲裁判断が仲裁判断を無効にする。第1483条参照。ただし，同条２項により適式性に必要な記載の脱落等については訴訟文書で補充することを認めている。なお，旧法下では，無効の有効化のための補正・補充（réparer）は許されていなかった）。仲裁判断書の作成日の記載は判決書の日付とはその役割に差異があるものと推測できる。
8　Cadiet ; Code de procédure civile, Art. 1472（旧規定）の注釈によると，「判断をした場所」とは仲裁地を意味する。仲裁人はこの地において仲裁判断を宣告することを強制される。ただ，仲裁手続が他の場所で進められることは認められている。

第1482条

仲裁判断は，当事者の相互の申立ておよびその攻撃防御方法を簡潔に表示する。

2 仲裁判断には理由[9]を付す。

第1483条

第1480条の規定，仲裁人の氏名および仲裁判断の日付に関する第1481条の規定，ならびに仲裁判断の理由に関する第1482条の規定は効力要件とし，その不遵守は仲裁判断の無効をもたらす。

2 ただし，仲裁判断の適式性に必要な記載の脱落または不正確は，法律の要求が事実上遵守されていることを訴訟文書またはその他のあらゆる手段により立証したときは，無効をもたらさない[10]。

第1484条

仲裁判断は，言い渡されたときから，判断した争いに関して既判事項の権威を有する。

2 仲裁判断には，仮執行を付すことができる[11]。

---

[9] 仲裁判断に理由を付することは義務的である。和解的裁定（amiable composition：善と衡平による仲裁）による場合も，理由を付する必要がある。仲裁判断書に理由を記載することの趣旨は，①仲裁判断に取消事由や承認・執行拒絶事由があるかどうかの判断資料を供するため，②仲裁判断の内容について当事者の納得を得るための2点があげられている（小島武司＝猪俣孝史『仲裁法』日本評論社，412頁）。旧第1471条の注釈によると「理由」が説得的であるか否かはともかく，仲裁判断には理由を付さなければならないとされる。また，論理的に矛盾した理由は，理由が付されていないに等しいという。なお，慣習に準拠してなされる仲裁判断にあっては，当事者の予測不可能性への配慮から，理由中にその旨明らかにされる。

なお，日本の仲裁法では当事者に別段の合意があるときは理由を付することを要しない（仲裁法第39条2項）。ドイツ民事訴訟法（ZPO）の仲裁に関する規定においても，理由を付することが義務的になっているが，当事者が理由の記載を不要とする合意をした場合，または合意文書を記載した仲裁判断では理由を付することを要しない（ZPO 第1054条2項）。

[10] 仲裁判断の適式性に必要な記載の脱落または不正確の補正・補充を許す旨の規定。

[11] 旧法では，判決の仮執行の規定が準用されていた（旧第1479条1項）。本条2項において，直接，仲裁判断に仮執行を付することができることになった。第1497条，第1498条に関係条文がある。

3　仲裁判断は，当事者双方が別の定めをしない限り，執行士送達の方法により送達される[12]。

第1485条

仲裁判断は仲裁廷が判断した紛争について仲裁廷の職務を解除する。

2　ただし，仲裁廷は，一方当事者の申立てに基づき，仲裁判断の解釈を示し，仲裁判断に影響を及ぼす明白な過誤または遺脱を更正し，または請求の趣旨について判断を脱漏したときはこれを補充することができる[13]。仲裁廷は当事者双方を審尋し，または呼び出して判断を行う。

3　仲裁廷が新たに構成することが出来ず，当事者がその再構成に同意できない場合は，〔本条の〕権限は仲裁がなかったとすれば管轄権を有した裁判所に帰属する。

第1486条

第1485条第2項の適用によりされる申立ては，仲裁判断の送達から3か月の期間内[14]に提出される。

2　反対の約定がない限り，更正または補充された仲裁判断は仲裁廷が事件を受理してから3か月の期間内に言い渡される。この期間は第1463条第2項に従って延長することができる。

3　更正または補充された仲裁判断は，当初の仲裁判断と同じ方式[15]で送達される。

（上北武男）

12　notification と signification の異同については，第651条2項の規定を参照。
13　わが国の仲裁法第41条および第42条に同旨の規定がある。ただし，仲裁判断の解釈については，わが国の場合，両当事者の合意を要件とする。仲裁判断の解釈の申立ての濫用による紛争解決の引き延ばしを防ぐためである（小島＝猪俣・前掲書443頁）。
14　「3か月の期間内に」原語は "dans un délai de trois mois"。
15　「同じ方式」原語は，"dans les mêmes formes"。なお，ここの送達は "notifier" である。

第5章　執行許可

【前注】

　執行許可（l'exequatur）は語義的には執行承認状の意味であるが，ここでは「執行許可」と訳した。

　旧法第1478条の注釈によると，執行許可の命令（l'ordonnance d'exequatur）は，仲裁判断をなんら変更することなく付与される。したがって，第1487条2項に定められているように，この手続は対審に服することはない。また，執行許可を与える裁判官の役割（le rôle du juge de l'exequatur）も厳格に制限されている。第1488条1項では，執行許可の拒絶は仲裁判断が公序良俗に反するときに認められることになる。なお，この旧法の注釈は，国際仲裁判断に関して述べられたものである（Dalloz : Ancien art. 1478）。

第1487条

　仲裁判断は，仲裁判断がされた地を管轄する大審裁判所により発せられた執行許可の命令がある場合にのみ強制執行することができる。

　2　執行許可申立てに関する手続は対審に服さない[1]。

　3　申請は，任意の当事者[2]によって，仲裁判断の原本および仲裁合意の写しまたはこれらの書面の写しで認証のために必要な条件を満たしたものを添付して，裁判所の書記課に提出される。

　4　執行許可は仲裁判断の原本に，または原本が提出されなかった場合には前項に定める条件を満たした写しに，記載される。

第1488条

　執行許可は，仲裁判断が明らかに公序良俗に反するときは，認められな

---

[1]　執行許可の裁判は仲裁判断の内容を変更することなく，なされる。仲裁判断は対審の原則が守られなかったときは，取り消される（第1492条4号）ことから明らかなように，仲裁判断の内容に関する事項については対審が要求されるが，手続上の問題については対審は必要ない。

[2]　「任意の当事者」の原語は "la partie la plus diligente"（もっとも熱心な当事者）である。執行の意思を有する当事者であれば，強制執行に熱意ありと判断され，そのような当事者であれば，いずれの当事者でも執行許可の申請ができるとの趣旨である。

い3。

2　執行許可を拒絶する命令には理由を付す。

(上北武男)

3　仲裁判断の執行許可拒絶事由として，①仲裁判断の内容が公序良俗（l'ordre public）に反する場合，②当事者間の仲裁合意の条項（les stipulations de la clause compromissoire）に反する仲裁判断である場合などがあげられる。わが国の仲裁法では，仲裁判断の承認拒絶として第45条2項5号あるいは同条同項9号に定められている事由が第46条8項の執行（決定）拒絶事由になる。執行決定をするための要件は承認拒絶事由がないこととするのが，わが国の仲裁法の趣旨である。

第6章 不服申立て

【前注】

　仲裁判断に対する不服申立方法として，他の仲裁廷へ申し立てる方法と，本案について仲裁判断の再審査を求めて国家の司法裁判所に不服を申し立てる方法が可能である。UNCITRAL モデル法では明文規定はないが，仲裁判断に対して他の仲裁廷に第二審として不服を申し立てる当事者の合意は自由とする方針であった。これに対して，国家の司法裁判所への不服申立ては，一般的傾向として，むしろ消極的である。一定の法律問題，例えば「公序良俗」の問題に限って国家の司法裁判所への不服申立てを認める法制をとる国もあるようである（青山善充「国際商事仲裁の現代的課題と問題点——UNCITRAL 国際契約実務作業部会の資料と全訳の紹介を兼ねて——4・完」法律時報54巻11号120頁）。

　仲裁判断に対する裁判所のコントロールのあり方として，事前のコントロールと事後のコントロールがある。本章では，事後的コントロールとして，控訴，取消申立て，第三者の取消申立ておよび再審の申立てが定められている。

第1節　控　訴

第1489条

　仲裁判断は，両当事者の反対の意思がある場合を除き，控訴の対象とはならない[1]。

---

[1] モデル法では，国際商事仲裁で言い渡された仲裁判断は，その本案につき裁判所の審査に服すべきでないとの見解が一般に支持されている（青山・前掲論文120頁）。なお，UNCITRAL 国際商事仲裁模範法につき，澤田壽夫『解説国際取引法令集』（三省堂・澤田壽夫訳）参照。

　改正前の仲裁判断に対する控訴は，当事者が反対の意思を表明しないかぎり控訴の対象とされたが，本条では，従来の原則と例外を逆転させて，「両当事者の反対の意思がある場合を除き，控訴の対象とならない」とした。

第1490条

控訴は仲裁判断の見直しまたは取消しを目的とする。

2　控訴院は，仲裁廷の任務の限度内で，法律に基づき，または和解的裁定として[2]裁判する。

第2節　取消申立て

第1491条

仲裁判断は，当事者の合意に従って控訴が可能であるときを除き，常に，取消申立ての対象となる[3]。

2　反対のあらゆる条項は書かれていないものとみなす。

第1492条[4]

取消申立ては以下のいずれかの場合に該当するときでなければ認められない。

　1号　仲裁廷が誤って管轄または無管轄を宣言した場合[5]

　2号　仲裁廷が適法[6]に構成されなかった場合

2　en amiable composition を「和解的裁定として」と訳した。衡平と善にもとづく仲裁である。従来は「友誼的仲裁」と訳されていた。

3　取消申立ては，仲裁判断のすべてに認められる不服申立ての方法である。ただ，第1490条により，控訴は仲裁判断の見直しまたは取消しを目的とするので，控訴が可能であれば取消申立ては必要ないものとした。すなわち，控訴では，仲裁判断の内容上の変更がありうる（第1490条2項）。他方，取消申立てでは，一般的には裁判所は仲裁判断の取消しか，取消申立てを棄却するしかない。ただし，1493条では両当事者の反対の意思がないかぎり，裁判所は本案につき裁判することができる。

4　仲裁判断取消制度は，裁判所による仲裁のコントロールである。仲裁判断の取消しは事件そのものの再審理ではなく，仲裁廷に仲裁判断としての効力を認めるだけの前提条件が具備されているか否かだけが裁判所の審査の対象となる。取消しの事由にあげられるのは，仲裁による解決が国家法の立場から許されない事項についてなされた仲裁判断，当事者能力や代理権の欠缺，仲裁手続における基本的手続保障の欠缺，仲裁判断の内容の公序良俗違反などである（小島武司＝高桑昭編『注釈と論点・仲裁法』（青林書院）243頁〔谷口安平〕参照。

5　仲裁廷の仲裁権限に関する仲裁廷の判断についての不服である。仲裁権限については，仲裁廷が，まず自ら判断をなし，仲裁手続を進めることができる。その適否について，事後的に裁判所が判断をする。

3号　仲裁廷が，付託された任務に従わずに判断をした場合
4号　対審の原則が守られなかった場合[7]
5号　仲裁判断が公序良俗に反する場合
6号　仲裁判断が理由を付さず，判断した日付を記載せず，判断をした一人もしくは複数の仲裁人の氏名を記載せず，必要な署名の一つまたは複数を備えず，または多数決に従った判断がなされていない場合[8]

第1493条
　裁判所が仲裁判断を取り消した場合は，両当事者の反対の意思がある場合を除き，裁判所が本案について仲裁人の任務の限度で裁判する[9]。

第3節　控訴および取消申立てに共通の規定

第1494条
　控訴および取消申立ては仲裁判断がされた地を管轄する控訴院に提起される。
　2　これらの不服申立ては仲裁判断言渡しのときから受理可能となる。仲裁判断送達から1か月以内[10]に提起されなかった場合には，受理されないものとなる。

---

[6]　原語は，irrégulièrement である。「不法に」あるいは「規則に従わずに」の意味であるが，「不適法に」の訳を付した。

[7]　Dalloz；Code de procédure civile の本条4号の注釈によると，対審の原則の例外のない遵守が求められている。例えば，仲裁廷の長が仲裁手続の一方当事者から電話によって情報を収集し，それに基づいて仲裁判断をすることは許されないとする（対審の原則違反）。民法第1134条の契約は守られなければならないとの規定の趣旨に反する。仲裁合意は仲裁人の中立性を求めているので，仲裁手続の一方当事者の提供する情報が，仲裁判断に影響することは認められない（当事者と仲裁人との間の契約関係が基礎にある）。

[8]　仲裁判断は，多数決に従って判断されるのが原則であるが，国際仲裁においては仲裁廷の長が単独で仲裁判断をすることもある（第1513条参照）。

[9]　控訴の場合は，仲裁判断の内容の変更，和解的裁定（amiable composition）が可能である。取消申立てにおいても，裁判所は本案につき仲裁人の任務の限度で裁判をする。規定上は取消申立てにあっては，両当事者が反対の意思がある場合は本案につき裁判できない。

第1495条

控訴および取消申立ては，第900条から第930-1条[11]に規定された争訟事件の手続に関する規則に従い，提起され，審理され，判決される。

第1496条

控訴または取消申立てを提起するための期間およびその期間内に提起された控訴または〔取消〕申立ては，仲裁判断が仮執行を伴っているときを除き，その執行を停止する。

第1497条

レフェレ手続により裁判する院長[12]，または事件を受理した後の準備手続裁判官は，以下の各号に記載された権限を有する。

1号　仲裁判断が仮執行を伴っている場合は，仮執行が明らかに過剰な結果を引き起こすおそれがあるときに，これを停止または修正すること[13]。

2号　仲裁判断が仮執行を伴っていない場合は，その仲裁判断の全部または一部の仮執行を命じること

第1498条[14]

仲裁判断が仮執行を伴っている場合，または第1497条第2号の適用がある

10　dans le mois de la notification de la sentence を「仲裁判断送達から1か月以内」と訳した。「仲裁判断の月のうち」と訳すことも考えられるところであるが，意味として納得しがたい。また，つぎのような訳例も参考とした。Finissez ce travail dans les huit jours.「これから1週間以内にこの仕事を終えなさい」。なお，dans huit jours なら「1週間後に」の意味（仏和辞典の訳例）。

11　第900条から第930-1条は弁護士による代理が義務的とされる控訴に関する規定である。第931条以下には，特別の事件，例えば，弁護士の費用，報酬，立替金等の額に関する異議事件については（en matière contestations）弁護士による代理は義務的でない。通常の争訟事件の控訴審の手続では弁護士による代理が義務的とされていることから，仲裁判断の控訴，取消申立てについても，同じ規定に従うこととした。

12　本条に定める控訴院長の権限は，控訴院に控訴または取消申立てが係属することが前提となる。

13　控訴院長は，仲裁判断の仮執行の停止を行う権限を有する。ただし，第三者による仲裁判断の取消申立てについては，控訴院長の権限ではなく，仲裁判断取消申立てが提起された裁判所の裁判官が仲裁判断の仮執行の停止を行う権限を有する。

場合，院長もしくは事件を受理した後の準備手続裁判官は仲裁判断に執行許可を与えることができる。

第4節　執行許可申立てに関する命令に対する不服申立て

【前注】
　仲裁判断の取消申立てと仲裁判断の執行拒否とは共通性がある。取り消されるべき仲裁判断に執行許可を与えることはない。わが国の仲裁法第44条の仲裁判断の取消事由と同法第45条の仲裁判断の承認及び執行決定の事由には共通性がある。

第1499条
　執行許可を与える命令に対しては，いかなる不服申立てもすることができない。
　2　ただし，仲裁判断に対する控訴または取消申立ては，当然に，控訴院が受理した限度で，執行許可について裁判した裁判官の命令に対する不服申立て[15]に及び，またはその裁判官の職務解除に及ぶ。

第1500条
　執行許可を認めない命令に対しては，その執行士送達のときから1か月の期間内に控訴を提起することができる。
　2　その場合，不服申立期間が経過していないときは，控訴院は，当事者の申立てにより，仲裁判断に対する控訴または取消申立てについて審理する。

14　執行許可については，第5章執行許可（第1487条および第1488条）を参照。
15　執行許可を得ることができない理由と仲裁判断取消しの理由とが共通するのであれば，仲裁判断に対する救済制度は一本化すべきではないかとの議論が，モデル法作成の過程であったとの報告がある（青山・前掲論文123-124頁）。もし，このような考えを前提とするのであれば，取消申立てのみを許し，これを執行許可に対する不服申立てを包含するものとみなすこともできる。本条2項はこの趣旨と理解することができる。

第5節　その他の不服申立て

第1501条

仲裁判断に対しては，第588条第1項の規定を留保[16]して，仲裁がなければ管轄を有していた裁判所の下で，第三者の判決取消しの訴え[17]を提起することができる。

第1502条

再審の訴えは，判決について第595条に定められた場合に，および第594条，第596条，第597条および第601条から第603条までに定められた条件の下で，仲裁判断に対しても提起することができる。

2　この訴えは仲裁廷に対して申し立てられる。

3　ただし，仲裁廷が新たに構成することができないとき[18]は，この訴えは仲裁判断に対するその他の不服申立ての審理について管轄権を有する控訴院の下に提起される。

第1503条

仲裁判断に対しては，故障申立ても破毀申立て[19]も提起することができない。

（上北武男）

16　第588条1項の規定は附帯的第三者の判決取消しの訴えの管轄に関する規定である。他の管轄裁判所の管轄とされる異議に附帯して申し立てられる第三者の判決取消しの訴えは，異議につき管轄を有する裁判所の管轄となる。徳田・前掲「フランス法におけるTierce - Oppositionの機能と判決効」227頁では，「付随的」ではなく，「附帯的」第三者判決取消しの訴えとされている。

17　訳語的には，第三者異議の訴えとすべきところ，わが国の第三者異議の訴えと混同するので，「第三者の判決取消しの訴え」とした。

18　再審の訴えを仲裁廷に申し立てることができるとの規定は，仲裁人の権利義務は仲裁判断の後にも存続することになるのか，また，仲裁合意は仲裁判断の後にも，その効力を維持することになるのか。本条2項と3項はこの問題に対する一つの答えと解しうる。

19　Opposition（故障申立て）は欠席によって言い渡された判決を撤回させる申立てである。第571条以下の規定によると，欠席を理由とする判決は，控訴不受理とされているので，仲裁判断についてはこのOppositionの提起は認められない。破毀申立ては，pourvoi en cassationである。

第2編　国際仲裁[20]

【前注】
　フランス民事訴訟法では，国内仲裁と国際仲裁とを分け，それぞれに規定をおいている。これまで多くの国の仲裁法においては，内国仲裁と外国仲裁とを分けて，それぞれ固有の規定をおくのを通例としていた。この区別については諸説があるが，外国仲裁判断については仲裁判断の承認・執行の問題が重要であり，そのために2国間条約あるいは多国間条約で対応してきている（ジュネーブ条約，ニューヨーク条約など）。わが国の仲裁法は，内国仲裁と外国仲裁との区別をあえてしていない。また，フランスの国内仲裁と国際仲裁の区別も仲裁地を基準とするものではなく，国際的取引から生ずる紛争を対象とするか否かが基準となる（第1504条参照）。

第1504条
　国際仲裁とは，国際取引上の利害を対象とする仲裁をいう[21]。

第1505条[22]
　国際仲裁に関して，以下の各号に掲げる場合における仲裁手続の支援裁判

20　かつては，国際法上の仲裁と誤解されるおそれありとして，国際商事仲裁の語が用いられていたが，近時は，国際仲裁が一般的用語として定着してきた。
21　国際仲裁とは，仲裁地が外国であるとする説，仲裁人の国籍が外国であるとする説，あるいは，仲裁判断の準拠法が外国法であるとする説等の対立があるが，フランス民事訴訟法の仲裁規程では，旧法第1492条でも，国際仲裁を国際取引上の利害を対象とする仲裁としてきた。
22　旧第1493条参照。旧法下で支援裁判官による支援の内容としてあげられていたのは，一方当事者にとって仲裁廷へのアクセスが不可能なケース（仲裁人の仲裁判断へのルートが閉ざされている場合），当事者の意思によって構成される仲裁廷が構成できない場合，国のすべての裁判管轄が排除されている場合，国際仲裁の原則によって認められた国際公序に基づく権利の行使が不可能な場合，仲裁廷の構成について国の裁判所の協力が得られない場合などがあげられている。その他に，第1506条2号にあげられている支援も参考となる。例として，第1452条（第三の仲裁人の選任），第1455条（仲裁合意が無効の場合の仲裁人選任の余地のないことの宣言），第1458条（仲裁人解任の手続）等。

官は，反対の条項がない限り，パリ大審裁判所所長とする。
　1号　仲裁がフランスで行われるとき
　2号　当事者が仲裁をフランスの手続法に従って行うよう定めたとき
　3号　当事者が，仲裁手続に関する紛争を審理するための管轄権を明示的にフランスの国家裁判所に与えたとき
　4号　当事者の一方が裁判拒否[23]の危険にさらされているとき

第1506条
　当事者が別段の定めをおいていない限り，本編の規定を留保して，以下の各号に定める条文が国際仲裁に適用される。
　1号　仲裁合意に関する第1446条，第1447条，第1448条〔第1項および第2項〕および第1449条
　2号　仲裁廷の構成および支援裁判官の下で適用される手続に関する第1452条から第1458条，および第1460条[24]
　3号　仲裁審理に関する第1462条，第1463条〔第2項〕，第1464条〔第3項〕第1465条から第1470条，および第1472条
　4号　仲裁判断に関する第1479条[25]，第1481条[26]，第1482条[27]，第1484条〔第1項および第2項〕[28]，第1485条〔第1項および第2項〕，および第1486条
　5号　控訴および取消申立て以外の不服申立方法に関する第1502条〔第1項および第2項〕および第1503条[29]。

（上北武男）

23　ここでは「仲裁廷による裁判拒否」と解される。旧第1493条において，一方当事者にとって仲裁廷へのアクセスが不可能なケース，すなわち仲裁人の仲裁判断へのルートが閉ざされている場合に支援裁判官による支援が予定されていた。
24　国内の仲裁における仲裁廷の構成および支援裁判官の規定が国際仲裁に適用される。
25　合議の秘密。
26　仲裁判断の必要的記載事項。
27　仲裁判断の理由。
28　仲裁判断の効力。
29　再審を認める第1502条と故障申立てと破棄（毀）申立てを認めない第1503条。

第 1 章　国際仲裁合意

第1507条

　仲裁合意はいかなる方式の条件にも服さない[1]。

第1508条

　仲裁合意は，直接に，または仲裁規則もしくは手続規則に準拠することにより，一人もしくは複数の仲裁人を選任し，またはその選任方法を定めることができる[2]。

（上北武男）

---

[1] 日本の仲裁合意の方式に関する旧規定には書面性要件はなかったので，口頭による仲裁合意も有効とされていた。しかし，立法論としては，国際仲裁に関して仲裁合意の明確性から，書面性を要求すべきとの意見があった。ニューヨーク条約第2条やモデル法第7条2項前段では書面による仲裁合意が一般であるとされている（小島武司＝高桑昭編『注釈と論点・仲裁法』（青林書院）50頁）。国内仲裁では，方式があるように定められている。ただし，仲裁合意につき書面によることとの条件は付されていない。国内仲裁，国際仲裁いずれについても同様である。なお，ニューヨーク条約（外国仲裁判断の承認及び執行に関する条約）については近藤＝後藤＝内堀他『仲裁法コンメンタール』（商事法務）巻末に収録。

[2] 仲裁人の選任について，基本的な2当事者仲裁の場合にはそれぞれの当事者が各1名の仲裁人を選任し，選ばれた2名の仲裁人が3人目の仲裁人を選任するのが通常の例である。ただ当事者による仲裁人の選任ができない場合は裁判所による選任が行われる（わが国の仲裁法第17条参考）。本条では裁判所による仲裁人の選任が明記されていないが，理由は明らかでない。臆測にすぎないが，仲裁手続において国家裁判所による手続関与を可能なかぎり排除する趣旨であろうか（小島＝高桑編・前掲書102頁参照）。

第2章　仲裁の審理および判断

第1509条[1]
　仲裁合意は，直接にまたは仲裁規則もしくは手続規則に準拠することにより，仲裁の審理手続において従うべき手続を定めることができる。
　2　仲裁合意が定めをおいていない場合，仲裁廷は，直接または仲裁規則もしくは手続規則に準拠することにより，必要な限りで手続を定める。

第1510条
　選択された手続に関わらず，仲裁廷は当事者の対等および対審の原則[2]尊重を保障する。

第1511条
　仲裁廷は両当事者が選択した法規に従って紛争を解決する。この選択がない場合には，仲裁廷が適切であると認める法規に従う。
　2　仲裁廷は，いかなる場合にも，商慣習を考慮する。

第1512条[3]
　仲裁廷は，当事者がその任務を付与した場合は，和解的裁定者[4]として判断する。

1　用語に若干の修正はあるものの，旧法第1494条と内容的に差異はない。
2　第1492条4号によれば，国内仲裁について，第1520条4号によれば，国際仲裁について対審の原則違反は仲裁判断取消申立ての対象となる。
3　紛争の性質や内容，当事者間の関係などを考慮すると，実定法を厳格に適用することによる仲裁判断（第1511条1項）よりも，専門的知見を備えた仲裁人による柔軟で具体的妥当性に重点をおいた仲裁判断の方が紛争解決に資することがありうる（小島武司＝猪俣孝史・前掲『仲裁法』（日本評論社）400頁）。
4　旧第1496条の Loïc Cadiet ; Code de procédure civile のコメントでは "sous l'angle de l'équité"（衡平と善による）仲裁とする。当事者がこのような任務を与えないかぎり amiable compositeur として判断することはできない。つまり衡平（équité）による仲裁はできない（小山昇「フランスにおける仲裁」法律時報54巻8号65頁）。

第1513条

　仲裁合意に定めがないときは，多数決により仲裁判断がされる。仲裁判断にはすべての仲裁人が署名する。

　2　ただし，仲裁人のうちの少数派が署名を拒むときは，他の者がそのことを仲裁判断に記載する。

　3　多数がない場合，仲裁廷の長が単独で判断を行う。他の仲裁人が署名を拒むときは，仲裁廷の長が単独で署名し，そのことを仲裁判断に記載する[5]。

　4　前2項のいずれかに定める条件の下でされた仲裁判断は，仲裁人の全員により署名されたものまたは多数決に基づいてされたものと同じ効力を有する。

（上北武男）

---

[5] 仲裁判断につき過半数原則を前提としつつも，多数意見が形成できなかった場合に，仲裁廷の長に選任された仲裁人の判断に拘束力を認める規定である。立法例として，スウェーデン法第28条2項など若干の国の仲裁法にみられるとのことである（小島＝猪俣・前掲書405頁）。ただし，これには仲裁廷の長の責任が重くなりすぎないか，あるいは仲裁判断の公平性に欠けるのではないかなどの問題があるといわれている。

第3章　外国においてまたは国際仲裁事件についてされた仲裁判断の承認および強制執行

【前注】

　条約と国内法との関係では，条約の規定が優先するので，本章の規定は適用される条約の存在しない場合に適用されることになる。多国間条約として，ジュネーブ条約とニューヨーク条約がある。前者は同条約の他の締約国の領域でなされた仲裁判断を対象とする（ジュネーブ条約第1条）。後者は，他の国でなされた仲裁判断および自国内でなされた内国仲裁判断と認められない仲裁判断を対象とするが，他の締約国でなされた仲裁判断または商事に関する仲裁判断についてのみ限定することができる（ニューヨーク条約第1条）。

　現在，フランスを含む主要国のほとんどが，1958年の「外国仲裁判断の承認及び執行に関する条約（ニューヨーク条約，1959年発行）の締約国になっている。したがって，たとえば日本の仲裁判断の外国における執行の可否を考えるに際しては，同条約の定める外国仲裁判断の承認及び執行のための要件が具備されているか否かを検討すればよい。

　ニューヨーク条約は承認及び執行のための要件として以下のような規定を置いている。

　仲裁判断の承認及び執行を申し立てる当事者は，当該国の権限ある機関に対して，「正当に認証された判断の原本又は正当に証明された謄本」と「仲裁合意の原本又は正当に証明されたその謄本」を提出するだけで足りる（但し，仲裁判断が援用される国の公用語で作成されていない場合には「公の若しくは宣誓した翻訳書または外交官若しくは領事館による証明を受けた」翻訳文を添付する必要がある（4条））。これに対して，当該機関に仲裁判断の承認及び執行を拒否してもらうためには，反対当事者の者が，仲裁合意の無効（5条1項a号），仲裁手続の瑕疵（b号，d号），仲裁付託事項からの逸脱（c号），仲裁判断の未確定（e号）などの限定された承認拒絶事由に関する証拠を提出しなければならない。当該国の権限ある機関は，そのような事由が立証されない限り，判断事項が当該国では仲裁適格性を欠いたり（5条2項a号），当該国の公序に反する（b号）などの例外的な事情がある場合を除いて，承認及び執行を許さなければならない（小島武司＝高桑昭『注釈と論点・仲裁

法』266頁以下〔高桑〕（青林書院））。

第1514条 [1]
　仲裁判断は，これを主張する者がその存在を証明し，その承認または執行が国際公序に明らかに反しない場合には，フランスにおいて承認または執行される。

第1515条
　仲裁判断の存在は，仲裁合意が付された〔仲裁判断の〕原本，またはこれらの書面の写しで認証のために必要な条件を満たしたものを提出することにより，証明される。
　2　これらの書類がフランス語で作成されていないときは，申請当事者は，その翻訳を提出する[2]。申請当事者は，裁判上の鑑定人名簿に登録された翻訳者，または欧州連合構成国，欧州経済領域に関する合意の当事国，もしくはスイス連邦における司法もしくは行政当局の下で資格が認められた翻訳者によって翻訳された訳文の提出をさせることができる[3]。

第1516条
　仲裁判断は，その仲裁地を管轄する大審裁判所または外国で仲裁判断がされた場合はパリ大審裁判所の発する執行許可命令によってでなければ，執行することができない。

1　旧第1498条を修正したものであるが，本質的部分については変更はない。旧条文は第1項において承認を，第2項において同じ要件で執行力のあることの宣言を規定していたが，本条はそれを統一的に規定した。執行宣言という構成はとっていない。本条の適用範囲について，旧第1498条の注解によると，外国でなされた国内仲裁事件にも国際仲裁事件にも適用されるとする。なお，モデル法では仲裁地が国内か外国かを区別せず承認の対象とする。

2　日本の仲裁法の仲裁判断の承認および執行決定に関する規定でも，執行決定の申立ての方式として，仲裁判断書が外国語で作成された場合には，その日本語翻訳文を提出しなければならないとされている（仲裁法第46条2項）。

3　仲裁判断書の訳文に関し，モデル法第35条2項は「妥当に証明された翻訳」を要求する。本条第2項は翻訳の正確性を担保する規定と解される（近藤昌昭他『仲裁法コンメンタール』（商事法務）270頁参照）。

2　執行許可申立てに関する手続は対審に服さない[4]。

　3　申請は，任意の当事者によって，仲裁判断の原本および仲裁合意の写しまたはこれらの書面の写しで認証のために必要な条件を満たしたものを添付して，裁判所の書記課に提出される。

第1517条

　執行許可は仲裁判断の原本に，または原本が提出されなかった場合には第1516条最終項に定める条件を満たしたその写しに，記載される。

　2　仲裁判断がフランス語で作成されていない場合は，執行許可は第1515条に定められた条件の下で行われた翻訳[5]にも記載される。

　3　仲裁判断に対する執行許可の付与を拒絶する命令には理由を付す。

（上北武男）

---

[4] 第1514条により，執行許可は国際公序に明らかに反しない場合に与えられる。仲裁判断の内容に関しては執行許可の判断対象とならない。

[5] 第1515条2項の規定によると，「裁判上の鑑定人名簿に登録された翻訳者，または欧州連合構成国，欧州経済領域に関する合意の当事国，もしくはスイス連邦における司法もしくは行政当局の下で資格が認められた翻訳者」との条件が付されている。

第4章　不服申立て[1]

【前注】

　旧第1502条では，国際仲裁事件についての仲裁判断に対する不服申立てとして控訴が認められていたが，改正された現行の規定では，第1518条からも明らかなように，仲裁判断の取消申立てしか認められていない。国内の仲裁判断についても，第1489条では，両当事者に反対の意思がないかぎり仲裁判断は控訴の対象にならないとされている。仲裁判断の取消申立てが原則的な不服申立てである。

　本章第1節で，取消しの対象となる仲裁判断はフランスでなされた仲裁判断に限られるが，この趣旨はかならずしも明らかでない。仲裁地がフランスということであれば，特別の合意がないかぎりフランスの仲裁に関する規定に従って手続が進められる。ただ，仲裁地は当事者の合意により抽象的に定められるので，仲裁手続がフランスでなされるとは限らない。さらに，フランスの仲裁規定では国際仲裁とは国際間の取引から生ずる紛争を対象とするので，フランスにおいてされた仲裁判断とは仲裁地がフランスでフランスの仲裁規定に従って手続がとられた国際間の取引にかんする仲裁判断ということになると解されなければならない。なお，わが国では，仲裁地は当事者の合意で自由にしかも抽象的に定まるので，実際上は外国でなされた仲裁判断も，わが国でなされた仲裁判断もすべてわが国の裁判所による仲裁判断取消しの対象になるとの見解もある（小島武司＝高桑昭編『注釈と論点・仲裁法』246頁〔谷口安平〕）。

第1節　フランスにおいてされた仲裁判断

第1518条

　フランスにおいてされた国際仲裁に関する判断は，取消申立ての対象とすることだけができる。

---

[1] 国内仲裁に関する不服申立ての規定（第1489条以下）を参照。

第1519条

取消申立ては仲裁判断がされた地を管轄する控訴院の下に提起される。

2　この申立ては仲裁判断が言い渡されたときから受理可能となる。これは仲裁判断の送達のときから1か月間行使されない場合に失権する。

3　送達は，当事者が別段の定めをおいていない限り，執行士送達の方法によって行う。

第1520条

取消申立ては以下のいずれかの場合に該当するときでなければ認められない。

1号　仲裁廷が誤って管轄または無管轄を宣言した場合[2]

2号　仲裁廷が適法に構成されなかった場合[3]

3号　仲裁廷が，付託された任務に従わずに判断をした場合

4号　対審の原則が守られなかった場合[4]

5号　仲裁判断の承認または執行が国際的公序則[5]に反する場合

第1521条

控訴院長または事件を受理した後の準備手続裁判官は，仲裁条項に執行許可を与えることができる。

---

[2]　仲裁廷の権限の認められる範囲で仲裁の対象となるべき事件が定まる（仲裁可能性）。Dalloz：Code de procédure civile, Art. 1520の注釈によると，「仲裁合意」の観点からではなく仲裁廷の権限（仲裁管轄）があるか否か（compétent ou incompétent）の観点から判断される。フランス民法第2059条では，自由に処分することのできる権利につき仲裁契約を結ぶことができると定められている。

[3]　本条2号に該当するのか否かが問題になった事例としてつぎのようなものがある（第1520条2号の注釈）。準拠法がドイツ法であるにもかかわらず，仲裁人がドイツ法を十分に理解していない。仲裁人のドイツ語の能力につき不十分である（ドイツ語を高校以降使ったことがない）。このような例があげられているが，結論として本条2号には該当しないとする。

[4]　本条第4号の注解には，証拠調べについての対審の原則があげられている。

[5]　国際的公序則として，対審の原則の尊重（respect du contradictoire），武器の平等（égalité des armes），仲裁合意の自律性（autonomie de la clause compromissoire）があげられている。

第4章　不服申立て（第1519条―第1524条）

第1522条

　特別の合意により，当事者はいつでも明示的に取消申立てを放棄する[6]ことができる。

　2　その場合，当事者は常に第1520条に定める理由の一つに基づき執行許可命令に控訴を提起することができる。

　3　控訴は，執行許可が付された仲裁判断の送達のときから1か月の期間内に提起する。送達は，当事者が別段の定めをおいていない限り，執行士送達の方法によってされる。

第1523条

　国際仲裁判断の承認または執行許可を拒絶する裁判がフランスにおいて下された場合には，控訴の対象となる[7]。

　2　控訴は裁判の執行士送達のときから1か月以内に提起される[8]。

　3　その場合，控訴院は，当事者の申立てにより，当事者が取消申立てを放棄しておらず[9]，または申立てを行う期間を徒過していない限りで，仲裁判断取消申立てについて審理する。

第1524条

　執行許可を与える命令に対しては，第1522条第2項に規定する場合を除き，いかなる不服申立てもすることができない。

　2　ただし，仲裁判断に対する取消申立ては，当然に，控訴院が受理した限度で，執行許可について裁判した裁判官の命令に対する不服申立てに及び，またはその裁判官の職務解除に及ぶ。

　6　国内の仲裁に関する規定には取消申立ての放棄はない。わが国の仲裁法にも同趣旨の規定はない。本条2項の執行許可命令に対する控訴により取消申立てで主張すべき事由は判断されると解されている。

　7　第1525条と対比すること。第1489条以下の仲裁判断に対する不服申立てではなく，国際仲裁判断の承認拒絶または執行許可を拒絶する裁判に対する不服申立てである。

　8　第1503条参照。

　9　取消申立てを放棄している場合は第1522条参照。

第2節　外国で下された仲裁判断

第1525条

外国で下された仲裁判断の承認または執行許可の申立てに対する裁判は，控訴の対象となる[10]。

2　控訴は裁判の執行士送達のときから1か月以内に提起される。

3　ただし当事者は，控訴が執行許可を付された仲裁判断に対して提起される場合には，他の送達方法を合意により定めることができる。

4　控訴院は，第1520条に規定された場合でなければ，仲裁判断の承認または執行許可を拒むことができない。

第3節　フランスおよび外国において下された仲裁判断に共通の規定

第1526条

仲裁判断に対して提起された取消申立ておよび執行許可を与えた命令に対する控訴は，執行停止効を有しない。

2　ただし，レフェレにより裁判する控訴院長，または事件を受理した後は準備手続裁判官は，仲裁判断の執行が当事者の一方の権利に重大な侵害をもたらすおそれがあるときには，その執行を停止または修正することができる[11]。

第1527条

執行許可について裁判した命令に対する控訴および仲裁判断の取消申立ては，第900条から第930-1条に規定された争訟手続に関する規則に従って提起され，審理され，判決される。

2　控訴または取消申立ての棄却は，仲裁判断または控訴院の取消が及ば

10　第1523条と対比すること。
11　旧第1506条では，承認及び執行を認める裁判に対する不服申立てについては執行停止の効力を認めていた。この執行停止は，文字通り，仲裁判断の執行を停止するもので，仲裁手続そのものを停止するものではない。この規定は，申立人に執行停止の権利を認めたものではない。この規定に違反しても，国際的公序違反をもたらすものではない。

ない部分の仲裁判断に執行許可を与える。

(上北武男)

　わが国の仲裁法では，仲裁判断の取消しまたはその効力の停止を求める申立てがあった場合において，必要があると認めるときは執行決定の手続を中止することができる（第46条3項）とされている。文言上は仲裁判断の執行の停止と執行決定手続の中止は異なるが，執行決定手続の中止により仲裁判断の執行はなしえないことになるので，その効果につき共通のものがある。わが国でも，仲裁判断を取り消す決定に対して即時抗告があると取消しの効力が停止されるから，第46条3項による執行申立て手続の中止も解除され，執行決定が可能になる。それではその後，抗告審で取消しが維持された場合に，執行手続がとられているので不都合が生ずる。そのためにも執行停止の効力を維持する必要がある。本条2項の規定の趣旨も一方当事者の利益保護をはかる点でわが国の仲裁法の規定とその趣旨において共通性がある。

第5巻　紛争の和解的解決

【前注】

　本巻は，紛争の和解的解決に関する2012年1月20日デクレ66号第2条により創設された。このデクレは，本巻を創設した他，本法典第131-4条，第131-12条，第131-13条および第1575条を改正している他，労働法典規則部の第7編「調停」の規定を設けている。

　この2012年デクレは，民事および商事の調停のいくつかの側面に関する2008年5月21日欧州議会および理事会指令2008/52/CEの移行のための2011年11月16日オルドナンス1540号の適用のために制定された。具体的にこのオルドナンスが定めているのは，司法組織および民事・刑事・行政訴訟に関する1995年2月8日法律125号のいくつかの規定の改正であり，そのうち本巻に関係するのは，以下の部分である。

　第2編　民事訴訟に関する規定
　　第1章　調停
　　　第1節　総則（第21条から第21-5条）
　　　第2節　司法調停（第22条から第22-3条）
　　　第3節　最終規定（第23条から第25条）

　本巻の規定は，合意に基づく調停および和解仲介 médiation et conciliation conventionnelles（第1編）と，参加型手続 procédure participative（第2編）とに分かれる。

　このうち調停 médiation については，本巻以外にも，第1巻第6編第2章（第131-1条から第131-15条）に「調停」と題して，訴訟上の付調停決定に始まる調停手続についての規定が置かれている。また第1071条には，離婚訴訟における家事調停人による調停を開始する規定が置かれており，これには民法典第255条および第373-2-10条が根拠規定を置いている。

　和解仲介 conciliation については，本巻の他に第1巻第6編（第127条から第131条）に和解仲介 conciliation と題して，裁判上の和解または審理中に当

事者間で成立した和解に関する規定が置かれている。その他，第2巻第2編第1小編第1章（第830条から第836条）に小審裁判所の下での前置的和解勧試 La tentative préalable de conciliation に関する規定が置かれ，通常の手続においても同小編第2章第2節第1小節（第845条）に和解勧試の規定が置かれている。第2巻第3編第1章第2節第2小節には商事裁判所による和解仲介の勧試の規定（第863条）がある。

本巻第2編の参加型手続 procédure participative は，裁判の執行，一定の規制職の行使条件，および裁判上の鑑定人に関する2010年12月22日法律1609号により民法典に創設された手続である。具体的には，同法第37条が民法典第17編「参加型手続」として第2062条から第2068条を制定し，第2068条が「参加型手続は民事訴訟法により規律される」と定めている。そして，この手続に関する適用についても，上記の2012年デクレが定めている。

第1528条

紛争当事者は，自らの主導により，かつ本巻の定める条件で，調停人，司法上の和解仲介人[1]，または参加型手続の中では弁護士の関与の下で，合意に基づき紛争解決を試みることができる。

第1529条

本巻の規定は，各事案に特有の規則および各裁判所に特有の規定を留保して，民事，商事，社会，または農事に関して裁判する司法裁判所の管轄に属する紛争に適用される。

この規定は，民法典第2064条[2]および司法組織および民事・刑事・行政訴訟に関する1995年2月8日法律第24条[3]の定めるところを留保して，労働審

---

1 原語は conciliateur de justice であり，司法上の和解仲介人と訳す。裁判上の和解仲介人とすると，「裁判上の和解」仲介人という意味に誤解されるおそれを避けるためである。

2 民法典第2064条「あらゆる者は，弁護士の補佐を得て，第2067条の規定を留保して，自らが自由な処分権を有する権利についての参加型手続の合意をすることができる。
　　ただし，使用者またはその代表者と雇用されている被用者との間の労働法典の規定に服する労働契約に関して紛争を解決するためのあらゆる合意は，締結することができない。」

判事件に関しても適用される。

(町村泰貴)

---

3 同法第24条「第21条から第21-5条の規定は，労働契約の際に生じた紛争を扱う合意に基づく調停には，それが越境紛争である場合に限り，適用される。
　本条においては，調停に付された日に，当事者の少なくとも一人がフランス以外の欧州連合構成国内に住所または常居所を有し，少なくとも他の当事者がフランスに住所または常居所を有する場合に，その紛争は越境とする。
　前置的調停に付された日に他の欧州連合構成国内に住所または常居所を有していた当事者の間で，フランスにおける裁判上または仲裁の審理が開始された場合においても，越境紛争とする。」

第1編　合意に基づく調停および和解仲介

第1530条

　本編において規定する合意に基づく調停および和解仲介は，上記の1995年2月8日法律第21条[1]および第21-2条[2]の適用のもとで，二当事者またはそれ以上の当事者が，あらゆる裁判上の手続の外で，中立的，専門的，および迅速さをもって任務を遂行する第三者で当事者が選択した者の助けを得て，紛争の和解的な解決のために合意に達するよう試みるという，構成された手順のすべてをいう。

第1531条

　合意に基づく調停および和解仲介は，上記1995年2月8日法律第21-3条[3]に定められた条件の下で，その定める方法に従い，非公開原則に服する。

　　　　　　　　　　　　　　　　　　　　　　　　　　（町村泰貴）

---

[1]　同法第21条「本章の規定する調停は，名称の如何を問わず，2またはそれ以上の当事者がその間の紛争について和解的解決を目指して，当事者により選任され，または紛争について事件を受理している裁判官によって，当事者の合意の下で指名された第三者すなわち調停人の援助を得て，和解に至ることを試みる構成された手続をいう。」

[2]　同法第21-2条「調停人は，その任務を公平に，専門性および迅速さをもって遂行する。」

[3]　同法第21-3条「当事者が反対の合意をしない限り，調停は非公開の原則に服する。
　　調停人の確認および調停中に収集された申告は，当事者の同意なくして第三者に開示され，または裁判もしくは仲裁の審理の中で援用され，または提出されることはできない。
　　以下の2つの場合は前項の例外とする。
　　a）公序に関わるやむを得ない理由があるとき，あるいは，子どもの優越的な利益保護または人の身体もしくは精神の完全性に関わる理由があるとき。
　　b）調停による合意の内容の存在の表明またはその内容の開示が，調停の実現または執行に必要な場合
　　調停人が裁判官により指名された場合，調停人は当事者が和解に応じるか応じないかについて裁判官に通知する。」

第1章　合意に基づく調停

第1532条
　調停人は一人の自然人または法人とすることができる。
　2　調停人が法人である場合は，その法人は，当事者の合意を得て，調停の任務を遂行する責務を負った自然人を指名する。

第1533条
　調停人および場合により第1532条第2項に定められた者は，以下の条件を満たさなければならない。
　1号　前科簿3号報告書[1]に記載された有罪，無能力または失権の対象となっていないこと
　2号　現在または過去の活動の実績により，紛争の性格上必要とされる資格を有し，または場合により調停実務に適した研修〔の受講〕もしくは経験を証明したこと

第1534条
　調停による合意の認可を求める申立ては，調停当事者の全員の，または相手方の明示の同意を得た一方の申請により，裁判官に提出される。

第1535条
　調停による合意が民事および商事の調停のいくつかの側面に関する2008年5月21日欧州議会および理事会指令2008/52/CE第6条の規定に定められた条件の下で，欧州連合の他の構成国の裁判所または当局により執行力を付与された場合には，第509-2条から第509-7条[2]の定める条件の下でフランス

---

[1] 前科簿は司法省が管理し，全有罪記録が掲載され，司法機関の内部のみで用いられる1号報告書，有罪記録の大部分が掲載され，一定の行政機関にも交付される2号報告書，そして重罪または軽罪の有罪記録だけが掲載され，本人の請求に応じて交付される3号報告書に分かれる。

[2] 第509条は，もともと外国の裁判所の判決等の承認執行に関する規定だったが，現在は，民事訴訟を改正する2004年8月20日デクレ836号により第15編判決の執行の中に「国境を越えた承認」と題する第2章が作られ，第509条から第509-8条までが規

においても執行力があることを承認し，宣言する。

(町村泰貴)

定されている。また，それらの中では，電子的方法による通信に関する，および欧州連合法への適合をもたらす2010年4月29日デクレ434号を改正する2014年12月26日デクレ1633号によってさらに改正または追加されたものがある。

第2章　司法上の和解仲介人により進められた和解

第1536条

　司法上の和解仲介人に関する1978年3月20日デクレにより創設された司法上の和解仲介人は，特定の方式によらず，自然人と法人を問わず，あらゆる者〔の申立てにより〕事件を受理することができる。

第1537条

　司法上の和解仲介人は，必要があれば，利害当事者に出席するよう促す。
　2　利害当事者は，その選択により，身元を証明した成年者を付き添わせることができる。

第1538条

　司法上の和解仲介人は，利害当事者の合意を得て，審問が有用と思われるあらゆる者を，その者の承諾があれば，出席させて聴取することができる。

第1539条

　司法上の和解仲介人は，当事者の同意を得て，控訴院管内の他の司法上の和解仲介人の協力を受けることができる。当事者の協議の際，司法上の和解仲介人はそれぞれが受理した申立てに関する情報を交換することができる。当事者の同意を確認する証書は司法上の和解仲介人両者によって署名される[1]。

第1540条

　和解の場合，それが部分的なものであっても，当事者および司法上の和解仲介人により署名された合意確認書を作成することができる。和解は，司法

---

[1]　この条文は，第一文のみを見ると，事件を受理した司法上の和解仲介人が他の仲介人に協力を求める，受託裁判官に類似した制度にみえる。しかし，第二文以降は，それぞれに事件を抱えた和解仲介人が，対等な立場で情報交換をするように読める。両者を合理的に解釈するなら，第一文では関連する事件を受理している司法上の和解仲介人に対して協力を求め，それが認められたら，両者が情報交換を行うという制度と理解できる。

上の和解仲介人の立会いなしに作成され，当事者が署名した証書の中で当事者が同意した合意の条項を，その当事者の一人または複数が定式化したときは，和解仲介人および当事者の一人または複数が署名した確認書に記載することができる。その場合，司法上の和解仲介人は，確認書の中の証書を認証し，確認書に証書を添付する責務を負う。

2　和解が権利の放棄の効果を有する場合には，確認書の作成が必要とされる。

3　確認書の写しは，すべての利害当事者に交付される。司法上の和解仲介人はまた，遅滞なく，小審裁判所書記課に写しを寄託する。

第1541条

合意確認書の認可を求める申立ては，当事者の他方がその合意を確認した証書において認可に反対していない限り，当事者の一方の申請により裁判官に提出される。

2　ただし，和解が越境紛争の終結をもたらすものである場合は，申請は当事者の全員により，または他方当事者の明示の同意を証明して当事者の一方により，提出される。この同意は合意確認書に記載することができる。

3　和解手続を求めた日に，少なくとも当事者の一人がフランス以外の欧州連合構成国内に住所または常居所を有しており，かつ少なくとも他方当事者がフランスに住所または常居所を有する場合，その紛争は越境紛争とする。

(町村泰貴)

第2編　参加型手続

【前注】
　参加型手続 procédure participative は，2段階に分かれた紛争解決手続である。第一段階は弁護士の補佐を得た交渉による和解形成の手続であり，合意の手続 procédure conventionnelle と呼ばれる。第二段階は裁判所の下で和解に認可を求め，また和解されなかった部分については判決を求める手続である。
　この手続は，本巻前注にも記載したように，裁判の執行，一定の規制職の行使条件，および裁判上の鑑定人に関する2010年12月22日法律1609号第37条が民法典第2062条から第2068条を改正して創設した。そしてその適用デクレが紛争の和解的解決に関する2012年1月20日デクレ66号第2条である。
　民法典第2062条は，この参加型手続の合意を，まだ裁判官または仲裁人に事件を提起していない紛争当事者が，その紛争の和解的解決のため共同して誠実に行動することを約束する，特定の期間を定めた合意と定義している。

第1542条
　民法典第2062条から第2067条に定められた参加型手続は，本編の規定により規律される。

第1543条
　参加型手続は和解を追求する合意の手続により進行し，場合により，判決を目的とする手続により追行される。

　　　　　　　　　　　　　　　　　　　　　　　　　（町村泰貴）

第1章　合意の手続

第1節　一般規定

第1544条

当事者は，弁護士の補佐を得て，合意により定められた条件の下で，その間に対立のある紛争を終結させる和解を共同して求める。

第1545条

民法典第2063条[1]に定められた記載のほか，参加型手続の合意には，当事者およびその弁護士の氏名および住所を記載する。

　2　当事者間の書面および書類の伝達は，合意に定められた方式に従い，その弁護士の間で行う。弁護士は，それらを適当と認めるあらゆる方法により利害当事者に知らせる。書類が伝達されたときは明細書が作成される。

第1546条

参加型手続の合意は，その作成について定められた方式と同じ方式により修正される。

第2節　技術者への依頼[2]

第1547条

当事者は，技術者への依頼を予定する場合は，共通の合意により技術者を選任し，その任務を定める。

　2　技術者は当事者間で取り決めた方式に従い，当事者から報酬を受ける。

---

[1] 民法典第2063条「参加型手続の合意は，以下の事項を明示した書面によりされる。
　　1号　期限
　　2号　紛争の対象
　　3号　紛争の解決に必要な書類および情報ならびにそれらの交換方法」

[2] recoursは不服申立てや，依拠，必要性などの意味で用いられるが，ここでは依頼の語を宛てた。

第1548条

技術者は，その独立性に影響がありうるすべての状況を，当事者が有用と評価する結果をそこから引き出すために，任務を受諾する前に明らかにする責務を負う[3]。

第1549条

技術者は，当事者および技術者自身がその契約の文言に合意してから，その作業を開始する。

　2　技術者は，その任務を，良心に従い，迅速に，かつ公平に，対審の原則を尊重して遂行する。

　3　技術者は，当事者の全員一致の合意によってのみ解任することができる。

第1550条

技術者の求めに基づき，またはその意見が得られた後に，当事者は，技術者に与えた任務を変更し，または他の技術者に補充的任務を与えることができる。

第1551条

当事者は，技術者に対して，その任務遂行に必要な文書を伝達する。

　2　一方当事者の不熱心が技術者の任務の円滑な遂行を妨げている場合，技術者は当事者の全員を呼び出し，必要と評価する措置を指摘する。当事者がその求めに応じない場合，技術者は用いることのできる資料の限度で任務を遂行する。

第1552条

利害関係あるすべての第三者は，当事者および技術者の合意を得て，技術

　3　本条は独立性に影響があり得る事情を任務受諾前に開示するとあり，次条による技術者との契約締結前に当事者が選択の可能性をもつとともに，技術者の意見を最終的な和解において取り入れるかどうかの判断材料にもなるものと思われる。なお，日本仲裁法第18条第3項・第4項も類似の規定である。

者が行う作業に関与することができる。技術者は，当事者が第三者に異議を述べることができることを，第三者に通知する[4]。

第1553条
　技術者は，当事者および場合により関与した第三者が求めたときは，書面による意見または要求を報告書に添付する。
　2　技術者は，その意見または要求に関する一連の事実関係を報告書に記載する[5]。

第1554条
　技術者は，その作業の終わりに，書面による報告書を当事者および場合により関与した第三者に交付する。
　2　この報告書は裁判所に提出することができる。

第3節　手続の終結

第1555条
　合意の手続は以下の場合に終結する。
　1号　参加型手続の合意による期間の到来
　2号　弁護士の補佐を受けた当事者がする，合意による期限前の書面による解除。
　3号　紛争を全面的に終結させる和解の締結，または紛争の全部もしくは一部が和解に至らなかったことを確認する文書の作成
　2　和解が一部についてであっても締結することができた場合は，弁護士の補佐を得て当事者が作成する文書において和解が確認される。これは和解の締結を可能にした事情を詳細に明らかにする。

(町村泰貴)

---

[4]　第三者に対して当事者がどのような異議を述べられるのか，明らかではない。
[5]　同様の規定は本法典第276条に見られる。

第2章　判決を目的とした手続

第1556条

　合意の手続の結果，第3巻第1編第5章第2節の規定に従い裁判される離婚または別居の請求を例外として，裁判官は，場合により，紛争の全部を終結させる当事者の和解を認可するため，当事者の部分的な和解を認可して和解に至らない係争部分について裁判するため，または紛争の全体について裁判するために，事件を受理する。

　2　民法典第2065条第1項[1]の適用により，合意による期間満了前に，他方当事者による不履行の事実に基づき紛争について裁判するよう当事者が裁判官に対してした請求は，その裁判官の下で適用される手続規則に従って提起され，審理され，判決される。

第1節　紛争の全部を終結させる合意の認可手続

第1557条

　第1555条に従い形成された当事者の和解の認可のための申立ては，任意の当事者または当事者全員の申請により，裁判官に提出される。

　2　申請は参加型手続の合意を添付し，これを怠れば不受理とする。

　3　和解が弁識能力のある未成年者に関係する場合，特に和解が親権行使に及ぶ場合は，申請書には，未成年者が裁判官または裁判官により指名された者によって聴取される権利および弁護士による補佐を受ける権利を通知されたとの条件を記載する。

---

[1]　民法典第2065条第1項「参加型手続の合意は，それが継続する限り，訴訟について裁判するために裁判官に対するあらゆる訴えを不受理とする。ただし，当事者の一方による合意の不履行は，他方当事者が訴訟についての裁判を求めて裁判官に事件を受理させることを許可する。」

第2節　和解に至らない紛争の判決手続

第1款　共通規定

第1558条

　第2款または第3款に基づいて，紛争の全部または一部についての裁判を目的として事件を受理した裁判官の下で適用される手続規則が和解仲介または調停の前置的勧試を定めている場合は，事件は判決するための弁論に直接付される。

第1559条

　大審裁判所の下で，紛争の全部が一般法上の手続に服するものでない限り，事件は，分配された部の判決のための弁論に付される。事件は，第1561条第2項および第3項に定められた場合にのみ，準備手続裁判官の下に移送することができる。

第2款　部分的和解の認可および残された紛争の判決のための手続

第1560条

　当事者が部分的な和解にしか到達せず，第1557条に従った認可だけを請求するのでない限り，当事者は裁判官に，その裁判官の下で適用される手続を規律する規則に従って，または本款に定められた条件の下で参加型手続中に当事者を補佐した弁護士により署名された共同申請により，残された紛争について裁判するために事件を受理させることができる。

　2　この申請は，第57条に定められた記載のほか，以下の記載を含み，これを怠れば不受理とする。

　—当事者間の和解の対象となった点で，裁判官に同一の申請により認可を求めることができるもの。

　—紛争が残されている点に関する当事者それぞれの申立てに，その申立てのそれぞれを基礎づけている事実上および法律上の攻撃防御方法を付け加え，それぞれの申立てに援用した書類の表示を記したもの。

3　この申請書には，参加型手続の合意，民法典第2063条に定められた書類，場合により技術者の報告書，および合意の手続中に伝達された書類を添付し，これを怠れば不受理とする。

第1561条
　紛争の対象は第1557条に定められた申請書の中で示された当事者の相互の申立てにより特定される。
　2　当事者は，継続的給付債権に関する請求の金額を現在化するため，事後的な支払いもしくは相殺に対抗するため，または第三者の関与によりもしくは和解形成以後の事実の発生もしくは表面化により生じた問題について判決させるためでなければ，その申立てを変更することはできない。
　3　当事者は，裁判官が紛争の解決に必要と評価する事実上または法律上の説明を提出するようした促しに応える場合に限り，請求の法的基礎を変更し，または新たな攻撃防御方法を提出することができる。

第3款　紛争全体の判決手続

第1562条
　紛争がその全部について和解に至らない場合は，裁判官は以下のいずれかについて審理することができる。
　―その裁判官の下で適用される手続を規律する規則に従った〔審理〕
　―第2款に定められた方法による〔審理〕
　―本款の規定を留保して，その裁判官の下で適用される規則に従って裁判する一方〔当事者〕による申請に基づいて〔の審理〕

第1563条
　申請書は，任意の当事者の弁護士により，書記課に提出される。申請書は参加型手続の合意の期間満了から3か月の期間内に提出されなければならず，これを怠れば不受理とする。
　2　第58条により定められた記載を怠れば無効となるほか，申請書は事実上および法律上の攻撃防御方法の表示を含み，第1560条第3項に記載された

書類の一覧表を添付する。

　3　提出を行う弁護士は相手方当事者本人および合意の手続中に補佐した弁護士に対し，場合により，送達または受領通知請求付書留郵便にて〔申請を〕通知する。

　4　大審裁判所の下では，この申請書の書記課への提出は弁護士選任を含む。

第1564条

　申請書が大審裁判所の書記課に提出された場合は，第1563条第3項に定められた送達は相手方当事者がその送達から15日の期間内に弁護士を選任しなければならないことを指摘する。

　2　その他の場合，申請人の弁護士は，書記課により，申請書の交付のときから，事件が呼び上げられる適切な第1回弁論期日の日付について通知される。この日付は第1563条第3項に定められた送達において相手方当事者に知らされる。

（町村泰貴）

第3編　共通規定

第1565条

　調停，和解仲介または参加型手続の当事者が到達した和解は，執行力を付与するために，当該事案の争訟についての審理を管轄する裁判官の認可に付すことができる。

　２　和解が付される裁判官は，その文言を修正することはできない。

第1566条

　裁判官は，当事者の聴取を必要と評価するのでない限り，提起された申請について弁論なしで裁判する。

　２　申請を認容する場合，すべての利害当事者はその裁判を下す裁判官に一任することができる。

　３　和解を認可しない裁判に対しては，控訴を提起することができる。この控訴は控訴院書記課への申告により提起される。控訴は非訟手続により判決される。

第1567条

　第1565条および第1566条の規定は，調停，和解仲介または参加型手続によることなしに締結された示談に適用される。裁判官は，その場合，示談の任意の当事者または当事者全員によって，事件を受理する。

（町村泰貴）

第6巻　海外領土に関する規定

【前注】
　本巻第1編のマイヨットに適用される規定は全面的に削除され，第2編のみが残されている。

第2編　ワリス・フテュナ諸島に適用される規定

第1575条
　本法典は，第2巻第4編および第5編，第3巻第2編第4章ならびに第3巻第1編第9章第2節の2の規定を除き，本編の定める条件の下で，民事訴訟の電子的手段による伝達およびEU法の適用に関する2010年4月29日デクレ434号を改正する2014年12月26日デクレ1633号の交付の翌日に効力を有する規定により，ワリス・フテュナ諸島に適用される。

第1576条
　本法典のワリス・フテュナ諸島への適用については，以下に列挙した用語はそれぞれ次のように置き換えられる。
　1号　「大審裁判所」または「小審裁判所」は「第一審裁判所」に。
　2号　「商事裁判所」または「商事裁判官」[1]は「商事事件について裁判する第一審裁判所」に。
　3号　「小審裁判官」は「第一審裁判所所長」に。
　4号　「共和国検事」は「第一審裁判所付共和国検事」に。
　5号　「県」は「ワリス・フテュナ諸島」に。
　6号　「県知事」は「本国代表」に。

1　原語は justice consulaire である。

7号　「執行士」は「行政または軍当局」に。
8号　「地方新聞」は「ワリス・フテュナ諸島の官報」に。
9号　「預金供託金庫」は「国庫」に。
10号　「県会議長」または「市長」を「地方長官」に。

第1577条

　当事者は代理を義務づけられることはなく，いかなる場合も自ら防御し，または代理人によって代理されることができる。

第1578条

　本法典に定める文書の交付に関して執行士に属する権限は，ワリス・フテュナ諸島においては，行政または軍当局の代表者が行使することができる。競売に関して競売士に属する権限は，第一審裁判所書記が行使することができる。

第1579条

　ワリス・フテュナ諸島においては，本法典に定める召喚状，呼出状，執行士送達，送達および文書の交付は，関係人の欄外署名と引換えにする通常郵便で行うことができる。

第1580条

　第1514条および司法組織法典第9巻第3編第4章に定める規定のほか，第1審裁判所は，司法組織法典に定める管轄領域において，本国のそれぞれの裁判所に適用される手続の特別の規定に従って裁判する。

第1581条

　本法典に定める調整〔規定〕がない場合，ワリス・フテュナ諸島において適用されない規定への本法典による準用は，この地方で適用される同じ目的の規定の準用に置き換える。

第1582条

　ワリス・フテュナ諸島での適用について，本法典に定める民事罰金の額は，地方通貨の相当額に換算する[2]。

（町村泰貴）

2　ワリス・フテュナ諸島の地方通貨はCFPフラン（1ユーロ＝119.33CFP，1円＝0.90CFP）である。

索　引

*以下の索引のうち，条文数がゴシックとなっているものは小見出しのタイトルとして用いられているものである。

（仏和）

〈フランス語〉	〈訳語〉	〈条文〉
abandon	遺　棄	1158〜
absent	不在者	1062〜
acceptation à concurrence de l'actif net	限定承認	1334〜
acte de notoriété	公知証書	1157〜
actes de l'état civil	身分証書	1046〜
action en réintégration	占有回復訴権	1264
actions en matière de discriminations	差別事件に関する訴権	1263-1〜
actions possessoires	占有訴権	1264〜
administrateur ad hoc	特別管理人	1210-1〜
adoption	養子縁組	1165〜
adoption plénière	完全養子縁組	1169〜
adoption simple	単純養子縁組	1168〜, 1180-1
aide à la gestion du budget familial	家計管理援助	1200-2〜
amiable composition	和解的裁定	1478
annulation judiciaire	（身分証書の）裁判上の取消し	1047〜
apatride	無国籍者	1046, 1048
apposition des scellés	封印の貼付	1307〜
arbitrage	仲　裁	1442〜
arbitrage international	国際仲裁	1504〜
arbitrage interne	国内仲裁	1442〜
arbitre	仲裁人	1450〜
assistance éducative	育成扶助	1072-1〜, 1181〜, 1200-9, 1205, 1221-1〜
association	非営利社団	1263-1

autorité parentale	親権	1179〜
baux passés par les usufruitiers	用益権者による賃貸借	1270
biens	物	1264〜
changement de prénom	名の変更	1055-1〜
changement de régime matrimonial	夫婦財産制の変更	1300〜
charges du mariage	婚姻費用	1070, 1074-1, 1076-1
clause compromissoire	仲裁条項	1442〜
commande publique	公発注	1441-1〜
compromis	仲裁付託契約	1442〜
conciliateur de justice	司法上の和解仲介人	1536〜
conciliation	和解仲介	1530〜
conseil de famille	親族会	1234〜
consignation	供託	1426〜
convention d'arbitrage	仲裁合意	1442〜
convention d'arbitrage international	国際仲裁合意	1507〜
convention sur les aspects civils de l'enlèvement international d'enfants	国際的な子の奪取の民事面に関する国際規約（ハーグ条約）	1210-5
créance de participation	後得財産分配請求権	1291〜
curatelle	保佐	1253〜
curatelle	財産管理	1342〜
curateur	（相続財産の）財産管理人	1343〜
décision de retour	連れ戻しを命じる裁判	1210-6〜
déclaration d'absence	不在宣告	1066〜
déclaration sur l'honneur	名誉に基づく申告書	1075-1, 1075-2
délégation de l'autorité parentale	親権の委譲	1202〜
délivrance de copies d'actes	証書の写しの交付	1435〜
délivrance de copies de registres	登録簿の写しの交付	1435〜
déplacement illicite international d'enfants	子の不法な国際的移動	1210-4〜
dissimulation du domicile	（DV被害者の）住所の秘匿	1136-5
distribution des deniers	金銭分配	1281-1〜
divorce	離婚	1075〜
divorce accepté	受諾離婚	1123〜
divorce par consentement mutuel	相互の同意による離婚	1088〜

divorce pour altération définitive du lien conjugal	婚姻関係の決定的悪化による離婚	1126〜
divorce pour faute	有責離婚	1128
divorce sur conversion de la séparation de corps	別居からの転換に基づく離婚	1131〜
droits de visite et d'hébergement	面会交流権	1180-5
enquête sociale	社会的調査	1072, 1171, 1183, 1220
état descriptif	明細目録	1323〜
exequatur	執行許可	1487〜
exercice en commun de l'autorité parentale	親権共同行使	1070〜
filiation	親子関係	1149〜
funéraille	葬　儀	1061-1
indivisions	不分割財産	1136-1〜
injonction de faire	作為命令	1425-1〜
injonction de payer	支払命令	1405〜
injonction de payer européenne	ヨーロッパ支払命令	1424-1〜
instance arbitrale	仲裁手続	1462〜
inventaire	財産目録	1328〜
jury criminel	刑事陪審	1038
levée des scellés	封印の除去	1316〜
libéralité	無償譲与	1304〜
licitation	換価処分	1377〜
liquidation anticipée	事前清算	1291〜
liquidation des fruits	果実の清算	1268〜
mandat de protection future	将来保護の委任	1258〜
mandataire successoral	相続財産の受託者	1355〜
médiateur familial	家族事件調停人	1071
médiation conventionnelle	合意に基づく調停	1530〜
mesure d'accompagnement judiciaire	裁判上の支援処分	1262〜
mesure d'interdiction de sortie du territoire d'un enfant mineur	未成年子の出国禁止処分	1180-3
mesures de protection des victimes de violences	暴力被害者保護処分	1136-3〜
nationalité	国　籍	1038〜
offre de paiement	弁済の提供	1426〜

索　引

ordonnance de protection	（ＤＶ）保護命令	1078, 1136-3〜, 1180-3
outre-mer	海外領土	1575〜
pacte civil de solidarité	民事連帯協約	1136-1〜, 1305, 1329
partage	分割	1358〜
partage amiable	協議上の分割	1358〜
partage judiciaire	裁判上の分割	1359〜
pension alimentaire	扶養定期金	1070, 1074-1, 1076-1, 1084
personne	人	1038〜
possession d'état	身分占有	1157-1
présomption d'absence	不在推定	1062〜
prestation compensatoire	補償給付	1070, 1075-1, 1075-2, 1076-1, 1079〜
prestations familiales	家族給付	1070, 1075, 1084, 1200-2〜
procédure d'homologation d'un accord	合意の認可手続	1557〜
procédure européenne de règlement des petits litiges	ヨーロッパ少額紛争解決手続	1382〜
procédure participative	参加型手続	1542〜
procédures d'injonction	〔履行〕命令手続	1405〜
procréation médicalement assistée	医学的介助生殖	1157-2〜
protection juridique des majeurs	成年者の法的保護	1211〜
protection juridique des mineurs	未成年者の法的保護	1211〜
pupilles de l'Etat	国の被後見子	1261〜
purge	滌除	1281-13〜
reconnaissance et l'exécution des sentences arbitrales rendues à l'étranger	外国仲裁判断の承認・執行	1514〜
reconstitution d'actes détruits	滅失した証書の回復	1430〜
recours à un technicien	技術者への依頼	1547〜
recours en annulation	（仲裁判断）取消申立て	1491〜
rectification administrative	（身分証書の）行政上の更正	1046〜
rectification judiciaire	（身分証書の）裁判上の更正	1047〜

索　引

reddition de compte	収支計算報告提出	1268〜
réfugié	亡命者	1046, 1048
régimes matrimoniaux	夫婦財産制	1286〜
registres de l'état civil	身分登録簿	1056〜
renonciation	（相続）放棄	1339〜
répertoire civil	身分目録	1057〜
reprise de la vie commune	同居回復	1130
résolution amiable des différends	紛争の和解的解決	1528〜
retrait de l'autorité parentale	親権の剥奪	1202〜
révocation de l'adoption simple	単純養子縁組の撤回	1177〜
sauvegarde de justice	裁判上の一時的保護	1248〜
scellés	封印	1307〜
sentence arbitrale	仲裁判断	1478〜
séparation de corps	別居	1129〜
séparation judiciaire de biens	裁判上の財産分離	1292〜
subsides	生計費	1149〜, 1156
succession	相続	1304〜
successions en déshérence	相続人不存在の相続財産	1342〜, 1354〜
successions vacantes	相続権主張者不存在の相続財産	1342〜
transaction	和解	1441-4〜
transferts judiciaires d'administration	管理権の裁判上の移転	1291〜
tribunal arbitral	仲裁廷	1450〜
tutelle	後見	1253〜

（和仏）

〈訳語〉	〈フランス語〉	〈条文〉
医学的介助生殖	procréation médicalement assistée	1157-2〜
遺棄	abandon	1158〜
育成扶助	assistance éducative	1072-1〜, 1181〜, 1200-9, 1205, 1221-1〜
親子関係	filiation	1149〜
海外領土	outre-mer	1575〜

外国仲裁判断の承認・執行	reconnaissance et l'exécution des sentences arbitrales rendues à l'étranger	1514〜
家計管理援助	aide à la gestion du budget familial	1200-2〜
果実の清算	liquidation des fruits	1268〜
家族給付	prestations familiales	1070, 1075, 1084, 1200-2〜
家族事件調停人	médiateur familial	1071
換価処分	licitation	1377〜
完全養子縁組	adoption plénière	1169〜
管理権の裁判上の移転	transferts judiciaires d'administration	1291〜
技術者への依頼	recours à un technicien	1547〜
協議上の分割	partage amiable	1358〜
（身分証書の）行政上の更正	rectification administrative	1046〜
供　託	consignation	1426〜
金銭分配	distribution des deniers	1281-1〜
国の被後見子	pupilles de l'Etat	1261〜
刑事陪審	jury criminel	1038
限定承認	acceptation à concurrence de l'actif net	1334〜
合意に基づく調停	médiation conventionnelle	1530〜
合意の認可手続	procédure d'homologation d'un accord	1557〜
後　見	tutelle	1253〜
公知証書	acte de notoriété	1157〜
後得財産分配請求権	créance de participation	1291〜
公発注	commande publique	1441-1〜
国際仲裁	arbitrage international	1504〜
国際仲裁合意	convention d'arbitrage international	1507〜
国際的な子の奪取の民事面に関する国際規約（ハーグ条約）	convention sur les aspects civils de l'enlèvement international d'enfants	1210-5
国　籍	nationalité	1038〜
国内仲裁	arbitrage interne	1442〜
子の不法な国際的移動	déplacement illicite international d'enfants	1210-4〜

婚姻関係の決定的悪化による離婚	divorce pour altération définitive du lien conjugal	1126～
婚姻費用	charges du mariage	1070, 1074-1, 1076-1
財産管理	curatelle	1342～
（相続財産の）財産管理人	curateur	1343～
財産目録	inventaire	1328～
裁判上の一時的保護	sauvegarde de justice	1248～
（身分証書の）裁判上の更正	rectification judiciaire	1047～
裁判上の財産分離	séparation judiciaire de biens	1292～
裁判上の支援処分	mesure d'accompagnement judiciaire	1262～
（身分証書の）裁判上の取消し	annulation judiciaire	1047～
裁判上の分割	partage judiciaire	1359～
作為命令	injonction de faire	1425-1～
差別事件に関する訴権	actions en matière de discriminations	1263-1～
参加型手続	procédure participative	1542～
事前清算	liquidation anticipée	1291～
執行許可	exequatur	1487～
支払命令	injonction de payer	1405～
司法上の和解仲介人	conciliateur de justice	1536～
社会的調査	enquête sociale	1072, 1171, 1183, 1220
収支計算報告提出	reddition de compte	1268～
（DV被害者の）住所の秘匿	dissimulation du domicile	1136-5
受諾離婚	divorce accepté	1123～
証書の写しの交付	délivrance de copies d'actes	1435～
将来保護の委任	mandat de protection future	1258～
親　権	autorité parentale	1179～
親権共同行使	exercice en commun de l'autorité parentale	1070～
親権の委譲	délégation de l'autorité parentale	1202～
親権の剥奪	retrait de l'autorité parentale	1202～
親族会	conseil de famille	1234～
生計費	subsides	1149～, 1156
成年者の法的保護	protection juridique des majeurs	1211～
占有回復訴権	action en réintégration	1264

占有訴権	actions possessoires	1264〜
葬　儀	funéraille	1061-1
相互の同意による離婚	divorce par consentement mutuel	1088〜
相　続	succession	1304〜
相続権主張者不存在の相続財産	successions vacantes	1342〜
相続財産の受託者	mandataire successoral	1355〜
相続人不存在の相続財産	successions en déshérence	1342〜, 1354〜
単純養子縁組	adoption simple	1168〜, 1180-1
単純養子縁組の撤回	révocation de l'adoption simple	1177〜
仲　裁	arbitrage	1442〜
仲裁合意	convention d'arbitrage	1442〜
仲裁条項	clause compromissoire	1442〜
仲裁廷	tribunal arbitral	1450〜
仲裁手続	instance arbitrale	1462〜
仲裁人	arbitre	1450〜
仲裁判断	sentence arbitrale	1478〜
仲裁付託契約	compromis	1442〜
連れ戻しを命じる裁判	décision de retour	1210-6〜
滌　除	purge	1281-13〜
同居回復	reprise de la vie commune	1130
登録簿の写しの交付	délivrance de copies de registres	1435〜
特別管理人	administrateur ad hoc	1210-1〜
（仲裁判断）取消申立て	recours en annulation	1491〜
名の変更	changement de prénom	1055-1〜
非営利社団	association	1263-1
人	personne	1038〜
封　印	scellés	1307〜
封印の除去	levée des scellés	1316〜
封印の貼付	apposition des scellés	1307〜
夫婦財産制	régimes matrimoniaux	1286〜
夫婦財産制の変更	changement de régime matrimonial	1300〜
不在者	absent	1062〜
不在推定	présomption d'absence	1062〜
不在宣告	déclaration d'absence	1066〜
不分割財産	indivisions	1136-1〜

扶養定期金	pension alimentaire	1070, 1074-1, 1076-1, 1084
分　割	partage	1358〜
紛争の和解的解決	résolution amiable des différends	1528〜
別　居	séparation de corps	1129〜
別居からの転換に基づく離婚	divorce sur conversion de la séparation de corps	1131〜
弁済の提供	offre de paiement	1426〜
（相続）放棄	renonciation	1339〜
亡命者	réfugié	1046, 1048
暴力被害者保護処分	mesures de protection des victimes de violences	1136-3〜
（DV）保護命令	ordonnance de protection	1078, 1136-3〜, 1180-3
保　佐	curatelle	1253〜
補償給付	prestation compensatoire	1070, 1075-1, 1075-2, 1076-1, 1079〜
未成年子の出国禁止処分	mesure d'interdiction de sortie du territoire d'un enfant mineur	1180-3
未成年者の法的保護	protection juridique des mineurs	1211〜
身分証書	actes de l'état civil	1046〜
身分占有	possession d'état	1157-1
身分登録簿	registres de l'état civil	1056〜
身分目録	répertoire civil	1057〜
民事連帯協約	pacte civil de solidarité	1136-1〜, 1305, 1329
無国籍者	apatride	1046, 1048
無償譲与	libéralité	1304〜
明細目録	état descriptif	1323〜
名誉に基づく申告書	déclaration sur l'honneur	1075-1, 1075-2
滅失した証書の回復	reconstitution d'actes détruits	1430〜
面会交流権	droits de visite et d'hébergement	1180-5
物	biens	1264〜
有責離婚	divorce pour faute	1128
用益権者による賃貸借	baux passés par les usufruitiers	1270
養子縁組	adoption	1165〜

ヨーロッパ支払命令	injonction de payer européenne	1424-1〜
ヨーロッパ少額紛争解決手続	procédure européenne de règlement des petits litiges	1382〜
〔履行〕命令手続	procédures d'injonction	1405〜
離　婚	divorce	1075〜
和　解	transaction	1441-4
和解仲介	conciliation	1530〜
和解的裁定	amiable composition	1478

〈訳者紹介〉

(五十音順，＊印編者)

上北武男	（うえきた・たけお）	愛知学院大学教授
大濱しのぶ	（おおはま・しのぶ）	慶應義塾大学教授
田村真弓	（たむら・まゆみ）	大阪学院大学准教授
堤　龍弥	（つつみ・たつや）	関西学院大学教授
＊徳田和幸	（とくだ・かずゆき）	同志社大学教授
西澤宗英	（にしざわ・むねひで）	青山学院大学教授
＊町村泰貴	（まちむら・やすたか）	北海道大学教授
安見ゆかり	（やすみ・ゆかり）	青山学院大学教授

注釈フランス民事訴訟法典──特別訴訟・仲裁編──

2016年（平成28年）10月20日　第1版第1刷発行

編者　徳田和幸
　　　町村泰貴

発行者　今井　貴
　　　　渡辺左近

発行所　信山社出版株式会社
〒113-0033　東京都文京区本郷6-2-9-102
電話 03 (3818) 1019
電話 03 (3818) 0344

Printed in Japan

Ⓒ徳田和幸・町村泰貴，2016．印刷・製本／亜細亜印刷・日進堂
ISBN978-4-7972-2679-9 C3332

─── 日本立法資料全集民事訴訟法シリーズ（完結） ───

松本博之・徳田和幸編著（全集191・192・193巻）
民事訴訟法〔明治編〕(1)(2)(3)──テヒョー草案Ⅰ・Ⅱ・Ⅲ

松本博之・徳田和幸編著（全集194・195・196・197・198巻）
民事訴訟法〔明治23年〕(1)(2)(3)(4)(5)

松本博之・河野正憲・徳田和幸編著（全集43・44・45・46巻）
民事訴訟法〔明治36年草案〕(1)(2)(3)(4)

松本博之・河野正憲・徳田和幸編著（全集10・11・12・13・14・15巻）
民事訴訟法〔大正改正編〕(1)(2)(3)(4)(5)・総索引

松本博之編著（全集61・62・63・64・65・66巻）
民事訴訟法〔戦後改正編〕(1)(2)(3)─Ⅰ・Ⅱ(4)─Ⅰ・Ⅱ

──────── 信 山 社 ────────